权威・前沿・原创

皮书系列为
"十二五"国家重点图书出版规划项目

就业蓝皮书
BLUE BOOK OF EMPLOYMENT

2013年
中国大学生就业报告

CHINESE COLLEGE GRADUATES' EMPLOYMENT
ANNUAL REPORT (2013)

编　著／麦可思研究院
主　审／王伯庆　郭　娇

社会科学文献出版社
SOCIAL SCIENCES ACADEMIC PRESS (CHINA)

图书在版编目(CIP)数据

2013年中国大学生就业报告/麦可思研究院编著. —北京：社会科学文献出版社，2013.6
（就业蓝皮书）
ISBN 978-7-5097-4614-1

Ⅰ.①2… Ⅱ.①麦… Ⅲ.①大学生-就业-研究报告-中国-2013 Ⅳ.①G647.38

中国版本图书馆CIP数据核字（2013）第097954号

就业蓝皮书
2013年中国大学生就业报告

编　　著 /	麦可思研究院
主　　审 /	王伯庆　郭　娇
出 版 人 /	谢寿光
出 版 者 /	社会科学文献出版社
地　　址 /	北京市西城区北三环中路甲29号院3号楼华龙大厦
邮政编码 /	100029
责任部门 /	皮书出版中心（010）59367127
责任编辑 /	张丽丽　王　颉
电子信箱 /	pishubu@ssap.cn
责任校对 /	杨　楠
项目统筹 /	邓泳红
责任印制 /	岳　阳
经　　销 /	社会科学文献出版社市场营销中心（010）59367081　59367089
读者服务 /	读者服务中心（010）59367028
印　　装 /	北京画中画印刷有限公司
开　　本 /	787mm×1092mm　1/16
印　　张 /	19.5
版　　次 /	2013年6月第1版
字　　数 /	316千字
印　　次 /	2013年6月第1次印刷
书　　号 /	ISBN 978-7-5097-4614-1
定　　价 /	98.00元

本书如有破损、缺页、装订错误，请与本社读者服务中心联系更换

版权所有 翻印必究

本报告研究团队　麦可思研究院
　　　　　　　　　西南财经大学中国教育需求研究中心

主　　审　王伯庆　郭　娇

撰　　稿　门　垚

数据分析　郄　涛

数据采集　沈柯伶　赵　华　陈　斌　王莉莎　王虹美
　　　　　　唐秋艳　谢邦飞　聂小仙　邓　艳

审　　稿　周凌波　武艳丽　郄　涛　何小雪

校　　对　丁　楠

学术顾问 （按姓名拼音字母排序）

边慧敏　西南财经大学副校长/教授

陈　宇　国家教育咨询委员会委员/中国就业促进会
　　　　副会长/教授

程　星　香港城市大学协理副校长（内地及对外事务）/
　　　　教授

储朝晖　中国教育科学研究院研究员

董　刚　天津职业大学校长

范　唯　中国科学技术协会学会学术部副部长

龚　放　南京大学高等教育研究所所长/教授

洪成文　北京师范大学高等教育研究所常务副所长/教授

姜大源　教育部职业技术教育中心研究所学术委员会
　　　　秘书长/研究员

王辉耀　中国与全球化研究中心主任/中国欧美同学会
　　　　副会长

吴　垠　零点研究咨询集团副总裁兼研究总监

杨　钋　北京大学教育学院副教授

叶之红　中国高等教育学会副秘书长/研究员

袁本涛　清华大学教育研究院教育政策与管理研究所
　　　　所长/教授

袁　岳　零点研究咨询集团董事长兼总裁

岳昌君　北京大学教育经济研究所副所长/教授

查建中　联合国教科文组织产学合作教席中国理事会
　　　　理事长

前　言

《2013年中国大学生就业报告》除总报告外包括"应届大学毕业生就业报告"、"大学毕业生中期职业发展"和"专题研究：高等教育培养质量"三部分，回应了几个问题：刚毕业半年的大学生就业质量如何？毕业三年后在职场发展后劲如何？从毕业生的反馈来看，高校的人才培养存在哪些问题？

"应届大学毕业生就业报告"是本书最重要的部分。报告数据来源于麦可思对2012届大学生毕业半年后的问卷调查，回收问卷约26.2万份。2012届大学生毕业半年后的就业率为90.9%，与2011届（90.2%）同期基本持平。该部分还包括反映就业质量的各项重要指标。例如，从国家层面的"红黄绿牌"专业预警来看，2013年本科就业红牌专业包括：动画、法学、生物技术、生物科学与工程、数学与应用数学、体育教育、生物工程、英语、美术学。高职高专就业红牌专业包括：法律文秘、计算机科学与技术、国际金融、工商管理、法律事务、汉语言文学教育、计算机应用技术、电子商务、会计电算化。以上专业与2012年的红牌专业基本相同，都是失业量较大、就业率低、薪资较低，且就业满意度较低的高失业风险型专业，这些高失业风险专业具有持续性。

"大学毕业生中期职业发展"部分是基于对2009届大学生毕业半年后（2010年初完成，回收问卷约24.5万份）和三年后（回收问卷约4.4万份）的两次跟踪调查而得，进而与2008届大学毕业生进行同期对比。该子报告反映大学毕业生在职场的发展后劲，包括三年后去向、职业转换率、就业满意度、薪资变化、职位晋升、继续深造、自主创业等指标。

"高等教育培养质量"是本年度的专题报告。今天坐在教室里的大学生们，明天就是在各行各业为社会服务的医生、护士、教师、工程师、飞机与高铁驾驶员等。大学生在校期间知识、能力、价值观是否得到了提升？这是反映高等教育培养质量的一项重要指标。本研究由 2012 届大学生在毕业半年后对母校的培养质量进行评价：由已经就业的毕业生来评价培养环节，读研的毕业生来评价学术准备，以及全体毕业生来评价价值观提升。

本年度报告的特点仍然是以数据和图表来呈现分析结果，而不是表达个人观点。读者可以从自己的专业角度对某一数据或图表背后的因果关系进行深度解读。

特别感谢帮助本年度报告完善的高等教育管理者和研究者，在此不一一具名。报告中所有的错误由作者唯一负责。

感谢读者阅读前言与本报告。限于篇幅，报告仅提供部分数据，如需了解更详细的内容，请联系作者（research@mycos.com）。

麦可思研究院

目 录

B Ⅰ 总报告

B.1 技术报告 …………………………………………………………… 001
 一 调查背景介绍 ………………………………………………… 001
 二 研究概况 ……………………………………………………… 005

B.2 主要结论 …………………………………………………………… 015

B Ⅱ 分报告一 应届大学毕业生就业报告

B.3 第一章 毕业去向 ………………………………………………… 035
 一 总体毕业去向分布 …………………………………………… 036
 二 各类型院校毕业生毕业去向分布 …………………………… 038
 三 就业地分布 …………………………………………………… 041
 四 就业城市类型 ………………………………………………… 041

B.4 第二章 就业数量 ………………………………………………… 044
 一 总体就业率 …………………………………………………… 046
 二 专业分析 ……………………………………………………… 049
 三 职业分析 ……………………………………………………… 059
 四 行业分析 ……………………………………………………… 065

五　用人单位分析 …………………………………………………… 070
　　六　未就业分析 ……………………………………………………… 075

B.5　第三章　就业质量 …………………………………………………… 079
　　一　就业满意度 ……………………………………………………… 082
　　二　职业期待吻合度分析 …………………………………………… 091
　　三　薪资分析 ………………………………………………………… 095
　　四　工作与专业相关度 ……………………………………………… 117
　　五　离职率 …………………………………………………………… 125

B.6　第四章　专业预警 …………………………………………………… 128

B.7　第五章　能力与知识培养质量 ……………………………………… 132
　　一　基本工作能力 …………………………………………………… 132
　　二　核心知识 ………………………………………………………… 139

B.8　第六章　自主创业 …………………………………………………… 143
　　一　自主创业分布 …………………………………………………… 144
　　二　自主创业动机 …………………………………………………… 148
　　三　自主创业资金来源 ……………………………………………… 149

B.9　第七章　国内读研和专升本 ………………………………………… 150
　　一　国内读研 ………………………………………………………… 151
　　二　专升本 …………………………………………………………… 154

B.10　第八章　高考志愿填报 …………………………………………… 156

B.11　第九章　校友评价 ………………………………………………… 158
　　一　校友满意度 ……………………………………………………… 158

二　校友推荐度 …………………………………………………… 160
　　三　大学培养中最需要改进的地方 …………………………… 161

B.12　第十章　社团活动及价值观 …………………………………… 164
　　一　社团活动 …………………………………………………… 164
　　二　价值观 ……………………………………………………… 165

BⅢ　分报告二　大学毕业生中期职业发展

B.13　第一章　三年后毕业去向 …………………………………… 168
　　一　总体分布 …………………………………………………… 169
　　二　职业分布 …………………………………………………… 172
　　三　行业分布 …………………………………………………… 177

B.14　第二章　三年后就业质量 …………………………………… 183
　　一　就业满意度 ………………………………………………… 188
　　二　薪资分析 …………………………………………………… 196
　　三　职位晋升 …………………………………………………… 211
　　四　工作与专业相关度 ………………………………………… 220
　　五　雇主数 ……………………………………………………… 224

B.15　第三章　三年后基本工作能力 ……………………………… 229
　　一　基本工作能力 ……………………………………………… 229
　　二　优秀人才基本工作能力 …………………………………… 234

B.16　第四章　三年后自主创业 …………………………………… 236
　　一　自主创业人群分布 ………………………………………… 237
　　二　自主创业人群职业、行业分布 …………………………… 240
　　三　自主创业人群最重要的基本工作能力 …………………… 243

B.17 第五章 培训 …………………………………………………… 244
　　一 接受培训的类型 …………………………………………… 245
　　二 接受培训的原因 …………………………………………… 246
　　三 接受培训的内容 …………………………………………… 247

B.18 第六章 校友评价 ………………………………………………… 250

B Ⅳ 分报告三 专题研究：高等教育培养质量

　　一 研究概况 …………………………………………………… 256
　　二 教学培养中存在的主要问题 ……………………………… 256
　　三 读研毕业生学术准备中存在的主要问题 ………………… 259
　　四 毕业生价值观提升不足的方面 …………………………… 261

B.19 附录 名词解释 …………………………………………………… 268

B.20 主要参考文献 …………………………………………………… 278

皮书数据库阅读使用指南

图表目录

图

图 1　调查研究的三个步骤 …………………………………………………… 013
图 2　分报告一基本研究框架 ………………………………………………… 013
图 3　分报告二基本研究框架 ………………………………………………… 014
图 4　分报告三基本研究框架 ………………………………………………… 014
图 1-1-1　2012届大学生毕业半年后的去向分布 ………………………… 037
图 1-1-2　2010~2012届大学生毕业半年后的去向分布变化 …………… 038
图 1-1-3　本科院校2010~2012届毕业生半年后的去向分布变化 ……… 039
图 1-1-4　"211"院校2010~2012届毕业生半年后的
　　　　　去向分布变化 ……………………………………………………… 039
图 1-1-5　非"211"本科院校2010~2012届毕业生半年后的
　　　　　去向分布变化 ……………………………………………………… 040
图 1-1-6　高职高专院校2010~2012届毕业生半年后的
　　　　　去向分布变化 ……………………………………………………… 040
图 1-1-7　2012届本科毕业生按就业地的分布 …………………………… 042
图 1-1-8　2012届高职高专毕业生按就业地的分布 ……………………… 042
图 1-1-9　2012届大学毕业生的三类就业城市分布 ……………………… 043
图 1-1-10　2010~2012届大学毕业生的三类就业城市分布变化 ……… 043
图 1-2-1　2010~2012届大学生毕业半年后的就业率变化趋势 ………… 047

图1-2-2	2010~2012届本科生毕业半年后的就业率/非失业率变化趋势	048
图1-2-3	2012届大学毕业生就业的用人单位类型分布	070
图1-2-4	2012届本科主要学科门类的用人单位类型分布	071
图1-2-5	2012届高职高专主要专业大类的用人单位类型分布	071
图1-2-6	主要经济区域2012届本科毕业生的用人单位类型分布	072
图1-2-7	主要经济区域2012届高职高专毕业生的用人单位类型分布	072
图1-2-8	2012届大学毕业生就业的用人单位规模分布	073
图1-2-9	2012届本科主要学科门类的用人单位规模分布	073
图1-2-10	2012届高职高专主要专业大类的用人单位规模分布	074
图1-2-11	主要经济区域2012届本科毕业生的用人单位规模分布	074
图1-2-12	主要经济区域2012届高职高专毕业生的用人单位规模分布	075
图1-2-13	2010~2012届大学生毕业半年后的失业率变化趋势	076
图1-2-14	2012届本科毕业人数最多的100位专业中失业率最高的10个专业	076
图1-2-15	2012届高职高专毕业人数最多的100位专业中失业率最高的10个专业	077
图1-2-16	2012届大学毕业生的未就业人群分布	077
图1-2-17	2012届大学毕业生的"待定族"打算分布	078
图1-3-1	2012届大学生毕业半年后的就业满意度	083
图1-3-2	2012届本科生毕业半年后在各类型用人单位的就业满意度	089
图1-3-3	2012届高职高专生毕业半年后在各类型用人单位的就业满意度	090
图1-3-4	2012届本科生毕业半年后在各类经济区域的就业满意度	090

图 1-3-5　2012 届高职高专生毕业半年后在各类经济区域的
就业满意度 ··· 091

图 1-3-6　2011 届、2012 届大学毕业生工作与职业期待吻合度 ········ 091

图 1-3-7　2012 届大学毕业生目前的工作与职业期待
不吻合的原因分布 ··· 092

图 1-3-8　2012 届本科毕业生目前的工作与职业期待
不吻合的原因分布 ··· 092

图 1-3-9　2012 届高职高专毕业生目前的工作与职业期待
不吻合的原因分布 ··· 093

图 1-3-10　2010~2012 届大学生毕业半年后的月收入变化趋势 ········ 095

图 1-3-11　2010~2012 届本科生毕业半年后的月收入变化趋势 ········ 095

图 1-3-12　2011 届、2012 届本科生毕业半年后的月收入分布 ········ 096

图 1-3-13　2011 届、2012 届高职高专生毕业半年后的
月收入分布 ·· 097

图 1-3-14　2012 届本科生毕业半年后月收入最高的前十位行业 ········ 111

图 1-3-15　2012 届高职高专生毕业半年后月收入最高的
前十位行业 ·· 112

图 1-3-16　2011 届、2012 届本科生毕业半年后在各类型
用人单位的月收入 ··· 114

图 1-3-17　2011 届、2012 届高职高专生毕业半年后在各类型
用人单位的月收入 ··· 115

图 1-3-18　2011 届、2012 届本科生毕业半年后在各规模
用人单位的月收入 ··· 115

图 1-3-19　2011 届、2012 届高职高专生毕业半年后在各规模
用人单位的月收入 ··· 116

图 1-3-20　2011 届、2012 届本科生毕业半年后在各类经济区域
就业的月收入 ·· 116

图 1-3-21　2011 届、2012 届高职高专生毕业半年后在各类经济区域
就业的月收入 ·· 117

图1-3-22 2011届、2012届本科生毕业半年后在各类城市
          就业的月收入 ………………………………………… 117
图1-3-23 2011届、2012届高职高专生毕业半年后在各类城市
          就业的月收入 ………………………………………… 118
图1-3-24 2010~2012届大学生毕业半年后的工作与专业相关度 …… 118
图1-3-25 2010~2012届本科生毕业半年后的工作与专业相关度 …… 119
图1-3-26 2012届本科生毕业半年后选择与专业无关
          工作的主要原因 ……………………………………… 119
图1-3-27 2012届高职高专生毕业半年后选择与专业无关
          工作的主要原因 ……………………………………… 120
图1-3-28 2011届、2012届大学生毕业半年内的离职率 ………… 125
图1-3-29 2011届、2012届大学毕业生的离职类型分布 ………… 126
图1-3-30 2012届大学毕业生主动离职的原因分布 ……………… 127
图1-5-1   五大类基本工作能力 …………………………………… 133
图1-5-2   2010~2012届大学毕业生毕业时掌握的基本
          工作能力水平 ………………………………………… 136
图1-5-3   2010~2012届大学毕业生在工作岗位上要求达到的基本
          工作能力水平 ………………………………………… 136
图1-5-4   2010~2012届大学毕业生的基本工作能力的能力满足度 …… 136
图1-5-5   2012届本科毕业生的35项基本工作能力的
          重要度和满足度 ……………………………………… 137
图1-5-6   2012届高职高专毕业生的35项基本工作能力的
          重要度和满足度 ……………………………………… 138
图1-5-7   2012届大学毕业生的创新能力指标 …………………… 139
图1-6-1   2010~2012届大学毕业生自主创业的比例变化趋势 …… 144
图1-6-2   在各经济区域就业的2012届本科毕业生自主
          创业的比例 …………………………………………… 145
图1-6-3   在各经济区域就业的2012届高职高专毕业生自主
          创业的比例 …………………………………………… 145

图 1-6-4	2012 届本科毕业生自主创业最集中的前十位职业 ……………	146
图 1-6-5	2012 届高职高专毕业生自主创业最集中的前十位职业 ………	146
图 1-6-6	2012 届本科毕业生自主创业最集中的前十位行业 ……………	147
图 1-6-7	2012 届高职高专毕业生自主创业最集中的前十位行业 ………	147
图 1-6-8	2011 届、2012 届本科毕业生自主创业的动机分布 …………	148
图 1-6-9	2011 届、2012 届高职高专毕业生自主创业的动机分布 ……	148
图 1-6-10	2011 届、2012 届本科毕业生自主创业的资金来源 …………	149
图 1-6-11	2011 届、2012 届高职高专毕业生自主创业的资金来源 ……	149
图 1-7-1	2010～2012 届本科毕业生毕业就在国内读研的比例 …………	151
图 1-7-2	2012 届本科毕业生读研转换专业的比例 ……………………	152
图 1-7-3	2011 届、2012 届本科毕业生读研的动机分布 ………………	153
图 1-7-4	2011 届、2012 届本科院校读研的毕业生选择研究生院校时最关注的因素分布 ………………………	154
图 1-7-5	2012 届本科院校毕业的国内读研人群认为母校本科学术准备最需要改进的地方分布 ………………………………	154
图 1-7-6	2012 届高职高专毕业生选择读本科的原因分布 ……………	155
图 1-8-1	2012 届本科毕业生高考时选择就读大学的首要理由分布 ……	156
图 1-8-2	2012 届高职高专毕业生高考时选择就读大学的首要理由分布 ………………………………………………	157
图 1-9-1	2010～2012 届大学生毕业半年后的总体校友满意度变化趋势 ……………………………………………	159
图 1-9-2	2010～2012 届本科生毕业半年后的总体校友满意度变化趋势 ……………………………………………	159
图 1-9-3	各经济区域的 2011 届、2012 届本科毕业生对母校的满意度 ………………………………………………	160
图 1-9-4	各经济区域的 2011 届、2012 届高职高专毕业生对母校的满意度 ……………………………………………	160
图 1-9-5	2010～2012 届大学生毕业半年后对母校的总体推荐度变化趋势 ……………………………………………	161

图1-9-6 2010~2012届本科生毕业半年后对母校的总体推荐度变化趋势 ·················· 161

图1-9-7 2012届本科毕业生认为专业教学中最需要改进的地方 ········ 162

图1-9-8 2012届本科毕业生认为需要加强的实习和实践环节（多选） ··················· 162

图1-9-9 2012届高职高专毕业生认为专业教学中最需要改进的地方 ··················· 163

图1-9-10 2012届高职高专毕业生认为需要加强的实习和实践环节（多选） ··················· 163

图1-10-1 2012届本科毕业生参加社团活动的比例及满意度（多选） ··················· 165

图1-10-2 2012届高职高专毕业生参加社团活动的比例及满意度（多选） ··················· 166

图1-10-3 2012届本科毕业生大学期间的价值观提升（多选） ······ 166

图1-10-4 2012届高职高专毕业生大学期间的价值观提升（多选） ··················· 167

图2-1-1 2009届大学生毕业三年后的去向分布 ················· 170

图2-1-2 2009届本科生毕业三年后的去向分布（与2008届三年后对比） ··················· 170

图2-1-3 2009届高职高专生毕业三年后的去向分布（与2008届三年后对比） ··················· 171

图2-1-4 2009届本科生毕业三年后的去向分布（与2009届半年后对比） ··················· 171

图2-1-5 2009届高职高专生毕业三年后的去向分布（与2009届半年后对比） ··················· 172

图2-1-6 2009届大学生毕业三年内的职业转换率（与2008届三年内对比） ··················· 173

图2-1-7 2009届本科生毕业三年内职业转换率最高的前五位专业类 ··················· 174

图 2-1-8　2009 届本科生毕业三年内职业转换率最低的
前五位专业类 …………………………………… 175

图 2-1-9　2009 届高职高专生毕业三年内职业转换率最高的
前五位专业类 …………………………………… 175

图 2-1-10　2009 届高职高专生毕业三年内职业转换率最低的
前五位专业类 …………………………………… 176

图 2-1-11　2009 届本科生毕业三年内转换职业中被转入最多的
前十位职业类 …………………………………… 176

图 2-1-12　2009 届高职高专生毕业三年内转换职业中被转入最多的
前十位职业类 …………………………………… 177

图 2-1-13　2009 届大学生毕业三年内的行业转换率
（与 2008 届三年内对比） …………………………… 178

图 2-1-14　2009 届本科生毕业三年内行业转换率最高的
前五位行业类 …………………………………… 179

图 2-1-15　2009 届本科生毕业三年内行业转换率最低的
前五位行业类 …………………………………… 180

图 2-1-16　2009 届高职高专生毕业三年内行业转换率最高的
前五位行业类 …………………………………… 180

图 2-1-17　2009 届高职高专生毕业三年内行业转换率最低的
前五位行业类 …………………………………… 181

图 2-1-18　2009 届本科生毕业三年内转换行业中被转入最多的
前五位行业类 …………………………………… 181

图 2-1-19　2009 届高职高专生毕业三年内转换行业中被转入
最多的前五位行业类 …………………………… 182

图 2-2-1　2009 届大学生毕业三年后的就业满意度
（与 2008 届三年后对比） …………………………… 189

图 2-2-2　2009 届本科生毕业三年后就业满意度最高的
前五位职业类 …………………………………… 192

图2-2-3 2009届本科生毕业三年后就业满意度最低的
前五位职业类 ·· 192

图2-2-4 2009届高职高专生毕业三年后就业满意度最高的
前五位职业类 ·· 193

图2-2-5 2009届高职高专生毕业三年后就业满意度最低的
前五位职业类 ·· 193

图2-2-6 2009届本科生毕业三年后就业满意度最高的
前五位行业类 ·· 194

图2-2-7 2009届本科生毕业三年后就业满意度最低的
前五位行业类 ·· 194

图2-2-8 2009届高职高专生毕业三年后就业满意度最高的
前五位行业类 ·· 195

图2-2-9 2009届高职高专生毕业三年后就业满意度最低的
前五位行业类 ·· 195

图2-2-10 2009届大学生毕业三年后在各用人单位类型的
就业满意度 ··· 196

图2-2-11 2009届大学生毕业三年后的月收入变化 ············· 197

图2-2-12 2009届大学生毕业三年后的月收入变化
（与2008届三年后对比） ····································· 197

图2-2-13 2009届本科生毕业三年后的月收入分布
（与2008届三年后对比） ····································· 198

图2-2-14 2009届高职高专生毕业三年后的月收入分布
（与2008届三年后对比） ····································· 198

图2-2-15 2009届大学生毕业三年后提升学历人群的比例 ······ 199

图2-2-16 2009届大学生毕业三年后提升学历人群和未提升学历
人群的月收入对比 ·· 199

图2-2-17 2009届本科生毕业三年后在各类型用人单位的月收入 ······ 209

图2-2-18 2009届高职高专生毕业三年后在各类型
用人单位的月收入 ·· 209

图 2-2-19	2009 届本科生毕业三年后在各规模用人单位的月收入 …… 210
图 2-2-20	2009 届高职高专生毕业三年后在各规模用人单位的月收入 ………………………………………… 210
图 2-2-21	2009 届本科生毕业三年后在各类经济区域就业的月收入 …………………………………………… 211
图 2-2-22	2009 届高职高专生毕业三年后在各类经济区域就业的月收入 …………………………………………… 212
图 2-2-23	2009 届大学生毕业三年内平均获得职位晋升的比例（与 2008 届三年内对比） …………………… 212
图 2-2-24	2009 届大学生毕业三年内平均获得职位晋升的次数（与 2008 届三年内对比） …………………… 216
图 2-2-25	2009 届本科生毕业三年内平均获得职位晋升的频度（与 2008 届三年内对比） …………………… 216
图 2-2-26	2009 届高职高专生毕业三年内平均获得职位晋升的频度（与 2008 届三年内对比） …………………… 217
图 2-2-27	2009 届本科生毕业三年后认为对职位晋升有帮助的大学活动（多选）（与 2008 届三年后对比） ………… 221
图 2-2-28	2009 届高职高专生毕业三年后认为对职位晋升有帮助的大学活动（多选）（与 2008 届三年后对比） ………… 221
图 2-2-29	2009 届大学生毕业三年后的工作与专业相关度 ………… 222
图 2-2-30	2009 届大学生毕业三年后的工作与专业相关度（与 2008 届三年后对比） …………………………… 222
图 2-2-31	2009 届大学生毕业三年内的平均雇主数（与 2008 届三年内对比） …………………………… 224
图 2-2-32	2009 届本科生毕业三年内工作过的雇主数频度（与 2008 届三年内对比） …………………………… 226
图 2-2-33	2009 届高职高专生毕业三年内工作过的雇主数频度（与 2008 届三年内对比） …………………………… 227

图2-2-34　2009届本科生毕业三年内工作过不同雇主数的
人群月收入对比 ·· 227

图2-2-35　2009届高职高专生毕业三年内工作过不同雇主数的
人群月收入对比 ·· 228

图2-4-1　2009届本科半年后自主创业人群三年后的就业去向分布
（与2008届三年后对比） ······································ 238

图2-4-2　2009届高职高专半年后自主创业人群三年后的就业
去向分布（与2008届三年后对比） ··························· 238

图2-4-3　2009届本科三年后自主创业人群在毕业半年后的就业状态
（与2008届半年后对比） ······································ 239

图2-4-4　2009届高职高专三年后自主创业人群在毕业半年后的
就业状态（与2008届半年后对比） ·························· 240

图2-4-5　2009届本科生毕业三年后自主创业人群的月收入
（与2008届三年后对比） ······································ 240

图2-4-6　2009届高职高专生毕业三年后自主创业人群的月收入
（与2008届三年后对比） ······································ 241

图2-4-7　2009届本科生毕业三年后自主创业人群集中的十个职业 ······ 241

图2-4-8　2009届高职高专生毕业三年后自主创业人群
集中的十个职业 ·· 242

图2-4-9　2009届本科生毕业三年后自主创业人群集中的五个行业 ······ 242

图2-4-10　2009届高职高专生毕业三年后自主创业人群
集中的五个行业 ·· 242

图2-5-1　2009届本科生毕业三年内接受培训类型的分布比例
（与2008届三年内对比） ······································ 245

图2-5-2　2009届高职高专生毕业三年内接受培训类型的分布比例
（与2008届三年内对比） ······································ 246

图2-5-3　2009届本科生毕业三年内接受自费培训的原因（多选）
（与2008届三年内对比） ······································ 246

图 2-5-4　2009 届高职高专生毕业三年内接受自费培训的原因（多选）
　　　　　（与 2008 届三年内对比） ………………………………………… 247

图 2-5-5　2009 届本科生毕业三年内接受自费培训的内容（多选）
　　　　　（与 2008 届三年内对比） ………………………………………… 247

图 2-5-6　2009 届高职高专生毕业三年内接受自费培训的内容（多选）
　　　　　（与 2008 届三年内对比） ………………………………………… 248

图 2-5-7　2009 届本科生毕业三年内接受雇主培训的内容（多选）
　　　　　（与 2008 届三年内对比） ………………………………………… 248

图 2-5-8　2009 届高职高专生毕业三年内接受雇主培训的内容（多选）
　　　　　（与 2008 届三年内对比） ………………………………………… 249

图 2-6-1　2009 届本科生毕业三年后认为母校专业教学中
　　　　　最需要改进的地方 ……………………………………………………… 250

图 2-6-2　2009 届高职高专生毕业三年后认为母校专业教学中
　　　　　最需要改进的地方 ……………………………………………………… 251

图 3-1　2012 届本科毕业生认为实习和实践环节不够比例
　　　　较高的主要专业类 ……………………………………………………… 257

图 3-2　2012 届高职高专毕业生认为实习和实践环节不够比例
　　　　较高的主要专业类 ……………………………………………………… 257

图 3-3　2012 届本科毕业生认为课程内容不实用或陈旧比例
　　　　较高的主要专业类 ……………………………………………………… 258

图 3-4　2012 届高职高专毕业生认为课程内容不实用或陈旧比例
　　　　较高的主要专业类 ……………………………………………………… 258

图 3-5　2012 届本科毕业生认为无法调动学生学习兴趣比例
　　　　较高的主要专业类 ……………………………………………………… 259

图 3-6　2012 届高职高专毕业生认为无法调动学生学习兴趣比例
　　　　较高的主要专业类 ……………………………………………………… 259

图 3-7　2012 届本科毕业生认为所学课程考核方式不合理比例
　　　　较高的主要专业类 ……………………………………………………… 260

图 3 - 8　2012 届高职高专毕业生认为所学课程考核方式不合理比例
　　　　 较高的主要专业类 ……………………………………………… 260

图 3 - 9　2012 届本科读研毕业生认为学术批判思维能力最需改进比例
　　　　 较高的主要专业类 ……………………………………………… 261

图 3 - 10　2012 届本科读研毕业生认为专业课知识最需改进比例
　　　　　较高的主要专业类 …………………………………………… 262

图 3 - 11　2012 届本科读研毕业生认为研究方法培养最需改进比例
　　　　　较高的主要专业类 …………………………………………… 262

图 3 - 12　2012 届本科毕业生认为在校期间积极努力、追求上进提升
　　　　　较少的主要专业类 …………………………………………… 263

图 3 - 13　2012 届高职高专毕业生认为在校期间积极努力、追求上进
　　　　　提升较少的主要专业类 ……………………………………… 263

图 3 - 14　2012 届本科毕业生认为在校期间人生的乐观态度
　　　　　提升较少的主要专业类 ……………………………………… 264

图 3 - 15　2012 届高职高专毕业生认为在校期间人生的乐观态度
　　　　　提升较少的主要专业类 ……………………………………… 265

图 3 - 16　2012 届本科毕业生认为在校期间包容精神提升
　　　　　较少的主要专业类 …………………………………………… 265

图 3 - 17　2012 届高职高专毕业生认为在校期间包容精神提升
　　　　　较少的主要专业类 …………………………………………… 266

图 3 - 18　2012 届本科毕业生认为在校期间关注社会提升
　　　　　较少的主要专业类 …………………………………………… 266

图 3 - 19　2012 届高职高专毕业生认为在校期间关注社会提升
　　　　　较少的主要专业类 …………………………………………… 267

表

表 1　2012 届本科毕业生调查样本分布与实际分布对比 ………………… 007
表 2　2012 届高职高专毕业生调查样本分布与实际分布对比 …………… 007

图表目录

表3　2012届全国本科毕业生各省调查样本分布与实际分布对比············008

表4　2012届全国高职高专毕业生各省调查样本分布与实际分布对比·····008

表5　2012届各经济区域本科毕业生调查样本分布与实际分布对比········009

表6　2012届各经济区域高职高专毕业生调查样本分布与
实际分布对比···009

表7　2009届本科毕业生调查样本分布与实际分布对比······················009

表8　2009届高职高专毕业生调查样本分布与实际分布对比··············010

表9　2009届全国本科毕业生各省调查样本分布与实际分布对比········010

表10　2009届全国高职高专毕业生各省调查样本分布与
实际分布对比···011

表11　2009届各经济区域本科毕业生调查样本分布与实际分布对比······012

表12　2009届各经济区域高职高专毕业生调查样本分布与
实际分布对比···012

表1－2－1　2010～2012届各经济区域本科生毕业半年后的
就业率变化趋势···048

表1－2－2　2010～2012届各经济区域高职高专生毕业半年后的
就业率变化趋势···049

表1－2－3　2010～2012届主要学科门类/专业大类毕业半年后的
就业率变化趋势···050

表1－2－4　2010～2012届本科主要专业类毕业半年后的
就业率变化趋势···050

表1－2－5　2010～2012届高职高专主要专业类毕业半年后的
就业率变化趋势···051

表1－2－6　2012届本科生毕业半年后就业量最大的前100位专业的
三届就业率变化趋势··052

表1－2－7　2012届高职高专生毕业半年后就业量最大的前100位
专业的三届就业率变化趋势···055

表1－2－8　2012届本科毕业生就业率排前50位的专业················058

表1－2－9　2012届高职高专毕业生就业率排前50位的专业·········059

013

表1-2-10　2010～2012届本科毕业生从事的主要职业类排名 …………… 060
表1-2-11　2010～2012届高职高专毕业生从事的
　　　　　主要职业类排名 …………………………………………… 062
表1-2-12　2012届本科毕业生就业量最大的前50位职业 …………… 063
表1-2-13　2012届高职高专毕业生就业量最大的前50位职业 ……… 064
表1-2-14　2010～2012届本科毕业生就业的主要行业类排名 ……… 065
表1-2-15　2010～2012届高职高专毕业生就业的
　　　　　主要行业类排名 …………………………………………… 067
表1-2-16　2012届本科毕业生就业量最大的前50位行业 …………… 068
表1-2-17　2012届高职高专毕业生就业量最大的前50位行业 ……… 069
表1-3-1　2012届主要学科门类/专业大类毕业半年后的
　　　　　就业满意度 ………………………………………………… 083
表1-3-2　2012届本科生毕业半年后就业满意度最高的
　　　　　前50位主要专业 …………………………………………… 084
表1-3-3　2012届高职高专生毕业半年后就业满意度最高的
　　　　　前50位主要专业 …………………………………………… 085
表1-3-4　2012届本科生毕业半年后就业满意度最高的
　　　　　前十位职业 ………………………………………………… 086
表1-3-5　2012届本科生毕业半年后就业满意度最低的
　　　　　前十位职业 ………………………………………………… 086
表1-3-6　2012届高职高专生毕业半年后就业满意度最高的
　　　　　前十位职业 ………………………………………………… 087
表1-3-7　2012届高职高专生毕业半年后就业满意度最低的
　　　　　前十位职业 ………………………………………………… 087
表1-3-8　2012届本科生毕业半年后就业满意度最高的
　　　　　前十位行业 ………………………………………………… 088
表1-3-9　2012届本科生毕业半年后就业满意度最低的
　　　　　前十位行业 ………………………………………………… 088

表1-3-10	2012届高职高专生毕业半年后就业满意度最高的前十位行业 ································· 088
表1-3-11	2012届高职高专生毕业半年后就业满意度最低的前十位行业 ································· 089
表1-3-12	2012届主要学科门类/专业大类毕业半年后的职业期待吻合度 ································· 093
表1-3-13	2012届大学毕业生从事的主要职业类的职业期待吻合度 ································· 094
表1-3-14	2010~2012届主要学科门类/专业大类毕业半年后的月收入 ································· 097
表1-3-15	2012届本科主要专业类毕业半年后的月收入 ················ 098
表1-3-16	2012届高职高专主要专业类毕业半年后的月收入 ········· 099
表1-3-17	2012届本科生毕业半年后月收入最高的前50位主要专业 ································· 099
表1-3-18	2012届高职高专生毕业半年后月收入最高的前50位主要专业 ································· 100
表1-3-19	2012届本科生毕业半年后月收入增长最快的前十位专业类（与2011届对比） ································· 102
表1-3-20	2012届本科生毕业半年后月收入增长最慢的前十位专业类（与2011届对比） ································· 102
表1-3-21	2012届高职高专生毕业半年后月收入增长最快的前十位专业类（与2011届对比） ································· 103
表1-3-22	2012届高职高专生毕业半年后月收入增长最慢的前十位专业类（与2011届对比） ································· 103
表1-3-23	2011届、2012届本科生毕业半年后从事的主要职业类的月收入 ································· 104
表1-3-24	2011届、2012届高职高专生毕业半年后从事的主要职业类的月收入 ································· 105
表1-3-25	2012届本科生毕业半年后月收入最高的前50位职业 ········· 105

表1-3-26	2012届高职高专生毕业半年后月收入最高的前50位职业	106
表1-3-27	2012届本科毕业生月收入增长最快的前十位职业类（与2011届对比）	108
表1-3-28	2012届本科毕业生月收入增长最慢的前十位职业类（与2011届对比）	108
表1-3-29	2012届高职高专毕业生月收入增长最快的前十位职业类（与2011届对比）	109
表1-3-30	2012届高职高专毕业生月收入增长最慢的前十位职业类（与2011届对比）	109
表1-3-31	2011届、2012届本科生毕业半年后在主要行业类的月收入	110
表1-3-32	2011届、2012届高职高专生毕业半年后在主要行业类的月收入	110
表1-3-33	2012届本科毕业生月收入增长最快的前十位行业类（与2011届对比）	112
表1-3-34	2012届本科毕业生月收入增长最慢的前十位行业类（与2011届对比）	113
表1-3-35	2012届高职高专毕业生月收入增长最快的前五位行业类（与2011届对比）	113
表1-3-36	2012届高职高专毕业生月收入增长最慢的前五位行业类（与2011届对比）	113
表1-3-37	2010~2012届主要学科门类/专业大类毕业生的工作与专业相关度变化趋势	121
表1-3-38	2012届本科毕业生工作与专业相关度排前50位的主要专业	121
表1-3-39	2012届高职高专毕业生工作与专业相关度排前50位的主要专业	122

表1-3-40	2012届本科毕业生工作与专业相关度要求最高的前20位职业	123
表1-3-41	2012届本科毕业生工作与专业相关度要求最低的前20位职业	123
表1-3-42	2012届高职高专毕业生工作与专业相关度要求最高的前20位职业	124
表1-3-43	2012届高职高专毕业生工作与专业相关度要求最低的前20位职业	124
表1-3-44	2011届、2012届主要学科门类/专业大类毕业半年内的离职率	126
表1-4-1	2013年中国大学毕业生"红黄绿牌"本科专业	129
表1-4-2	2013年中国大学毕业生"红黄绿牌"高职高专专业	130
表1-5-1	基本工作能力定义及序号	133
表1-5-2	核心知识定义及序号	140
表1-5-3	2012届大学毕业生的各项核心知识指标	142
表1-7-1	2012届本科主要学科门类读研比例及转换专业比例	152
表1-7-2	2012届本科生毕业就读研的主要研究生专业类分布	152
表1-7-3	2012届高职高专主要专业大类专升本的比例	155
表2-1-1	2009届本科毕业生主要学科门类三年内的职业转换率（与2008届三年内对比）	173
表2-1-2	2009届高职高专毕业生主要专业大类三年内的职业转换率（与2008届三年内对比）	174
表2-1-3	2009届本科毕业生主要学科门类三年内的行业转换率（与2008届三年内对比）	178
表2-1-4	2009届高职高专毕业生主要专业大类三年内的行业转换率（与2008届三年内对比）	179
表2-2-1	2009届主要学科门类/专业大类毕业生三年后的就业满意度	189

表 2-2-2　2009 届本科主要专业类毕业生三年后的就业满意度 ············ 190

表 2-2-3　2009 届高职高专主要专业类毕业生三年后的
　　　　　就业满意度 ··· 191

表 2-2-4　2009 届本科主要学科门类毕业生三年后的
　　　　　月收入与涨幅 ·· 200

表 2-2-5　2009 届高职高专主要专业大类毕业生三年后的
　　　　　月收入与涨幅 ·· 200

表 2-2-6　2009 届本科主要专业类毕业生三年后的月收入与涨幅 ········ 201

表 2-2-7　2009 届高职高专主要专业类毕业生三年后的
　　　　　月收入与涨幅 ·· 202

表 2-2-8　2009 届本科生毕业三年后从事的主要职业类的
　　　　　月收入及涨幅 ·· 204

表 2-2-9　2009 届高职高专生毕业三年后从事的主要职业类的
　　　　　月收入及涨幅 ·· 205

表 2-2-10　2009 届本科生毕业三年后在各主要行业类的
　　　　　　月收入及涨幅 ·· 206

表 2-2-11　2009 届高职高专生毕业三年后在各主要行业类的
　　　　　　月收入及涨幅 ·· 207

表 2-2-12　2009 届主要学科门类/专业大类毕业生三年内平均
　　　　　　获得职位晋升的比例 ·· 213

表 2-2-13　2009 届本科主要职业类毕业生三年内平均获得
　　　　　　职位晋升的比例 ·· 213

表 2-2-14　2009 届高职高专主要职业类毕业生三年内平均获得
　　　　　　职位晋升的比例 ·· 214

表 2-2-15　2009 届本科主要行业类毕业生三年内平均获得
　　　　　　职位晋升的比例 ·· 214

表 2-2-16　2009 届高职高专主要行业类毕业生三年内平均获得
　　　　　　职位晋升的比例 ·· 215

表2-2-17	2009届主要学科门类/专业大类毕业生三年内平均获得职位晋升的次数 ················ 217
表2-2-18	2009届本科主要职业类毕业生三年内平均获得职位晋升的次数 ················ 218
表2-2-19	2009届高职高专主要职业类毕业生三年内平均获得职位晋升的次数 ················ 218
表2-2-20	2009届本科主要行业类毕业生三年内平均获得职位晋升的次数 ················ 219
表2-2-21	2009届高职高专主要行业类毕业生三年内平均获得职位晋升的次数 ················ 220
表2-2-22	2009届本科主要学科门类毕业生三年内的工作与专业相关度变化（与2008届三年后对比） ················ 223
表2-2-23	2009届高职高专主要专业大类毕业生三年内的工作与专业相关度变化（与2008届三年后对比） ················ 223
表2-2-24	2009届本科主要专业类毕业三年内的平均雇主数 ················ 225
表2-2-25	2009届高职高专主要专业类毕业三年内的平均雇主数 ················ 226
表2-3-1	2009届本科主要专业类毕业三年后认为最重要的三项工作能力 ················ 229
表2-3-2	2009届高职高专主要专业类毕业三年后认为最重要的三项工作能力 ················ 231
表2-3-3	2009届本科生毕业三年后从事的主要职业类最重要的三项工作能力 ················ 232
表2-3-4	2009届高职高专生毕业三年后从事的主要职业类最重要的三项工作能力 ················ 232
表2-3-5	2009届本科生毕业三年后就业的主要行业类最重要的三项工作能力 ················ 233
表2-3-6	2009届高职高专生毕业三年后就业的主要行业类最重要的三项工作能力 ················ 234

表2-3-7	2009届主要学科门类本科优秀人才毕业三年后认为最重要的三项工作能力	235
表2-3-8	2009届主要专业大类高职高专优秀人才毕业三年后认为最重要的三项工作能力	235
表2-4-1	2009届大学生毕业三年后自主创业人群最重要的五项基本工作能力	243
表2-6-1	2009届本科主要专业类毕业三年后认为母校专业教学中最需要改进的地方	251
表2-6-2	2009届高职高专主要专业类毕业三年后认为母校专业教学中最需要改进的地方	253

总 报 告

B.1 技术报告

一 调查背景介绍

(一)调查背景

就业是国家政治与经济景气的最重要指标。全球化和技术进步在激发经济增长和就业机会增加的同时,也加剧了就业的不稳定性以及就业者的失业风险。党的十八大报告中指出:"要推动实现更高质量的就业。就业是民生之本。要贯彻劳动者自主就业、市场调节就业、政府促进就业和鼓励创业的方针,实施就业优先战略和更加积极的就业政策。"

大学毕业生是否符合社会需要,培养质量是否能够满足用人单位与读研的要求,是中国高校普遍面临的一个重要课题。《国家中长期教育改革和发展规划纲要(2010～2020年)》明确指出:"要全面提高高等教育质量,特别是提高人才培养质量。同时,要改革教育质量评价和人才评价制度,开展由政府、学校、社会各方面共同参与的教育质量评价活动。"教育部党组相关文件也提到:"要健全高等教育质量评价体系,出台高等学校本科教学评估新方案,加强分类评价、分类管理、分类指导。要加强教育教学质量监管监测,创造条件发布有关教育教学质量年度报告。"

教育部部长袁贵仁针对就业工作指出:高等教育质量高低的一个重要体现就是毕业生就业状况;以社会需求为导向,推动新一轮高等教育改革,进一步增强高等教育与经济社会发展需求的适应性。

2011年2月8日,国务院办公厅印发了《关于开展国家教育体制改革试点的通知》,国家教育体制改革试点工作全面启动,明确要提高高校人才培养质量,继续推动新一轮以社会需求为导向的高等教育改革。

2012年3月26日,时任国务委员刘延东在全面提高高等教育质量工作会议上指出,提高高等教育质量是当前我国高等教育改革发展最核心、最紧迫的任务,要围绕培养什么人、怎么培养人的问题,确立人才培养的中心地位。

党的十八大明确提出,努力实现就业更加充分,推动实现更高质量的就业,做好以高校毕业生为重点的青年就业工作。2012年11月18日,《教育部关于做好2013年全国普通高等学校毕业生就业工作的通知》(教学〔2012〕11号)指出:把促进高校毕业生就业摆在更加突出的重要位置,推动高等教育内涵式发展,加大工作和政策力度,积极拓展就业领域,加强就业指导服务。

解决大学生就业问题的科学方法是从劳动力市场的供需出发,对劳动力的数量和质量的供需关系进行调查和分析,在大量的、系统的数据积累和分析的基础上,制定政策措施,改进教育。例如,中国许多大学聘请第三方机构每年对本校毕业半年后的大学生进行就业能力跟踪研究,对用人单位的需求和使用评价进行跟踪研究,为高校人才培养提供需求方信息和培养质量反馈。

本报告是基于麦可思公司的大学毕业生跟踪调查数据。麦可思公司自2007年以来,每年对毕业半年后大学生的就业状态和工作能力进行全国性调查研究,每三年就用人单位对大学生的能力要求和雇用情况进行全国性调查研究,从2010年开始,连续四年对之前调查过的全国2006届、2007届、2008届和2009届大学毕业生进行毕业三年后的职业发展跟踪调查。目前,麦可思已经调查了2006届、2007届、2008届、2009届、2010届、2011届、2012届毕业半年后的大学生。《中国大学生就业报告》自 2009 年首度发布以来，至 2013 年已是第五次年度报告，本年度报告和麦可思数据库已经为中国的众多高校、各级政府教育和人力资源主管部门、各企事业单位、各级学术研究机构、大学毕业生和高考生等提供了广泛参考。①

（二）2013 年调查数据

1. 调查规模及覆盖面

2013 年度麦可思 – 全国大学毕业生调查分为以下两类。

（1）2012 届大学生毕业半年后社会需求与培养质量的抽样调查。该调查于 2013 年 3 月初完成。抽样达到 52.9 万余人，回收问卷约 26.2 万份，回收率约 49.5%。共调查了 972 个专业，其中本科专业为 458 个，高职高专专业为 514 个；调查覆盖了全国 31 个省、直辖市和自治区；覆盖了本科毕业生能够从事的 584 个职业、高职高专毕业生能够从事的 542 个职业，共计 662 个职业②；覆盖本科毕业生就业的 321 个行业、高职高专毕业生就业的 321 个行业，共计 324 个行业③。

（2）2009 届大学生毕业三年后职业发展的抽样跟踪调查。该调查于 2013 年 2 月完成。麦可思曾对 2009 届大学毕业生进行过毕业半年后调查（2010 年初完成，回收问卷约 24.5 万份）④，2012 年底至 2013 年初的调查为该答题群体三年后的连续跟踪调查，回收问卷约 4.4 万份。共调查了 717 个专业，其中本科专业为 338 个，高职高专专业为 379 个；调查覆盖了全国 31 个省、直辖市和自治区；覆盖了本科毕业生能够从事的 496 个职业、高职高专毕业生能够从事的 419 个职业，共计 544 个职业⑤；覆盖本科毕业生就业的 290 个行业、高职高专毕业生就业的 288 个行业，共计 309 个行业⑥。

---

① 限于篇幅，本报告仅提供了部分数据，如需了解更详细的内容，可登录麦可思网站（www.mycos.com），或者联系我们（research@mycos.com）。
② 参见《麦可思中国职业分类词典（2013 版）》。
③ 参见《麦可思中国行业分类词典（2013 版）》。
④ 参见《2010 年中国大学生就业报告》（就业蓝皮书）。
⑤ 参见《麦可思中国职业分类词典（2013 版）》。
⑥ 参见《麦可思中国行业分类词典（2013 版）》。

2. 调查对象

毕业半年后的2012届大学毕业生：包括"211"院校、非"211"本科院校、高职高专院校、本科院校的高职高专部的毕业生，不包括成人高等教育、军事院校和港澳台院校的毕业生。

毕业三年后的2009届大学毕业生：包括"211"院校、非"211"本科院校、高职高专院校、本科院校的高职高专部的毕业生，不包括成人高等教育、军事院校和港澳台院校的毕业生。

3. 调查方式

分别向毕业半年后的2012届大学毕业生和毕业三年后的2009届大学毕业生以电子邮件方式发放答题邀请函、问卷客户端链接和账户号，两类调查的问卷不同。答卷人回答问卷，答题时间为15~30分钟。

4. 调查对象分类

2012届大学毕业生半年后社会需求与培养质量调查分为七类大学毕业生群体：

（1）受雇就业，分为受雇全职工作（包括与专业有关和与专业无关）、受雇半职工作两类；

（2）自主创业；

（3）毕业后立刻在国内或国外读研；

（4）毕业后读本科（针对高职高专毕业生）；

（5）没有就业和求职，在家准备考研或留学；

（6）没有就业，继续求职；

（7）没有就业，暂不求职并且也不准备求学。

2009届大学毕业生三年后职业发展调查分为六类大学毕业生群体：

（1）受雇就业，分为与专业有关工作和与专业无关工作两类；

（2）自主创业；

（3）正在读研；

（4）正在读本科（针对高职高专毕业生）；

（5）没有就业，继续求职；

（6）没有就业，暂不求职并且也不准备求学。

5. 调查问题分类

2012届大学毕业生半年后社会需求与培养质量调查的问题分为以下七类：

（1）就业状况；

（2）基本工作能力、核心知识、职业任务；

（3）自主创业；

（4）读研；

（5）专升本；

（6）校友评价；

（7）社团活动参与情况和价值观提升。

2009届大学毕业生三年后职业发展调查的问题分为以下六类：

（1）就业状况；

（2）工作稳定性；

（3）基本工作能力；

（4）职位晋升；

（5）培训；

（6）校友评价。

二 研究概况

（一）研究目标

本调查研究采用麦可思公司自主研发的"麦可思中国高等教育供需追踪系统"（CHEFS）来进行。CHEFS是"以社会需求信息为依据的就业导向"的评价系统，通过跟踪大学毕业生的社会需求满足、就业质量与读研学术准备的结果，把分析结果反馈给高等教育机构，以帮助高等教育机构按社会需求来改进其招生、专业设置、课程设置、课程内容、教学方式和求职服务，实现以社会需求和培养结果评价为重要依据的高校管理过程控制。

（二）研究目的

（1）了解2012届大学生毕业半年后的就业状态及就业满意度，发现满足社会需求方面存在的问题；

（2）了解2012届大学毕业生对高等教育的满意度以及对母校的推荐度；

（3）通过大学毕业生工作中的自我评估，了解大学毕业生对自己毕业时掌握的基本能力和核心知识是否适应其岗位的情况，反映今后的能力培养侧重点；

（4）了解2012届大学毕业生的自主创业及升学状况；

（5）了解2012届大学毕业生高考时填报志愿状况和理由；

（6）了解2012届大学毕业生的社团活动和价值观的提升状况；

（7）了解2012届大学毕业生的培养质量；

（8）了解2009届大学生毕业三年后的月收入、专业相关度和职位晋升情况；

（9）了解2009届大学生毕业三年后的工作稳定性，即毕业三年内职业、行业转换等；

（10）了解2009届大学生毕业三年内的培训情况和对个人职业发展的影响；

（11）了解2009届大学生毕业三年后对基本工作能力的重要性评价；

（12）了解2009届大学生毕业三年后的自主创业和学历提升状况。

（三）研究样本

本调查需提醒读者注意以下几点：

（1）答题通过电子问卷客户端实现，未被邀请的答题将视为无效问卷，非2012届和非2009届大学毕业生的答卷也被视为无效问卷。

（2）本研究对调查答题和未答题的样本进行了检验，没有发现存在自我选择性样本偏差问题。

（3）专业和地区样本的分布与实际分布见表1至表12，大学毕业生的实际分布比例来自中华人民共和国国家统计局网站，其中高职高专各专业大类的毕业生实际分布比例根据中华人民共和国国家统计局网站公布的数据进行推算而得。对于样本中与实际比例的明显差异可能带来的统计误差，本研究采用权数加以修正。

表1 2012届本科毕业生调查样本分布与实际分布对比

单位：%

本科学科门类	2012届本科调查样本分布	2012届本科毕业生实际分布	本科学科门类	2012届本科调查样本分布	2012届本科毕业生实际分布
工学	35.2	31.7	医学	1.8	5.9
管理学	24.1	16.7	教育学	1.7	3.5
文学	16.0	19.2	农学	1.0	1.8
理学	8.3	10.5	历史学	<1.0*	0.5
经济学	8.2	6.2	哲学	<1.0	0.1
法学	3.5	3.9			

*表中调查样本分布小于1.0%的数值均用"<1.0"表示，下同。
数据来源：麦可思–中国2012届大学毕业生社会需求与培养质量调查；中华人民共和国国家统计局。

表2 2012届高职高专毕业生调查样本分布与实际分布对比

单位：%

高职高专专业大类	2012届高职高专调查样本分布	2012届高职高专毕业生实际分布
财经大类	22.7	21.4
制造大类	18.1	14.2
电子信息大类	14.1	14.0
土建大类	11.5	7.1
文化教育大类	7.4	12.6
交通运输大类	5.8	3.3
材料与能源大类	3.5	1.4
旅游大类	3.2	3.6
艺术设计传媒大类	3.1	4.7
生化与药品大类	2.2	2.7
医药卫生大类	2.1	6.2
资源开发与测绘大类	1.6	1.1
轻纺食品大类	1.4	2.0
农林牧渔大类	1.2	1.8
公共事业大类	<1.0	1.1
环保、气象与安全大类	<1.0	0.5
法律大类	<1.0	1.5
水利大类	<1.0	0.3
公安大类	<1.0	0.5

数据来源：麦可思–中国2012届大学毕业生社会需求与培养质量调查；中华人民共和国国家统计局。

表3　2012届全国本科毕业生各省调查样本分布与实际分布对比

单位：%

各教育省*	2012届本科调查样本分布	2012届本科毕业生实际分布	各教育省*	2012届本科调查样本分布	2012届本科毕业生实际分布
安　徽	2.0	3.8	江　西	2.6	3.1
北　京	5.1	3.8	辽　宁	4.1	4.9
重　庆	2.6	2.6	内蒙古	1.3	1.5
福　建	2.6	2.9	宁　夏	<1.0	0.4
甘　肃	1.4	2.0	青　海	<1.0	0.2
广　东	7.3	6.2	山　东	8.6	6.2
广　西	1.2	2.1	山　西	1.4	2.3
贵　州	<1.0	1.4	陕　西	5.1	4.4
海　南	<1.0	0.6	上　海	2.6	2.9
河　北	3.0	4.2	四　川	6.0	5.1
河　南	6.0	5.1	天　津	2.4	2.2
黑龙江	4.3	3.8	西　藏	<1.0	0.2
湖　北	6.4	5.6	新　疆	<1.0	1.1
湖　南	3.5	4.4	云　南	<1.0	2.0
吉　林	3.4	3.3	浙　江	5.1	4.3
江　苏	8.6	7.4			

*教育省：指大学毕业生接受高等教育所在的省、自治区或直辖市（这里不包括港澳台），下同。

数据来源：麦可思-中国2012届大学毕业生社会需求与培养质量调查；中华人民共和国国家统计局。

表4　2012届全国高职高专毕业生各省调查样本分布与实际分布对比

单位：%

各教育省	2012届高职高专调查样本分布	2012届高职高专毕业生实际分布	各教育省	2012届高职高专调查样本分布	2012届高职高专毕业生实际分布
安　徽	4.8	4.6	江　西	4.5	4.3
北　京	1.4	1.3	辽　宁	<1.0	2.8
重　庆	2.1	2.0	内蒙古	<1.0	1.8
福　建	3.0	2.9	宁　夏	<1.0	0.3
甘　肃	1.6	1.5	青　海	<1.0	0.2
广　东	7.6	7.3	山　东	8.9	8.6
广　西	3.4	3.3	山　西	2.9	2.8
贵　州	1.5	1.5	陕　西	4.1	4.0
海　南	<1.0	0.8	上　海	1.8	1.7
河　北	6.0	5.7	四　川	4.4	4.2
河　南	8.2	7.9	天　津	1.6	1.5
黑龙江	2.8	2.6	西　藏	<1.0	0.1
湖　北	6.3	6.1	新　疆	1.1	1.1
湖　南	5.5	5.4	云　南	2.0	1.9
吉　林	1.7	1.6	浙　江	4.0	3.8
江　苏	6.7	6.4			

数据来源：麦可思-中国2012届大学毕业生社会需求与培养质量调查；中华人民共和国国家统计局。

表5 2012届各经济区域本科毕业生调查样本分布与实际分布对比

单位：%

各经济区域	2012届本科调查样本分布	2012届本科毕业生实际分布
泛渤海湾区域经济体	21.8	20.2
泛长江三角洲区域经济体	20.9	21.5
中原区域经济体	15.9	15.1
东北区域经济体	11.8	12.0
泛珠江三角洲区域经济体	11.7	11.8
西南区域经济体	10.2	11.1
陕甘宁青区域经济体	7.2	7.0
西部生态经济区	<1.0	1.3

数据来源：麦可思-中国2012届大学毕业生社会需求与培养质量调查；中华人民共和国国家统计局。

表6 2012届各经济区域高职高专毕业生调查样本分布与实际分布对比

单位：%

各经济区域	2012届高职高专调查样本分布	2012届高职高专毕业生实际分布
泛长江三角洲区域经济体	21.8	20.8
泛渤海湾区域经济体	20.9	21.7
中原区域经济体	20.1	19.4
泛珠江三角洲区域经济体	14.8	14.3
西南区域经济体	10.0	9.6
陕甘宁青区域经济体	6.2	6.0
东北区域经济体	5.0	7.0
西部生态经济区	1.2	1.2

数据来源：麦可思-中国2012届大学毕业生社会需求与培养质量调查；中华人民共和国国家统计局。

表7 2009届本科毕业生调查样本分布与实际分布对比

单位：%

本科学科门类	2009届本科毕业三年后调查样本分布	2009届本科毕业生实际分布	本科学科门类	2009届本科毕业三年后调查样本分布	2009届本科毕业生实际分布
工 学	40.6	31.2	医 学	2.8	6.2
管理学	18.3	15.8	农 学	2.2	2.0
文 学	13.7	18.0	教育学	2.1	3.6
理 学	10.7	11.1	历史学	<1.0	0.6
经济学	5.7	6.3	哲 学	<1.0	0.1
法 学	3.6	5.1			

数据来源：麦可思-中国2009届大学毕业生三年后职业发展调查；中华人民共和国国家统计局。

表8 2009届高职高专毕业生调查样本分布与实际分布对比

单位：%

高职高专专业大类	2009届高职高专毕业三年后调查样本分布	2009届高职高专毕业生实际分布
财经大类	20.7	20.4
制造大类	19.9	13.3
电子信息大类	16.0	14.1
文化教育大类	10.9	13.0
土建大类	7.9	7.2
交通运输大类	4.6	3.3
艺术设计传媒大类	3.6	5.4
医药卫生大类	2.7	6.3
生化与药品大类	2.4	2.6
旅游大类	2.2	3.9
农林牧渔大类	1.8	1.7
公共事业大类	1.4	1.3
轻纺食品大类	1.3	2.0
材料与能源大类	1.1	1.4
水利大类	1.0	0.3
法律大类	<1.0	1.6
资源开发与测绘大类	<1.0	1.1
环保、气象与安全大类	<1.0	0.5
公安大类	<1.0	0.6

数据来源：麦可思－中国2009届大学毕业生三年后职业发展调查；中华人民共和国国家统计局。

表9 2009届全国本科毕业生各省调查样本分布与实际分布对比

单位：%

各教育省	2009届本科毕业三年后调查样本分布	2009届本科毕业生实际分布	各教育省	2009届本科毕业三年后调查样本分布	2009届本科毕业生实际分布
安　徽	4.7	3.3	海　南	<1.0	0.5
北　京	9.6	4.6	河　北	8.0	4.0
重　庆	1.6	2.5	河　南	3.9	5.2
福　建	2.5	2.7	黑龙江	2.4	3.8
甘　肃	<1.0	1.6	湖　北	3.5	6.0
广　东	2.4	5.5	湖　南	4.1	4.3
广　西	1.2	1.7	吉　林	2.3	3.5
贵　州	<1.0	1.2	江　苏	10.7	7.7

续表

各教育省	2009届本科毕业三年后调查样本分布	2009届本科毕业生实际分布	各教育省	2009届本科毕业三年后调查样本分布	2009届本科毕业生实际分布
江 西	2.7	3.3	上 海	1.3	3.0
辽 宁	3.8	5.1	四 川	9.8	5.1
内蒙古	<1.0	1.3	天 津	1.1	2.2
宁 夏	<1.0	0.3	西 藏	<1.0	0.2
青 海	<1.0	0.2	新 疆	<1.0	1.2
山 东	10.8	7.2	云 南	1.7	1.7
山 西	1.6	2.3	浙 江	2.6	4.1
陕 西	4.9	4.4			

数据来源：麦可思-中国2009届大学毕业生三年后职业发展调查；中华人民共和国国家统计局。

表10　2009届全国高职高专毕业生各省调查样本分布与实际分布对比

单位：%

各教育省	2009届高职高专毕业三年后调查样本分布	2009届高职高专毕业生实际分布	各教育省	2009届高职高专毕业三年后调查样本分布	2009届高职高专毕业生实际分布
安 徽	3.2	4.3	江 西	3.6	4.6
北 京	3.8	1.5	辽 宁	1.4	2.8
重 庆	2.2	1.9	内蒙古	<1.0	1.6
福 建	4.5	2.7	宁 夏	<1.0	0.3
甘 肃	<1.0	1.5	青 海	<1.0	0.2
广 东	8.8	6.2	山 东	11.3	8.7
广 西	2.0	2.8	山 西	<1.0	3.3
贵 州	<1.0	1.2	陕 西	3.5	3.6
海 南	1.1	0.7	上 海	1.7	1.9
河 北	5.6	6.3	四 川	9.0	4.5
河 南	6.3	7.2	天 津	3.0	1.7
黑龙江	<1.0	2.8	西 藏	<1.0	0.1
湖 北	4.8	6.2	新 疆	<1.0	1.0
湖 南	4.1	5.1	云 南	<1.0	1.5
吉 林	<1.0	1.4	浙 江	6.6	4.2
江 苏	10.2	8.1			

数据来源：麦可思-中国2009届大学毕业生三年后职业发展调查；中华人民共和国国家统计局。

表11　2009届各经济区域本科毕业生调查样本分布与实际分布对比

单位：%

各经济区域	2009届本科毕业三年后调查样本分布	2009届本科毕业生实际分布
泛渤海湾区域经济体	31.6	21.7
泛长江三角洲区域经济体	22.1	21.5
西南区域经济体	13.9	10.5
中原区域经济体	11.5	15.5
东北区域经济体	8.5	12.4
泛珠江三角洲区域经济体	6.3	10.4
陕甘宁青区域经济体	6.0	6.6
西部生态经济区	<1.0	1.4

数据来源：麦可思–中国2009届大学毕业生三年后职业发展调查；中华人民共和国国家统计局。

表12　2009届各经济区域高职高专毕业生调查样本分布与实际分布对比

单位：%

各经济区域	2009届高职高专毕业三年后调查样本分布	2009届高职高专毕业生实际分布
泛长江三角洲区域经济体	25.4	23.1
泛渤海湾区域经济体	24.2	23.1
泛珠江三角洲区域经济体	16.5	12.4
中原区域经济体	15.2	18.5
西南区域经济体	12.2	9.1
陕甘宁青区域经济体	4.0	5.6
东北区域经济体	2.5	7.1
西部生态经济区	<1.0	1.1

数据来源：麦可思–中国2009届大学毕业生三年后职业发展调查；中华人民共和国国家统计局。

（四）研究过程

本调查研究分为三个步骤：信息反馈、数据分析及指标呈现（见图1）。

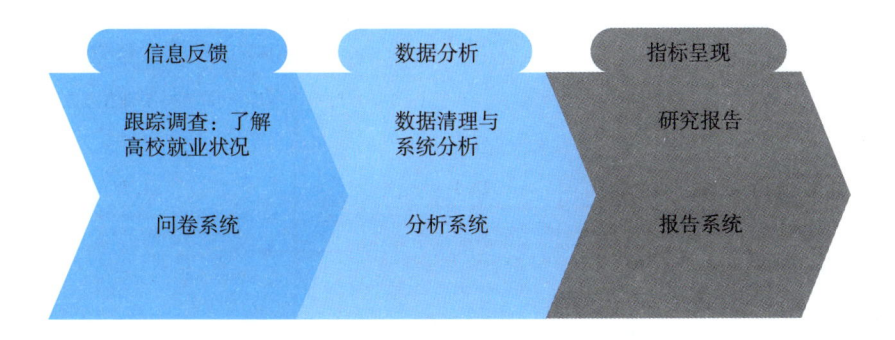

图 1　调查研究的三个步骤

（五）基本研究框架

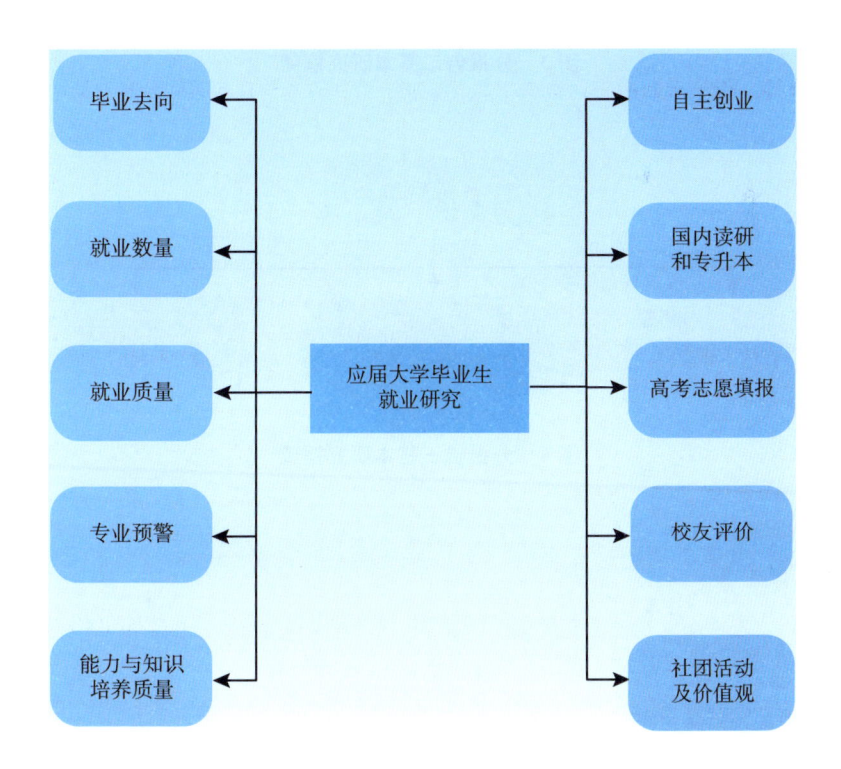

图 2　分报告—基本研究框架

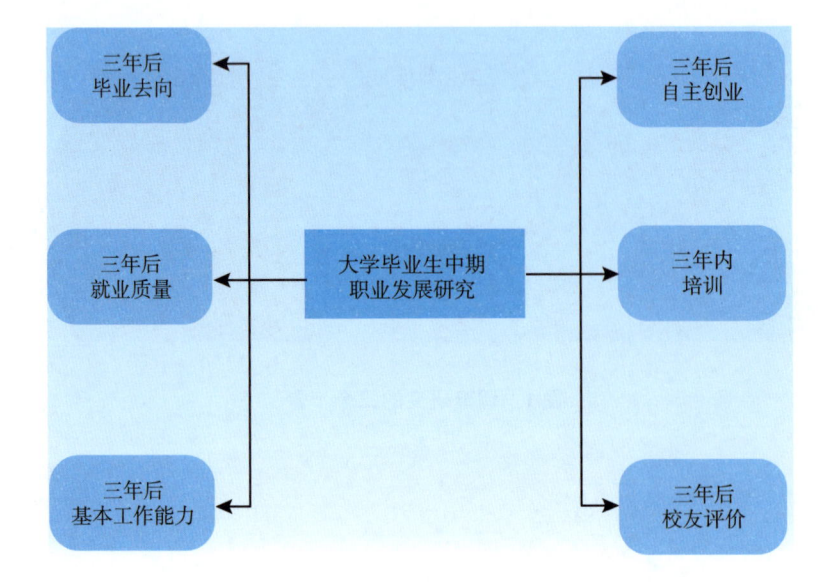

图 3 分报告二基本研究框架

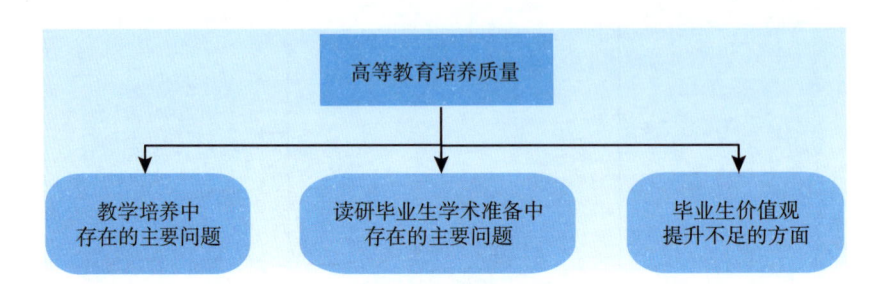

图 4 分报告三基本研究框架

B.2 主要结论

分报告一 应届大学毕业生就业报告

第一章 毕业去向

1. 在2012届大学毕业生中，有82.4%的人毕业半年后受雇全职或半职工作，2.0%的人自主创业。有8.5%的人处于失业状态，其中1.1%准备国内外读研，5.3%准备继续寻找工作，还有2.1%放弃了继续求职和求学。2012届全国大学毕业生人数为624.7万人，按本研究得出的比例推算，在毕业半年后调查时有约515万人受雇全职或半职工作，有约12万人自主创业，约53万人处于失业状态。

2. 2012届大学生毕业半年后"受雇全职工作"的比例（81.3%）与2011届（81.0%）基本持平，而"无工作，继续寻找工作"的比例2012届（5.3%）较2011届（6.1%）降低了0.8个百分点，连续两年下降。

3. 2012届本科生毕业半年后"受雇全职工作"的比例（79.5%）与2011届（79.8%）基本持平；在国内外读研的比例2012届（10.9%）比2011届（10.1%）增加了0.8个百分点。

4. 2012届"211"院校毕业生半年后在国内外读研的比例（24.4%）较2011届（19.9%）增加了4.5个百分点，连续两年上升；而"受雇全职工作"的比例2012届（68.8%）较2011届（72.1%）降低了3.3个百分点，连续两年下降。

5. 2012届非"211"本科生毕业半年后在国内外读研的比例（8.2%）与2011届（8.2%）持平；"无工作，继续寻找工作"的比例2012届（4.2%）较2011届（5.0%）降低了0.8个百分点。

6. 2012届高职高专生毕业半年后"受雇全职工作"的比例（83.0%）与2011届（82.8%）基本持平；自主创业的比例2012届（2.9%）较2011届（2.2%）增加了0.7个百分点。

7. 2012届本科生毕业半年后就业区域主要集中在泛长江三角洲区域（包括上海、江苏、浙江、江西、安徽），占24.9%；泛渤海湾区域（包括北京、天津、山东、河北、内蒙古、山西）占24.1%；泛珠江三角洲区域（包括广东、广西、福建、海南）占20.8%。2012届高职高专生毕业半年后就业地也主要集中在这三个区域，所占比例依次是22.5%、23.1%和21.0%。

8. 2012届大学生毕业半年后有17%在直辖市就业，29%在副省级城市就业，54%在地级城市及以下就业。其中本科毕业生比高职高专毕业生在直辖市就业的比例高6个百分点（分别为20%和14%）。我国大学生连续三届就业的城市类型分布比较稳定，没有数据表明现在的大学毕业生和之前的相比，在不同类型城市的就业比例存在明显差异。

第二章 就业数量

1. 2012届大学生毕业半年后的就业率（90.9%）比2011届（90.2%）略有上升。

2. 本科院校2012届毕业生半年后的就业率为91.5%，比2011届（90.8%）略有上升；高职高专院校2012届毕业生半年后的就业率（90.4%）比2011届（89.6%）略有上升。

3. "211"院校2012届毕业生半年后的非失业率为94.4%，比2011届（93.2%）上升了1.2个百分点；非"211"本科院校2012届毕业生半年后的就业率为91.3%，比2011届（90.6%）略有上升。

4. 2012届本科生毕业半年后在泛珠江三角洲区域经济体的就业率最高，为93.4%；高职高专生毕业半年后在泛长江三角洲区域经济体的就业率最高，为91.3%。

5. 2012届本科生毕业半年后就业率最高的学科门类是管理学（92.9%），最低的是法学（87.2%）；高职高专生毕业半年后就业率最高的专业大类是生化与药品大类（93.2%），最低的是艺术设计传媒大类（86.7%）。本科生毕业半年后就业率最高的专业类是能源动力类（95.2%），最低的是法学类和生物科学类（均为86.1%）；高职高专生毕业半年后就业率最高的专业类是制药技术类（93.6%），最低的是法律实务类（84.8%）。

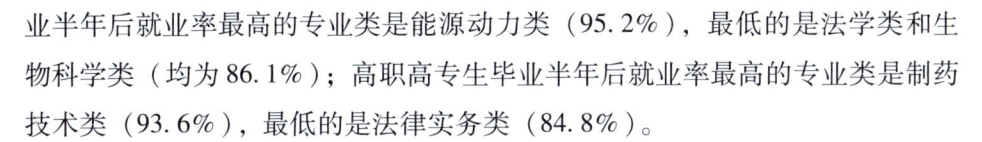

6. 2012届本科生毕业半年后就业率前三位的专业是给水排水工程（97.5%）、汽车服务工程（96.9%）、矿物资源工程（96.7%）。高职高专生毕业半年后就业率前三位的专业是学前教育（97.0%）、铁道交通运营管理（96.8%）、电气化铁道技术（96.5%）。

7. 2012届本科生毕业半年后从事最多的职业类是财务/审计/税务/统计，就业比例为10.4%，其后为销售（10.0%）和行政/后勤（8.7%）等。高职高专生毕业半年后从事最多的职业类是财务/审计/税务/统计，就业比例为11.0%，其后为销售（10.8%）和建筑工程（8.3%）等。

8. 与2010届相比，2012届本科毕业生就业比例增加最多的职业类为中小学教育，增加了1.2个百分点；就业比例降低最多的职业类为销售，降低了2.0个百分点。与2010届相比，2012届高职高专毕业生就业比例增加最多的职业类为建筑工程，增加了2.5个百分点；就业比例降低最多的职业类为销售，降低了4.5个百分点。

9. 2012届本科生毕业半年后就业最多的行业类是金融（银行/保险/证券）业（10.7%），其次是媒体、信息及通信产业（10.0%）。高职高专生毕业半年后就业最多的行业类是建筑业（12.9%），其次是零售商业（7.7%）。

10. 与2010届相比，2012届本科毕业生就业比例增加最多的行业类为教育业，增加了2.0个百分点；就业比例降低最多的行业类是电子电气仪器设备及电脑制造业，降低了2.8个百分点。与2010届相比，2012届高职高专毕业生就业比例增加最多的行业类为建筑业，增加了3.9个百分点；就业比例降低最多的行业类是机械五金制造业和批发商业，均降低了2.2个百分点。

11. "民营企业/个体"是2012届大学毕业生就业最多的用人单位类型，本科院校中有45%的毕业生就业于"民营企业/个体"，高职高专院校中有61%的毕业生就业于"民营企业/个体"。

12. 2012届大学毕业生就业比例最高的用人单位规模是300人以下的中小规模的用人单位（48%），其中本科毕业生这一比例为40%，高职高专毕业生

为55%。

13. 2012届本科失业率最高的专业为绘画（15.3%），其次为生物科学与工程（14.6%）；高职高专失业率最高的为影视动画（17.5%），其次为艺术设计（15.3%）。

14. 在2012届各类院校毕业生的未就业人群中，大多数毕业生还在继续找工作。本科院校处于未就业状态的毕业生（7.6%）中有22%为"待定族"（不求学不求职），高职高专院校处于未就业状态的毕业生（9.3%）中有26%为"待定族"。

15. 在2012届本科院校毕业半年后的"待定族"中，有32%的毕业生在准备公务员考试，有13%的毕业生准备创业。在高职高专院校毕业半年后的"待定族"中，有21%的毕业生准备创业，有9%的毕业生在准备公务员考试。

第三章 就业质量

1. 2012届大学生毕业半年后的就业满意度为55%，即在就业的毕业生中，有55%对自己的就业现状表示满意。其中，本科院校毕业生半年后的就业满意度为58%，高职高专院校为51%。在本科院校中，"211"院校毕业半年后的就业满意度为62%，非"211"本科院校为57%。

2. 在2012届本科学科门类中，毕业生毕业半年后就业满意度最高的为经济学，为61%；就业满意度最低的为农学，为53%。在高职高专专业大类中，就业满意度最高的为资源开发与测绘大类，为56%；最低的为生化与药品大类，为44%。

3. 2012届本科生毕业半年后就业满意度最高的职业是"税收监察者、征收人和税收代理人"，为82%；最低的职业是"零售售货员"，为32%。2012届高职高专生毕业半年后就业满意度最高的职业是"职业护士（有从业许可证的）"，为75%；最低的职业是"半导体加工人员"，为30%。

4. 2012届本科生毕业半年后就业满意度最高的行业是"中国人民银行、保监会和证监会"，为76%；最低的行业为"电子产品和电器用品零售业"，为40%。2012届高职高专生毕业半年后就业满意度最高的行业是"中国人民银行、保监会和证监会"，为72%；最低的行业是"印刷及相关产业"，为

34%。

5. 2012届本科生毕业半年后在"政府机构/科研事业"的就业满意度最高，为69%；在"民营企业/个体"的就业满意度最低，为50%。高职高专生毕业半年后在"政府机构/科研事业"的就业满意度最高，为64%；在"中外合资/外资/独资"的就业满意度最低，为45%。

6. 2012届本科生毕业半年后在泛长江三角洲区域经济体、泛珠江三角洲区域经济体就业的满意度最高，均为59%。高职高专生毕业半年后在东北区域经济体的就业满意度最高，为57%。

7. 在2012届大学毕业生中，有44%的人认为目前的工作与自己的职业期待吻合，其中本科这一比例为47%，高职高专为40%。有56%的人认为工作与职业期待不吻合，其中35%的人认为是不符合自己的职业发展规划，22%的人认为是不符合自己的兴趣爱好。与2011届相比，2012届本科毕业生的职业期待吻合度比2011届高3个百分点，高职高专毕业生的职业期待吻合度与2011届持平。

8. 在2012届本科学科门类中，毕业生毕业半年后职业期待吻合度最高的为医学（52%）；职业期待吻合度最低的为理学（43%）。在高职高专专业大类中，职业期待吻合度最高的为医药卫生大类（47%）；最低的为资源开发与测绘大类（31%）。

9. 大学生毕业半年后月收入2011届、2012届连续两届呈现增长。全国2012届大学毕业生月收入（3048元）比2011届（2766元）增长了282元，其中本科毕业生2012届（3366元）比2011届（3051元）增长了315元，高职高专毕业生2012届（2731元）比2011届（2482元）增长了249元。

10. 2012届本科毕业生有16.0%月收入在5000元以上，比2011届（11.4%）高4.6个百分点；2012届高职高专毕业生月收入在5000元以上的比例为6.3%，比2011届（4.3%）高2.0个百分点。2012届本科毕业生有2.2%月收入在1500元以下，比2011届（4.0%）低1.8个百分点；2012届高职高专毕业生月收入在1500元以下的比例为5.5%，比2011届（9.5%）低4.0个百分点。

11. 在2012届本科学科门类中，毕业生毕业半年后月收入最高的是工学，

其月收入为3577元；最低的是教育学（2927元）。在高职高专专业大类中，毕业生毕业半年后月收入最高的是交通运输大类，其月收入为3091元；最低的是医药卫生大类（2439元）。

12. 2012届本科生毕业半年后从事的主要职业类月收入最高的是互联网开发及应用，其月收入为4469元，其次是计算机与数据处理（4251元）。2012届高职高专生毕业半年后月收入最高的职业类是交通运输/邮电（3221元），其次是金融（银行/基金/证券/期货/理财）（3104元）。

13. 2012届本科生毕业半年后月收入最高的行业类为"媒体、信息及通信产业"（4036元），其次是"金融（银行/保险/证券）业"（3932元）。2012届高职高专生毕业半年后月收入最高的行业类为"金融（银行/保险/证券）业"（3170元），其次是"媒体、信息及通信产业"（2978元）。

14. 2012届大学生毕业半年后在"中外合资/外资/独资"单位就业的人群月收入最高，其中本科为3956元，高职高专为2995元。与2011届相比，2012届大学毕业生在各类型用人单位就业的月收入都有上升。

15. 2012届大学毕业生在"3001人以上"的大型单位就业的人群半年后月收入最高，本科为3908元，高职高专为3214元。与2011届相比，2012届大学毕业生在各规模用人单位就业的月收入都有上升。

16. 2012届本科生毕业半年后在泛珠江三角洲区域经济体就业的人群半年后月收入最高，为3753元。2012届高职高专生毕业半年后在泛长江三角洲区域经济体就业的人群半年后月收入最高，为2849元。

17. 2012届本科毕业生的工作与专业相关度为69%，比2011届上升了2个百分点；高职高专为62%，比2011届上升了2个百分点。从近三届的趋势可以看出，大学毕业生的工作与专业相关度呈现平稳趋势。

18. 2012届大学毕业生选择与专业无关工作的最主要原因是"专业工作不符合自己的职业期待"（本科为43%，高职高专为38%），其次本科为"专业工作岗位招聘少"（24%），高职高专为"专业工作岗位招聘少"和"达不到专业工作的要求"（均为19%）。

19. 在2012届本科学科门类中，专业相关度最高的是医学（87%），其次是工学（76%），最低的为农学和法学（均为53%）。而高职高专专业相关度最高的专业大类为医药卫生大类（86%），其次是土建大类（80%），最低的为轻纺食品大类和电子信息大类（均为52%）。

20. 大学生毕业半年内的离职率呈现下降趋势。2012届全国大学毕业生有33%毕业半年内有过离职，比2011届（41%）下降了8个百分点。其中，高职高专生毕业半年内的离职率高于本科毕业生，有42%的高职高专生毕业半年内发生过离职。"211"院校半年内离职率为13%，非"211"本科院校为26%。

21. 在2012届本科学科门类中，文学的半年内离职率最高，为32%；工学最低，为18%。在高职高专专业大类中，艺术设计传媒大类的半年内离职率最高，为53%；医药卫生大类最低，为20%。

22. 2012届大学生毕业半年内离职的人群有98%发生过主动离职，主动离职的主要原因是个人发展空间不够（30%）和薪资福利偏低（20%）。

第四章 专业预警

1. 2013年本科就业红牌警告专业包括：动画、法学、生物技术、生物科学与工程、数学与应用数学、体育教育、生物工程、英语、美术学。2013年高职高专就业红牌警告专业包括：法律文秘、计算机科学与技术、国际金融、工商管理、法律事务、汉语言文学教育、计算机应用技术、电子商务、会计电算化。以上专业与2012年的红牌专业基本相同，这些专业失业量较大、就业率低，且薪资较低。

2. 2013年本科就业绿牌发展专业包括：地质工程、港口航道与海岸工程、船舶与海洋工程、石油工程、采矿工程、油气储运工程、矿物加工工程、过程装备与控制工程、水文与水资源工程、审计学。2013年高职高专就业绿牌发展专业包括：道路桥梁工程技术、生产过程自动化技术、应用化工技术、焊接技术及自动化、供热通风与空调工程技术。以上专业与2012年的绿牌专业相同，这些专业的就业率持续走高，薪资走高。

第五章 能力与知识培养质量

1. 无论是本科毕业生还是高职高专毕业生，毕业时对基本工作能力掌握

的水平均低于工作岗位要求的水平。

2. 2012届本科毕业生在理解交流能力中最重要的是服务他人的能力和有效的口头沟通能力（重要度均为76%），其满足度分别为82%和81%；科学思维能力中最重要的是针对性写作能力（重要度为72%），其满足度为82%；管理能力中最重要的是谈判技能（重要度为78%），其满足度为72%；应用分析能力中最重要的是新产品构思能力（重要度为78%），其满足度为76%；动手能力中最重要的是电脑编程能力（重要度为74%），其满足度为76%。

3. 2012届高职高专毕业生在理解交流能力中最重要的是有效的口头沟通能力（重要度为74%），其满足度为80%；科学思维能力中最重要的是科学分析能力（重要度为74%），其满足度为80%；管理能力中最重要的是谈判技能（重要度为75%），其满足度为73%；应用分析能力中最重要的是新产品构思能力（重要度为73%），其满足度为61%；动手能力中最重要的是电脑编程能力（重要度为79%），其满足度为70%。

4. 2012届大学毕业生最重要的核心知识是销售与营销知识，其满足度最低，本科和高职高专分别为75%和72%。

第六章 自主创业

1. 中国大学毕业生自主创业比例连续两届略有上升，2012届大学毕业生自主创业比例达到2.0%，比2011届（1.6%）高0.4个百分点，比2010届（1.5%）高0.5个百分点。2012届高职高专毕业生自主创业比例（2.9%）远远高于本科毕业生（1.2%）。

2. 2012届本科毕业生自主创业比例最高的就业经济区域为泛长江三角洲区域经济体（1.8%）。2012届高职高专毕业生自主创业比例最高的就业经济区域为泛长江三角洲区域经济体和中原区域经济体（均为3.6%）。

3. 2012届大学毕业生自主创业主要集中在销售职业。在本科毕业生中，比例占前两位的为"其他销售代表、服务商"（4.6%）和"销售经理"（4.4%）；在高职高专毕业生中，比例占前两位的为"其他销售代表、服务商"（4.0%）和"总经理和日常主管"（3.4%）。

4. 2012届本科毕业生自主创业集中的前两位行业是中小学教育机构

（6.0%）及其他娱乐和休闲产业（3.3%）。2012届高职高专毕业生自主创业集中的前两位行业是其他个人服务业（4.0%）和其他零售业（3.3%）。

5. 创业理想是2012届大学毕业生自主创业最重要的动力（本科为51%，高职高专为48%），大学毕业生因为找不到合适的工作才创业的比例较小（本科为7%，高职高专为8%）。加强创业意识的培养才是提升大学毕业生自主创业的有效途径。与2011届相比，由于理想而创业的比例有所上升，而因为有好的创业项目才创业的比例有所下降。

6. 2012届大学毕业生自主创业的资金主要依靠父母/亲友投资或借贷和个人储蓄（本科为81%，高职高专为80%），而来自商业性风险投资（本科为1%，高职高专为2%）和政府资助（本科和高职高专均为1%）的比例较小。

第七章　国内读研和专升本

1. 2012届本科毕业生读研比例为9.5%，与2011届（9.2%）基本持平，比2010届（6.7%）高2.8个百分点。

2. 在2012届本科学科门类中，毕业生读研比例最高的是医学，为15.6%；读研比例最低的是管理学，为5.9%。

3. 在2012届本科毕业后就读研的毕业生中，有28%转换了专业。其中，读研转换专业比例最高的学科门类是管理学，有46%的读研学生转换了专业；读研转换专业比例最低的是医学和工学，均为18%。

4. 2012届本科毕业生读研最主要的动机是职业发展需要（34%）和就业前景好（24%），有5%的人因为就业难暂时读研。读研人群选择研究生院校时最关注的因素是所学专业的声誉（35%）和学校的牌子（24%）。

5. 2012届本科毕业生读研的人群认为，母校本科学术准备最需要改进的前三项分别是学术批判性思维能力（27%）、专业课程知识（21%）和研究方法（18%）。

6. 2012届高职高专生毕业后有3.3%选择了专升本，专升本比例最高的高职高专专业大类是农林牧渔大类（7.0%），其次为文化教育大类（6.2%）。2012届高职高专毕业生选择读本科的最主要的原因是就业前景好和职业发展需要（均为27%）。

第八章　高考志愿填报

2012届大学毕业生填报高考志愿时，除高考分数外选择大学的首要理由是"该大学地点合适"（本科为39%，高职高专为36%），其次为"报考专业在该大学比较好"（本科为20%，高职高专为24%）。

第九章　校友评价

1. 与2011届相比，2012届大学毕业生对母校的总体满意度上升了3个百分点。其中，本科院校校友满意度为86%，高于2011届2个百分点；高职高专院校校友满意度为83%，高于2011届3个百分点。

2. 泛长江三角洲区域经济体的2012届本科毕业生对母校的总体满意度最高（89%），东北区域经济体的2012届高职高专毕业生对母校的总体满意度最高（86%）。

3. 2012届本科院校毕业生对母校的推荐度为61%，与2011届（61%）持平；高职高专院校为57%，与2011届（56%）基本持平。

4. 2012届大学毕业生认为专业教学中最需要改进的地方是"实习和实践环节不够"、"课程内容不实用或陈旧"及"无法调动学生学习兴趣"，其中本科毕业生认为实习和实践环节最需要加强的是专业实习，高职高专毕业生认为最需要加强的是专业技能相关实训。

第十章　社团活动及价值观

1. 2012届大学毕业生在校期间参与度最高的社团活动为"社会实践及公益类"（本科为47%，高职高专为33%），其次为"体育户外类"（本科为24%，高职高专为22%）。有18%的本科毕业生和25%的高职高专毕业生没有参加过任何社团活动。在对参加的各类社团活动进行评价时，2012届本科和高职高专毕业生满意度最高的活动均为"体育户外类"（本科为88%，高职高专为86%）。

2. 2012届本科毕业生认为大学对"人生的乐观态度"和"积极努力、追求上进"（均为62%）这两方面价值观的提升最有帮助，高职高专毕业生认为大学在"人生的乐观态度"（59%）方面对价值观的提升最有帮助。有4%的本科毕业生和5%的高职高专毕业生认为大学对价值观的提升没有任何帮助。

分报告二 大学毕业生中期职业发展

第一章 三年后毕业去向

1. 2009届大学生毕业三年后有89.5%受雇全职工作（本科为91.1%，高职高专为87.9%），3.7%的人自主创业（本科为2.1%，高职高专为5.3%），2.2%的人"无工作，正在读研"（本科为4.0%，高职高专为0.5%），2.8%的人"无工作，继续寻找工作"（本科为1.8%，高职高专为3.8%），还有1.6%的人无工作，并且既没有求职也没有求学（本科为1.0%，高职高专为2.2%），有0.3%的高职高专毕业生"无工作，正在读本科"。

2. 38%的2009届大学生毕业三年内转换了职业（本科为31%，高职高专为45%），与2008届三年内该指标（42%）相比下降了4个百分点。

3. 在2009届本科主要学科门类中，农学门类的本科生毕业三年内的职业转换率最高（40%），其后是文学（38%）和管理学（34%）等，医学门类的职业转换率最低（14%）。在高职高专主要专业大类中，农林牧渔大类的职业转换率最高（61%），其后是旅游大类（60%）和公共事业大类（58%）等，资源开发与测绘大类的职业转换率最低（23%）。

4. 在2009届本科生毕业三年内转换过的职业类中，被转入最多的是销售，有12.4%的人转换职业后从事销售，其次为行政/后勤（8.8%）；高职高专毕业生转换职业中被转入最多的职业也是销售（15.8%），其次是建筑工程（9.2%）。

5. 43%的2009届大学生在毕业三年内转换了行业（本科为37%，高职高专为49%），比2008届三年内该指标（45%）下降了2个百分点。

6. 在2009届本科主要学科门类中，文学门类的毕业生三年内的行业转换率最高（43%），其后是农学和管理学（均为42%），医学门类的行业转换率最低（18%）。在2009届高职高专主要专业大类中，艺术设计传媒大类的毕

业生三年内的行业转换率最高（59%），其次是电子信息大类（57%），交通运输大类的行业转换率最低（28%）。

7. 2009届本科生毕业三年内转换行业中被转入最多的行业类是电子电气仪器设备及电脑制造业（9.9%），其次为媒体、信息及通信产业（9.6%）。高职高专生毕业三年内转换行业中被转入最多的行业类是建筑业（11.4%），其次为电子电气仪器设备及电脑制造业（9.1%）。

第二章　三年后就业质量

1. 2009届大学生毕业三年后的就业满意度为36%，即在就业的毕业生中，有36%对自己的就业现状表示满意（本科为40%，高职高专为33%）。与2008届该指标（35%）基本持平。

2. 2009届本科生毕业三年后就业满意度最高的学科门类是法学（45%）；就业满意度最低的学科门类是农学（37%）。高职高专生毕业三年后就业满意度最高的专业大类是法律大类（43%）；就业满意度最低的专业大类是农林牧渔大类（26%）。

3. 2009届本科生毕业三年后就业满意度最高的职业类是公安/检察/法院/经济执法（60%）；就业满意度最低的职业类是美术/设计/创意（25%）。高职高专生毕业三年后就业满意度最高的职业类是金融（银行/基金/证券/期货/理财）（50%）；就业满意度最低的职业类是美术/设计/创意（23%）。

4. 2009届本科生毕业三年后就业满意度最高的行业类是政府及公共管理（54%）；就业满意度最低的行业类是初级金属制造业（26%）。高职高专生毕业三年后就业满意度最高的行业类是金融（银行/保险/证券）业（47%）；就业满意度最低的行业类是邮递、物流及仓储业（21%）。

5. 2009届大学生毕业三年后就业满意度最高的用人单位类型是"政府机构/科研事业"（本科为53%，高职高专为46%）；就业满意度最低的用人单位类型是"民营企业/个体"（本科为32%，高职高专为29%）。

6. 2009届大学生毕业三年后平均月收入为4755元（本科为5350元，高职高专为4160元）。2009届毕业生半年后的月收入为2130元（本科为2369元，高职高专为1890元），三年来月收入涨幅平均达到2625元，涨幅超过了一倍。其中，本科涨幅达到2981元，涨幅比例为126%；高职高专涨幅为2270元，涨幅比例为120%。

7. 2009届本科生毕业三年后有8.9%的人月收入达到了10000元以上，有12.0%的人月收入在3000元以下。高职高专生毕业三年后有4.0%的人月收入在10000元以上，有26.1%的人月收入在3000元以下。

8. 2009届本科生毕业三年后学历提升为硕士的比例为12.4%，高职高专生毕业三年后学历提升为本科的比例为29.9%。

9. 2009届大学毕业生在毕业三年后学历提升的人群月收入为4803元，与学历一直未提升的人群月收入（4748元）基本持平。其中，本科毕业三年后学历为硕士研究生的人群月收入为5460元，学历仍然为本科的人群月收入为5334元。高职高专毕业三年后学历为本科的人群月收入为4146元，学历仍然为高职高专的人群月收入为4162元。提升学历所中断的就业并未给2009届大学毕业生带来收入劣势，可能是因为毕业时间短还不能展示学历提升带来的更大的教育回报。

10. 2009届本科学科门类中三年后月收入最高的是经济学，为5743元，高于该学科门类半年后月收入（2498元）3245元；三年后月收入最低的是教育学（4475元），三年内月收入涨幅在本科主要学科门类中也最小，高于该学科门类半年后月收入（2136元）2339元。2009届高职高专专业大类中三年后月收入最高的是土建大类，为4929元，三年内月收入涨幅在高职高专主要专业大类中也最大，高于该专业大类半年后月收入（1926元）3003元；三年后月收入最低的是医药卫生大类，为3136元，三年内月收入涨幅在高职高专主要专业大类中也最小，高于该专业大类半年后月收入（1564元）1572元。

11. 2009届本科生毕业三年后从事互联网开发及应用职业类的人群三年后月收入最高，为7044元，月收入涨幅也最大，高于半年后从事该职业类的本科毕业生月收入（2533元）4511元，涨幅比例为178%。三年后月收入最低的是从事社区工作者的本科毕业生，为3422元，月收入涨幅也最小，高于半年后从事该职业类的本科毕业生月收入（1836元）1586元。2009届高职高专生毕业三年后从事经营管理职业类的人群三年后月收入最高，为5322元，月收入涨幅也最大，高于半年后从事该职业类的高职高专毕业生月收入（2066

元）3256元，涨幅比例为158%。三年后月收入最低的是从事医疗保健/紧急救助的高职高专毕业生，为2856元，高于半年后从事该职业类的高职高专毕业生月收入（1408元）1448元。

12. 2009届本科生毕业三年后在金融（银行/保险/证券）业就业的人群月收入最高，为6656元，高于半年后在该行业类就业的人群月收入（2889元）3767元；三年后月收入最低的是就业于政府及公共管理的本科毕业生，为4138元，月收入涨幅也最小，高于半年后在该行业类就业的人群月收入（2270元）1868元。2009届高职高专生毕业三年后在运输业就业的人群月收入最高，为4933元，高于半年后在该行业类就业的人群月收入（2242元）2691元；三年后月收入最低的是就业于医疗和社会护理服务业的高职高专毕业生，为2976元，月收入涨幅也是最小，高于半年后在该行业类就业的人群月收入（1568元）1408元。

13. 2009届本科毕业生在"中外合资/外资/独资"单位就业的三年后月收入最高，达到6250元，三年内月收入涨幅最大，比2009届半年后在该类型用人单位就业的毕业生月收入（2680元）高3570元，涨幅比例为133%。2009届高职高专生毕业三年后在"中外合资/外资/独资"单位就业的人群月收入最高（4325元）；而在"民营企业/个体"单位就业的高职高专生毕业三年内月收入涨幅比例最大，涨幅比例为134%。

14. 2009届大学毕业生在3001人以上的大型用人单位就业的人群三年后月收入都是最高，本科为6155元，高职高专为4618元。

15. 2009届本科生毕业三年后在泛长江三角洲区域经济体（包括上海、江苏、浙江、江西、安徽）就业的人群月收入最高，为5805元，涨幅为3213元，涨幅比例为124%；在东北区域经济体（包括黑龙江、吉林、辽宁）就业的本科生毕业三年后月收入最低，为4426元，涨幅为2429元，涨幅比例为122%。高职高专毕业生在泛长江三角洲区域经济体就业的人群三年后月收入最高（4502元），三年内涨幅最大（2436元），涨幅比例为118%；在中原区域经济体（包括河南、湖北、湖南）就业的人群月收入最低，为3872元，涨幅2255元，涨幅比例最大，为139%。

16. 2009届大学生毕业三年内有54%的人获得职位晋升。其中本科这一比例为52%，低于高职高专毕业生的晋升比例（56%）。

17. 2009届本科管理学门类毕业生三年内获得职位晋升的比例最高，为57%；医学门类获得职位晋升的比例最低，仅为34%。高职高专轻纺食品大类毕业生三年内获得职位晋升的比例最高，为67%；医药卫生大类最低，仅为38%。

18. 2009届大学生毕业三年内，有31%的本科毕业生获得过1次晋升，高职高专这一比例为28%；有6%的本科毕业生获得过3次及以上的晋升，高职高专这一比例为9%。

19. 2009届本科农学、管理学门类的毕业生三年内获得职位晋升的次数最多，均为0.9次；医学门类的本科生毕业三年内获得职位晋升的次数最少，为0.4次。2009届高职高专轻纺食品大类、旅游大类毕业生三年内获得职位晋升的次数最多，均为1.1次；医药卫生大类高职高专生毕业三年内获得职位晋升的次数最少，为0.6次。

20. 2009届本科从事酒店/旅游/会展、房地产经营、经营管理职业类的大学生毕业三年内获得职位晋升的次数最多，均为1.3次；从事医疗保健/紧急救助、公安/检察/法院/经济执法职业类的大学毕业生职位晋升次数最少，均为0.4次。2009届高职高专从事经营管理职业类的大学生毕业三年内获得职位晋升的次数最多，为1.7次；从事中小学教育职业类的大学毕业生职位晋升次数最少，为0.3次。

21. 2009届在"住宿和饮食业"就业的大学生毕业三年内获得职位晋升的次数最多，本科为1.5次，高职高专为1.6次。2009届本科在"医疗和社会护理服务业"、"政府及公共管理"就业的大学毕业生获得职位晋升的次数最少，均为0.5次；高职高专在"政府及公共管理"就业的大学毕业生获得职位晋升的次数最少，为0.4次。

22. 2009届本科毕业生认为对职位晋升有帮助的大学活动主要是课外自学的知识和技能（含培训）（48%）、扩大社会人脉关系（38%）；高职高专毕业生认为对职位晋升有帮助的大学活动主要是扩大社会人脉关系（45%）、课外自学的知识和技能（含培训）（39%）。

23. 2009届大学生毕业三年后工作与专业相关度为61%，与2009届半年

后（62%）和2008届三年后（62%）基本持平。其中，本科三年后工作与专业相关度为67%，与半年后（67%）持平；高职高专三年后工作与专业相关度为54%，比半年后（57%）低3个百分点。

24. 在本科学科门类中，三年后工作与专业相关度最高的是医学（91%），其次是工学（73%），农学门类三年后工作与专业相关度最低，为55%，工作与专业相关度下降也最多，下降了7个百分点（2009届半年后为62%）。法学门类三年后工作与专业相关度（57%）比半年后（47%）提高了10个百分点，这可能是因为有更多的法学专业毕业生在三年内通过了司法考试，获得了从事与法学相关工作的资格。在高职高专专业大类中，三年后工作与专业相关度最高的是材料与能源大类（82%），最低的是旅游大类（35%），其中旅游大类工作与专业相关度三年内下降最多，下降了20个百分点。

25. 2009届大学毕业生毕业三年内平均为2.3个雇主工作过，其中本科毕业生的平均雇主数为2.0个，低于高职高专毕业生的平均雇主数（2.6个）。高职高专毕业生的工作稳定性较差。

26. 2009届本科的艺术类和新闻传播学类毕业生三年内更换雇主最为频繁，平均雇主数均为2.4个；本科地矿类毕业生平均雇主数最少（1.3个），工作最为稳定。高职高专的生物技术类毕业生平均雇主数最多，为3.0个；高职高专医学技术类、民航运输类、机电设备类、护理类和化工技术类毕业生平均雇主数最少（均为2.2个）。

27. 有37%的本科生毕业三年内仅为1个雇主工作过，33%有2个雇主，9%有4个及以上雇主。而高职高专毕业生更换雇主更为频繁，仅有21%的高职高专生毕业三年内一直为1个雇主工作，而雇主数为4个及以上的高职高专毕业生达到了20%。

28. 更换雇主的行为与月收入相关。在2009届本科毕业生中，毕业三年内一直为1个雇主工作的毕业生月收入最高，为5567元。工作过的雇主数越多，其月收入反而越低；为5个及以上雇主工作的本科生毕业三年后月收入最低，仅为4853元。高职高专毕业生的月收入呈现类似的趋势。雇主数为1个的高职高专生毕业三年后月收入最高，为4599元；为5个及以上雇主工作的高职高专生毕业三年后月收入最低，为3893元。

第三章　三年后基本工作能力

2009届本科生和高职高专生毕业三年后认为重要的工作能力包括有效的口头沟通、积极学习、协调安排、学习方法、理解他人、时间管理、解决复杂的问题等。

第四章　三年后自主创业

1. 2009届大学生毕业半年后有1.2%的人自主创业（本科为0.7%，高职高专为1.6%），三年后有3.7%的人自主创业（本科为2.1%，高职高专为5.3%），说明有更多的毕业生在毕业三年内选择了自主创业。

2. 半年后自主创业的2009届本科毕业生中仅有29.6%的人三年后还在继续自主创业，比2008届（33.7%）减少了4.1个百分点；有63.0%的人选择了受雇全职工作，比2008届（64.8%）减少了1.8个百分点。半年后自主创业的2009届高职高专毕业生中仅有30.0%的人三年后还在继续自主创业，比2008届（34.8%）减少了4.8个百分点；有60.0%的人选择了受雇全职工作，与2008届（60.6%）基本持平。

3. 2009届本科生毕业三年后自主创业的人群在毕业半年后有79.3%处于受雇全职/半职工作状态，比2008届（75.8%）增长了3.5个百分点；有5.1%的人在毕业半年后自主创业，比2008届（8.0%）减少了2.9个百分点；有14.6%的人在毕业半年后处于失业状态，与2008届（14.1%）基本持平。2009届高职高专生毕业三年后自主创业的人群在毕业半年后有75.1%处于受雇全职/半职工作状态，比2008届（76.6%）减少了1.5个百分点；有3.7%的人在毕业半年后自主创业，比2008届（7.0%）减少了3.3个百分点；有21.2%的人在毕业半年后处于失业状态，比2008届（16.4%）增长了4.8个百分点。

4. 2009届本科生毕业三年后自主创业人群的月收入为7643元，比2008届该指标（7030元）高9%，比2009届本科生毕业三年后平均月收入（5350元）高43%。2009届高职高专三年后自主创业人群月收入为5804元，比2008届该指标（5231元）高11%，比2009届高职高专生毕业三年后平均月收入（4160元）高40%。

5. 2009届大学生毕业三年后自主创业的职业主要集中在总经理和日常主管（本科为10.7%，高职高专为6.9%）、销售经理（本科为4.2%，高职高专为4.1%）。

6. 2009届本科生毕业三年后自主创业的行业主要集中在中小学教育机构（5.1%）、建筑装修业（4.5%）、服装零售业（3.1%）、教育辅助服务业（3.1%）、其他个人服务业（3.1%）。高职高专生毕业三年后自主创业的行业主要集中在其他个人服务业（5.5%）、建筑装修业（4.4%）、服装零售业（3.7%）、电子产品和电器用品零售业（3.4%）、广告及相关服务业（3.4%）。

7. 2009届本科生毕业三年后自主创业人群认为创业最重要的五项基本工作能力依次是：有效的口头沟通、积极学习、协调安排、学习方法和时间管理；高职高专生毕业三年后自主创业人群认为创业最重要的五项基本工作能力依次是：有效的口头沟通、积极学习、理解他人、谈判技能和协调安排。

第五章 培训

1. 2009届本科生毕业三年内有58%接受过雇主提供的培训，9%接受过自费培训，13%既接受过自费培训又接受过雇主提供的培训，还有20%的人两类培训都没有接受过。与2008届（依次为59%、9%、13%、19%）基本持平。

2. 2009届高职高专生毕业三年内有48%接受过雇主提供的培训，14%接受过自费培训，12%既接受过自费培训又接受过雇主提供的培训，还有26%的人两类培训都没有接受过。与2008届（依次为50%、14%、10%、26%）基本持平。

3. 2009届本科生和高职高专生毕业三年内接受自费培训前三位的原因都是为了提升个人综合素质的需要、在现有工作单位做好工作或晋升、为转换职业和行业做准备，与2008届前三位的原因一致。

4. 2009届本科生和高职高专生毕业三年内接受的最主要的自费培训都是从业资格证书培训（本科为64%，高职高专为71%），本科与2008届

（64%）持平，高职高专比 2008 届（67%）上升了 4 个百分点。此外，本科毕业生更多接受外语培训（本科为 19%，高职高专为 10%）和 IT 技能培训（本科为 19%，高职高专为 18%），高职高专毕业生更多接受在职学历教育（本科为 14%，高职高专为 22%）。

5. 2009 届本科生和高职高专生毕业三年内接受的最主要的雇主培训都是岗位技能和知识培训、公司文化和价值观培训，与 2008 届一致。

第六章　校友评价

无论是本科还是高职高专毕业生，在毕业三年后认为母校专业教学中最需要改进的前三位都是实习和实践环节不够、课程内容不实用或陈旧、无法调动学生学习兴趣。

分报告三　专题研究：高等教育培养质量

1. 在 2012 届本科专业类中，毕业生认为实习和实践环节不够比例最高的为心理学类（59%），比全国本科（46%）高 13 个百分点；在 2012 届高职高专专业类中，毕业生认为实习和实践环节不够比例最高的为工程管理类（54%），比全国高职高专（41%）高 13 个百分点。

2. 在 2012 届本科专业类中，毕业生认为课程内容不实用或陈旧比例最高的为政治学类（29%），比全国本科（20%）高 9 个百分点；在 2012 届高职高专专业类中，毕业生认为课程内容不实用或陈旧比例最高的为纺织服装类（27%），比全国高职高专（18%）高 9 个百分点。

3. 在 2012 届本科专业类中，毕业生认为无法调动学生学习兴趣比例最高的为护理学类（30%），比全国本科（16%）高 14 个百分点；在 2012 届高职高专专业类中，毕业生认为无法调动学生学习兴趣比例最高的为护理类（34%），比全国高职高专（21%）高 13 个百分点。

4. 在 2012 届本科专业类中，毕业生认为所学课程考核方式不合理比例最高的为临床医学与医学技术类（16%），比全国本科（7%）高 9 个百分点；在 2012 届高职高专专业类中，毕业生认为所学课程考核方式不合理比例最高

的为测绘类（12%），比全国高职高专（7%）高 5 个百分点。

5. 在 2012 届读研的本科生中，认为学术批判思维能力最需改进比例最高的专业类是社会学类，为 52%，比全国本科（27%）高 25 个百分点。

6. 在 2012 届读研的本科生中，认为专业课知识最需改进的比例最高的专业类是艺术类，为 27%，比全国本科（21%）高 6 个百分点。

7. 在 2012 届读研的本科生中，认为研究方法培养最需改进的比例最高的专业类是生物工程类和生物科学类，均为 30%，比全国本科（18%）高 12 个百分点。

8. 在 2012 届本科专业类中，毕业生认为在校期间积极努力、追求上进提升最少的专业类为护理学类（51%），比全国本科（62%）低 11 个百分点；在 2012 届高职高专专业类中，毕业生认为在校期间积极努力、追求上进提升最少的专业类为医学技术类（49%），比全国高职高专（57%）低 8 个百分点。

9. 在 2012 届本科专业类中，毕业生认为在校期间人生的乐观态度提升最少的专业类为护理学类（49%），比全国本科（62%）低 13 个百分点；在 2012 届高职高专专业类中，毕业生认为在校期间人生的乐观态度提升最少的专业类为民航运输类（50%），比全国高职高专（59%）低 9 个百分点。

10. 在 2012 届本科专业类中，毕业生认为在校期间包容精神提升最少的专业类为环境生态类（48%），比全国本科（59%）低 11 个百分点；在 2012 届高职高专专业类中，毕业生认为在校期间包容精神提升最少的专业类为石油与天然气类和水上运输类（均为 40%），比全国高职高专（47%）低 7 个百分点。

11. 在 2012 届本科专业类中，毕业生认为在校期间关注社会提升最少的专业类为护理学类（45%），比全国本科（59%）低 14 个百分点；在 2012 届高职高专专业类中，毕业生认为在校期间关注社会提升最少的专业类为护理类（41%），比全国高职高专（49%）低 8 个百分点。

分报告一
应届大学毕业生就业报告

B.3
第一章
毕业去向

结论摘要

一 总体毕业去向分布

1. 在2012届大学毕业生中,有82.4%的人毕业半年后受雇全职或半职工作,2.0%的人自主创业。有8.5%的人处于失业状态,其中1.1%准备国内外读研,5.3%准备继续寻找工作,还有2.1%放弃了继续求职和求学。2012届全国大学毕业生人数为624.7万人,按本研究得出的比例推算,在毕业半年后调查时有约515万人受雇全职或半职工作,有约12万人自主创业,约53万人处于失业状态。

2. 2012届大学生毕业半年后"受雇全职工作"的比例(81.3%)与2011届(81.0%)基本持平,而"无工作,继续寻找工作"的比例2012届(5.3%)较2011届(6.1%)降低了0.8个百分点,连续两年下降。

二 各类型院校毕业生毕业去向分布

1. 2012届本科生毕业半年后"受雇全职工作"的比例（79.5%）与2011届（79.8%）基本持平；在国内外读研的比例2012届（10.9%）比2011届（10.1%）增加了0.8个百分点。

2. 2012届"211"院校毕业生半年后在国内外读研的比例（24.4%）较2011届（19.9%）增加了4.5个百分点，连续两年上升；而"受雇全职工作"的比例2012届（68.8%）较2011届（72.1%）降低了3.3个百分点，连续两年下降。

3. 2012届非"211"本科生毕业半年后在国内外读研的比例（8.2%）与2011届（8.2%）持平；"无工作，继续寻找工作"的比例2012届（4.2%）较2011届（5.0%）降低了0.8个百分点。

4. 2012届高职高专生毕业半年后"受雇全职工作"的比例（83.0%）与2011届（82.8%）基本持平；自主创业的比例2012届（2.9%）较2011届（2.2%）增加了0.7个百分点。

三 就业地分布

2012届本科生毕业半年后就业区域主要集中在泛长江三角洲区域（包括上海、江苏、浙江、江西、安徽），占24.9%；泛渤海湾区域（包括北京、天津、山东、河北、内蒙古、山西）占24.1%；泛珠江三角洲区域（包括广东、广西、福建、海南），占20.8%。2012届高职高专生毕业半年后就业地也主要集中在这三个区域，所占比例依次是22.5%、23.1%和21.0%。

四 就业城市类型

2012届大学生毕业半年后有17%在直辖市就业，29%在副省级城市就业，54%在地级城市及以下就业。其中本科毕业生比高职高专毕业生在直辖市就业的比例高6个百分点（分别为20%和14%）。我国大学生连续三届就业的城市类型分布比较稳定，没有数据表明现在的大学毕业生和之前的相比，在不同类型城市的就业比例存在明显差异。

一 总体毕业去向分布

大学毕业生：本科院校、高职高专院校的毕业生。

毕业半年后：即毕业第二年的2月。麦可思在此时展开调查，收集数据。此时毕业生的就业状况趋于稳定，工作了几个月也能够评估自己的工作能力。

毕业去向分布：麦可思将中国本科毕业生的毕业状况分为九类：受雇全职工作；受雇半职工作；自主创业；无工作，正在国内读研；无工作，正在港澳台地区及国外读研；无工作，准备国内读研；无工作，准备到港澳台地区及国外读研；无工作，继续寻找工作；无工作，其他。同理，将中国高职高专毕业生的毕业状况分为六类：受雇全职工作；受雇半职工作；自主创业；无工作，毕业后读本科；无工作，继续寻找工作；无工作，其他。这共计十类毕业状况叫作大学毕业生的去向分布。其中，受雇全职工作指平均每周工作32小时或以上。受雇半职工作指平均每周工作20～31小时。

已就业人群：包括"受雇全职工作"、"受雇半职工作"、"自主创业"三类人群。

图1–1–1显示了2012届大学生毕业半年后的去向分布。可以看出，在2012届大学毕业生中，有82.4%的人毕业半年后受雇全职或半职工作，2.0%的人自主创业。有8.5%的人处于失业状态，其中1.1%准备国内外读研，5.3%准备继续寻找工作，还有2.1%放弃了继续求职和求学。

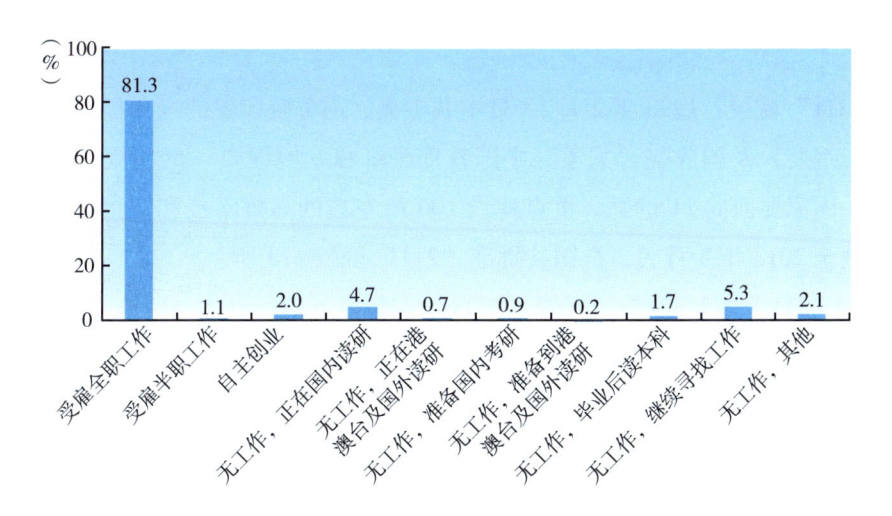

去向	比例(%)
受雇全职工作	81.3
受雇半职工作	1.1
自主创业	2.0
无工作，正在国内读研	4.7
无工作，正在港澳台及国外读研	0.7
无工作，准备国内考研	0.9
无工作，准备到港澳台及国外读研	0.2
无工作，毕业后读本科	1.7
无工作，继续寻找工作	5.3
无工作，其他	2.1

图1–1–1　2012届大学生毕业半年后的去向分布

数据来源：麦可思–中国2012届大学毕业生社会需求与培养质量调查。

图1-1-2显示了2010~2012届大学生毕业半年后的去向分布变化。可以看出，2012届大学生毕业半年后"受雇全职工作"的比例（81.3%）与2011届（81.0%）基本持平，而"无工作，继续寻找工作"的比例2012届（5.3%）较2011届（6.1%）降低了0.8个百分点，连续两年下降。

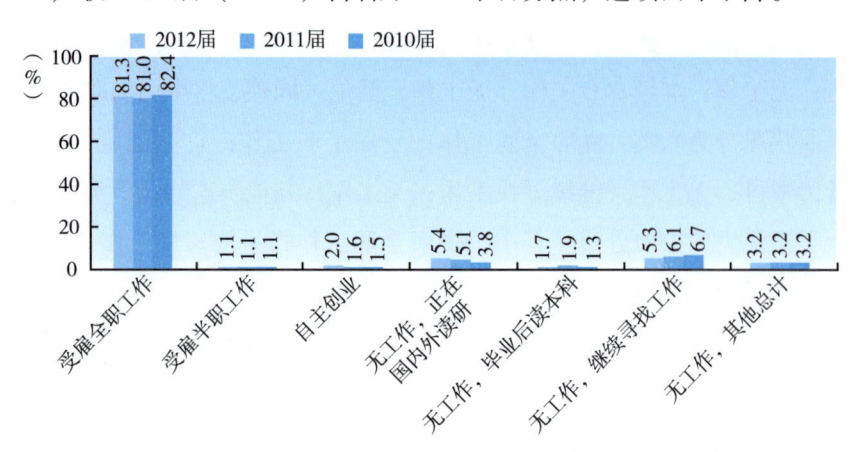

图1-1-2　2010~2012届大学生毕业半年后的去向分布变化

数据来源：麦可思-中国2010~2012届大学毕业生社会需求与培养质量调查。

二　各类型院校毕业生毕业去向分布

"211"院校：1993年2月13日中共中央、国务院印发的《中国教育改革和发展纲要》及国务院《关于〈中国教育改革和发展纲要〉的实施意见》中确定，国家要面向21世纪，重点建设100所左右的高等学校和一批重点学科点。截至2013年3月底，全国共批准"211"院校112所。

非"211"本科院校：中国除"211"院校以外的所有本科院校。

图1-1-3显示了本科院校2010~2012届毕业生半年后的去向分布变化。可以看出，2012届本科生毕业半年后"受雇全职工作"的比例（79.5%）与2011届（79.8%）基本持平；在国内外读研的比例2012届（10.9%）比2011届（10.1%）增加了0.8个百分点。

图1-1-4显示了"211"院校2010~2012届毕业生半年后的去向分布变化。可以看出，2012届"211"院校毕业生半年后在国内外读研的比例

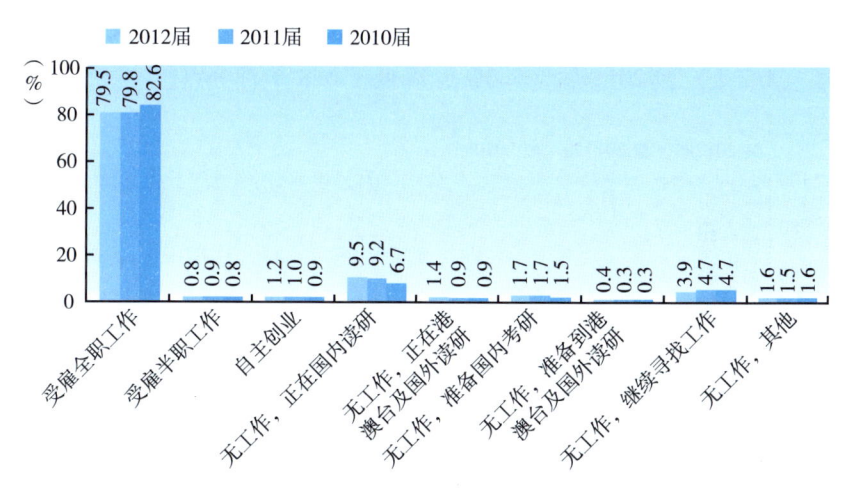

图 1-1-3 本科院校 2010~2012 届毕业生半年后的去向分布变化

数据来源：麦可思-中国 2010~2012 届大学毕业生社会需求与培养质量调查。

（24.4%）较 2011 届（19.9%）增加了 4.5 个百分点，连续两年上升；而"受雇全职工作"的比例 2012 届（68.8%）较 2011 届（72.1%）降低了 3.3 个百分点，连续两年下降。

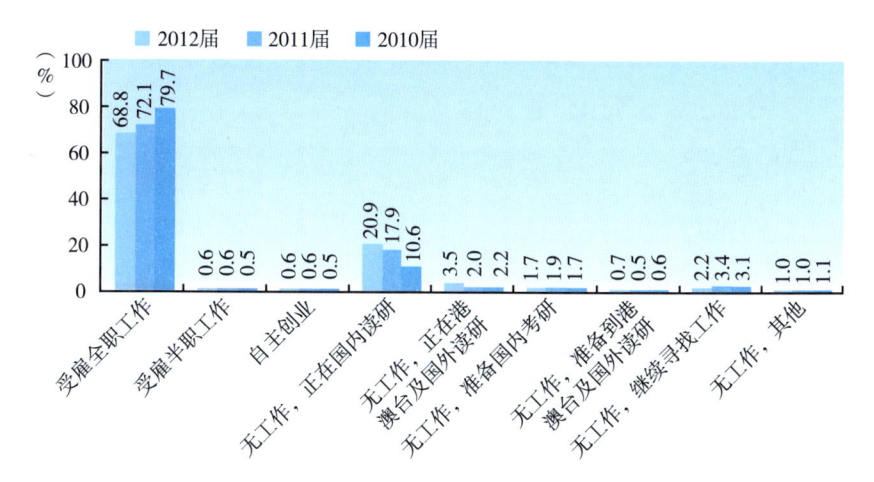

图 1-1-4 "211"院校 2010~2012 届毕业生半年后的去向分布变化

数据来源：麦可思-中国 2010~2012 届大学毕业生社会需求与培养质量调查。

图 1-1-5 显示了非"211"本科院校 2010~2012 届毕业生半年后的去向分布变化。可以看出，2012 届非"211"本科生毕业半年后在国内外读研的比

例（8.2%）与2011届（8.2%）持平；"无工作，继续寻找工作"的比例2012届（4.2%）较2011届（5.0%）降低了0.8个百分点。

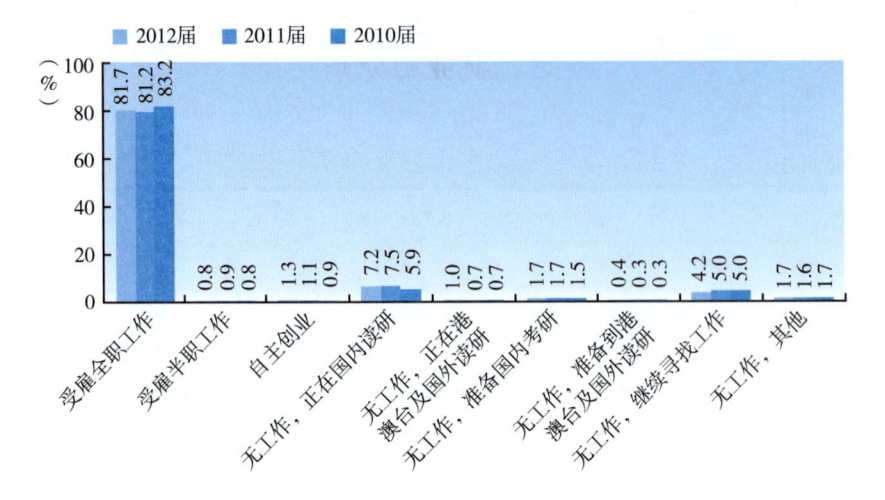

图1-1-5 非"211"本科院校2010~2012届毕业生半年后的去向分布变化

数据来源：麦可思-中国2010~2012届大学毕业生社会需求与培养质量调查。

图1-1-6显示了高职高专院校2010~2012届毕业生半年后的去向分布变化。可以看出，2012届高职高专生毕业半年后"受雇全职工作"的比例

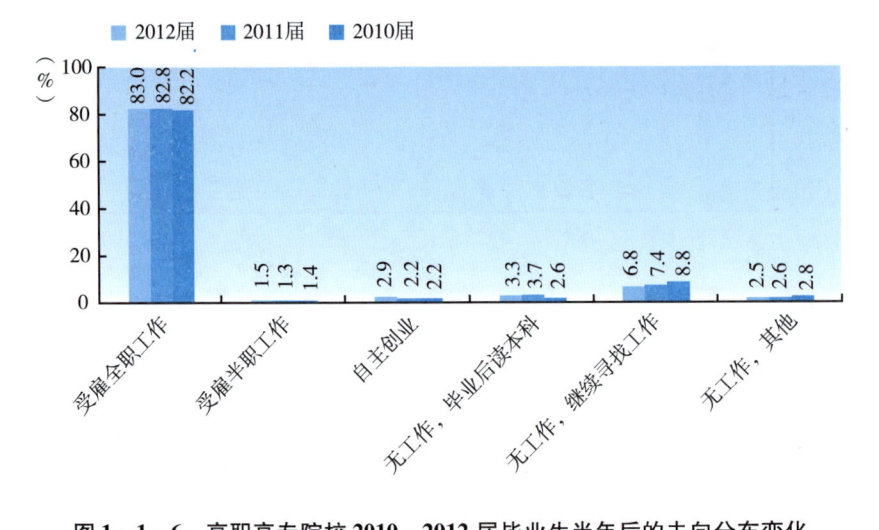

图1-1-6 高职高专院校2010~2012届毕业生半年后的去向分布变化

数据来源：麦可思-中国2010~2012届大学毕业生社会需求与培养质量调查。

(83.0%)与2011届（82.8%）基本持平；自主创业的比例2012届（2.9%）较2011届（2.2%）增加了0.7个百分点。

三 就业地分布

就业地：指大学毕业生在接受调查时的就业所在地区。

经济区域：本研究把中国内地31个省、直辖市和自治区分为八个经济体系区域。

　　a. 东北区域经济体：包括黑龙江、吉林、辽宁；
　　b. 泛渤海湾区域经济体：包括北京、天津、山东、河北、内蒙古、山西；
　　c. 陕甘宁青区域经济体：包括陕西、甘肃、宁夏、青海；
　　d. 中原区域经济体：包括河南、湖北、湖南；
　　e. 泛长江三角洲区域经济体：包括上海、江苏、浙江、江西、安徽；
　　f. 泛珠江三角洲区域经济体：包括广东、广西、福建、海南；
　　g. 西南区域经济体：包括重庆、四川、贵州、云南；
　　h. 西部生态经济区：包括西藏、新疆。

图1-1-7和图1-1-8分别显示了2012届本科和高职高专毕业生就业地的分布。可以看出，2012届本科生毕业半年后就业区域主要集中在泛长江三角洲区域（包括上海、江苏、浙江、江西、安徽），占24.9%；泛渤海湾区域（包括北京、天津、山东、河北、内蒙古、山西）占24.1%；泛珠江三角洲区域（包括广东、广西、福建、海南），占20.8%。2012届高职高专生毕业半年后就业地也主要集中在这三个区域，所占比例依次是22.5%、23.1%和21.0%。

四 就业城市类型

城市类型：本研究按行政级别把中国内地城市分为以下三种类型。

　　a. 直辖市：包括北京、上海、天津、重庆。
　　b. 副省级城市：包括哈尔滨、长春、沈阳、大连、济南、青岛、南京、杭州、宁波、厦门、广州、深圳、武汉、成都、西安15个城市。部分省会城

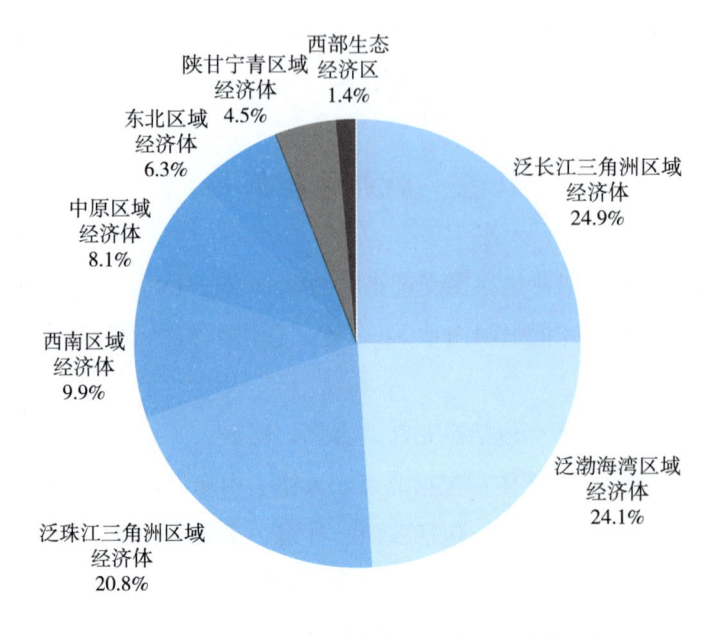

图1-1-7　2012届本科毕业生按就业地的分布

泛长江三角洲区域经济体 24.9%
泛渤海湾区域经济体 24.1%
泛珠江三角洲区域经济体 20.8%
西南区域经济体 9.9%
中原区域经济体 8.1%
东北区域经济体 6.3%
陕甘宁青区域经济体 4.5%
西部生态经济区 1.4%

数据来源：麦可思-中国2012届大学毕业生社会需求与培养质量调查。

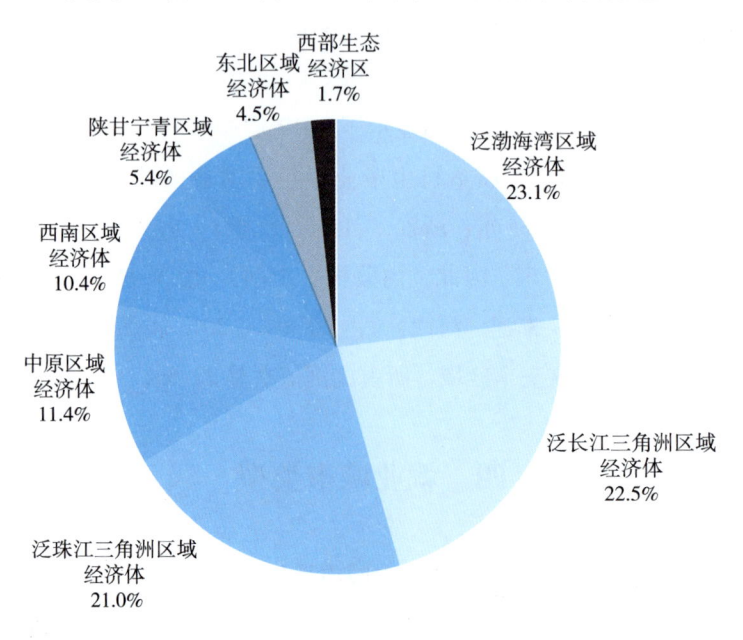

图1-1-8　2012届高职高专毕业生按就业地的分布

泛渤海湾区域经济体 23.1%
泛长江三角洲区域经济体 22.5%
泛珠江三角洲区域经济体 21.0%
中原区域经济体 11.4%
西南区域经济体 10.4%
陕甘宁青区域经济体 5.4%
东北区域经济体 4.5%
西部生态经济区 1.7%

数据来源：麦可思-中国2012届大学毕业生社会需求与培养质量调查。

市不属于副省级城市。

c. 地级城市及以下：如绵阳、保定、苏州等，也包括省会城市如福州、银川等以及地级市下属的县、乡等。

图1-1-9显示了2012届大学毕业生的就业城市类型分布。可以看出，2012届大学生毕业半年后有17%在直辖市就业，29%在副省级城市就业，54%在地级城市及以下就业。其中本科毕业生比高职高专毕业生在直辖市就业的比例高6个百分点（分别为20%和14%）。

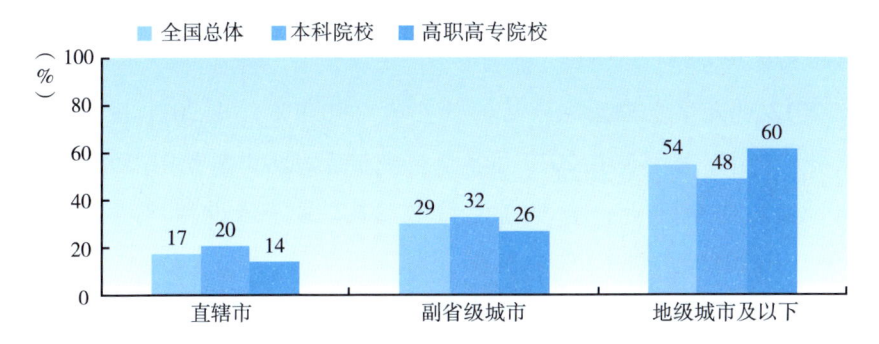

图1-1-9　2012届大学毕业生的三类就业城市分布

数据来源：麦可思-中国2012届大学毕业生社会需求与培养质量调查。

图1-1-10显示了2010～2012届大学毕业生就业城市类型的分布变化。可以看出，我国大学生连续三届就业的城市类型分布比较稳定，没有数据表明现在的大学毕业生和之前的相比，在不同类型城市的就业比例存在明显差异。

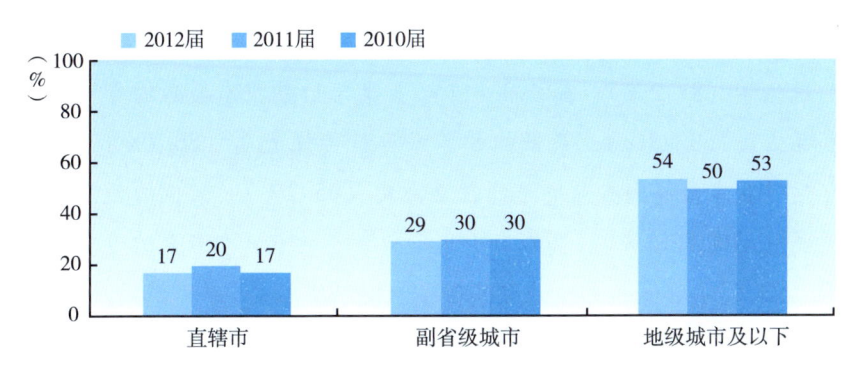

图1-1-10　2010～2012届大学毕业生的三类就业城市分布变化

数据来源：麦可思-中国2010～2012届大学毕业生社会需求与培养质量调查。

B.4
第二章
就业数量

结论摘要

一 总体就业率

1. 2012届大学生毕业半年后的就业率（90.9%）比2011届（90.2%）略有上升。其中，本科院校2012届毕业生半年后的就业率为91.5%，比2011届（90.8%）略有上升；高职高专院校2012届毕业生半年后的就业率（90.4%）比2011届（89.6%）略有上升。

2. "211"院校2012届毕业生半年后的非失业率为94.4%，比2011届（93.2%）上升了1.2个百分点；非"211"本科院校2012届毕业生半年后的就业率为91.3%，比2011届（90.6%）略有上升。

3. 2012届本科生毕业半年后在泛珠江三角洲区域经济体的就业率最高，为93.4%；高职高专生毕业半年后在泛长江三角洲区域经济体的就业率最高，为91.3%。

二 专业分析

1. 2012届本科生毕业半年后就业率最高的学科门类是管理学（92.9%），最低的是法学（87.2%）；高职高专生毕业半年后就业率最高的专业大类是生化与药品大类（93.2%），最低的是艺术设计传媒大类（86.7%）。本科生毕业半年后就业率最高的专业类是能源动力类（95.2%），最低的是法学类和生物科学类（均为86.1%）；高职高专生毕业半年后就业率最高的专业类是制药技术类（93.6%），最低的是法律实务类（84.8%）。

2. 从三届的就业率变化趋势可以看出，本科学科门类中的法学半年后就业率处于上升阶段。高职高专专业大类中的生化与药品大类、轻纺食品大类、医药卫生大类、文化教育大类专业大类半年后就业率处于上升阶段。

3. 2012届本科生毕业半年后就业率前三位的专业是给水排水工程（97.5%）、汽车服务工程（96.9%）、矿物资源工程（96.7%）。高职高专生毕业半年后就业率前三位的专业是学前教育（97.0%）、铁道交通运营管理（96.8%）、电气化铁道技术（96.5%）。

三 职业分析

1. 2012届本科生毕业半年后从事最多的职业类是财务/审计/税务/统计，就业比例为10.4%，其后为销售（10.0%）和行政/后勤（8.7%）等。高职高专生毕业半年后从事最多的职业类是财务/审计/税务/统计，就业比例为11.0%，其后为销售（10.8%）和建筑工程（8.3%）等。

2. 与2010届相比，2012届本科毕业生就业比例增加最多的职业类为中小学教育，增加了1.2个百分点；就业比例降低最多的职业类为销售，降低了2.0个百分点。与2010届相比，2012届高职高专毕业生就业比例增加最多的职业类为建筑工程，增加了2.5个百分点；就业比例降低最多的职业类为销售，降低了4.5个百分点。

3. 从三届的就业趋势中可以看出，在就业比例排名前三位的职业类中，本科毕业生从事财务/审计/税务/统计职业类的比例逐届增加，从事销售职业类的比例逐届降低；高职高专毕业生从事建筑工程职业类的比例逐届增加，从事销售职业类的比例逐届降低。

四 行业分析

1. 2012届本科生毕业半年后就业最多的行业类是金融（银行/保险/证券）业（10.7%），其次是媒体、信息及通信产业（10.0%）。高职高专生毕业半年后就业最多的行业类是建筑业（12.9%），其次是零售商业（7.7%）。

2. 与2010届相比，2012届本科毕业生就业比例增加最多的行业类为教育业，增加了2.0个百分点；就业比例降低最多的行业类是电子电气仪器设备及电脑制造业，降低了2.8个百分点。与2010届相比，2012届高职高专毕业生就业比例增加最多的行业类为建筑业，增加了3.9个百分点；就业比例降低最多的行业类是机械五金制造业和批发商业，均降低了2.2个百分点。

3. 从三届的就业趋势可以看出，在就业比例排名前三位的行业类中，本科毕业生在金融（银行/保险/证券）业、电子电气仪器设备及电脑制造业行

业类就业的比例逐届降低；高职高专毕业生在建筑业行业类就业的比例逐届增加，在电子电气仪器设备及电脑制造业行业类就业的比例逐届降低。

五　用人单位分析

1. "民营企业/个体"是 2012 届大学毕业生就业最多的用人单位类型，本科院校中有 45% 的毕业生就业于"民营企业/个体"，高职高专院校中有 61% 的毕业生就业于"民营企业/个体"。

2. 2012 届大学毕业生就业比例最高的用人单位规模是 300 人以下的中小规模的用人单位（48%），其中本科毕业生这一比例为 40%，高职高专毕业生为 55%。

六　未就业分析

1. 2010~2012 届大学毕业生失业率呈现下降趋势，2012 届比 2011 届全国大学毕业生总体失业率下降 0.7 个百分点（分别为 9.1% 和 9.8%），本科毕业生和高职高专毕业生的失业率均略有下降（分别下降 0.7 个百分点和 0.8 个百分点）。

2. 2012 届本科失业率最高的专业为绘画（15.3%），其次为生物科学与工程（14.6%）；高职高专失业率最高的为影视动画（17.5%），其次为艺术设计（15.3%）。

3. 在 2012 届各类院校毕业生的未就业人群中，大多数毕业生还在继续找工作。本科院校处于未就业状态的毕业生（7.6%）中有 22% 为"待定族"（不求学不求职），高职高专院校处于未就业状态的毕业生（9.3%）中有 26% 为"待定族"。

4. 在 2012 届本科院校毕业半年后的"待定族"中，有 32% 的毕业生在准备公务员考试，有 13% 的毕业生准备创业。在高职高专院校毕业半年后的"待定族"中，有 21% 的毕业生准备创业，有 9% 的毕业生在准备公务员考试。

一　总体就业率

就业率：本科毕业生的就业率 = 已就业本科毕业生数/需就业的总本科毕

业生数；需要注意的是，按劳动经济学的就业率定义，已就业人数不包括国内外读研人数，需就业的总毕业生数也不包括国内外读研的人数；政府教育机构统计的就业率通常包括国内外读研人数，也就是本报告中的非失业率。

高职高专毕业生的就业率 = 已就业高职高专毕业生数/需就业的总高职高专毕业生数；其中，已就业人数不包括专升本人数，需就业的总毕业生数也不包括专升本人数。

非失业率：非失业率是以全体大学毕业生为计算基数，把就业和正在国内外读研的人群都算为非失业，主要用来评估"211"院校的毕业生状况。就业率的计算对"211"院校不科学，因为计算就业率时分子分母同时剔除读研人数，造成读研的毕业生越多，就业率就越低。所以非失业率才是评估"211"院校的科学指标。非失业率 =（已就业毕业生数 + 正在读研与留学毕业生数）/毕业生总数。

图1-2-1显示了2010～2012届大学生毕业半年后的就业率变化趋势。从图中可见，2012届大学生毕业半年后的就业率（90.9%）比2011届（90.2%）略有上升。其中，本科院校2012届毕业生半年后的就业率为91.5%，比2011届（90.8%）略有上升；高职高专院校2012届毕业生半年后的就业率（90.4%）比2011届（89.6%）略有上升。

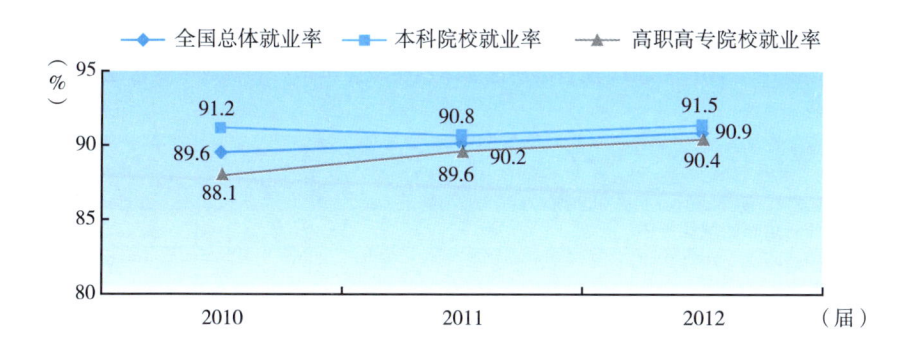

图1-2-1 2010～2012届大学生毕业半年后的就业率变化趋势

数据来源：麦可思-中国2010～2012届大学毕业生社会需求与培养质量调查。

图1-2-2显示了2010～2012届本科生毕业半年后的就业率/非失业率变化趋势。从图中可见，"211"院校2012届毕业生半年后的非失业率

为94.4%，比2011届（93.2%）上升了1.2个百分点；非"211"本科院校2012届毕业生半年后的就业率为91.3%，比2011届（90.6%）略有上升。

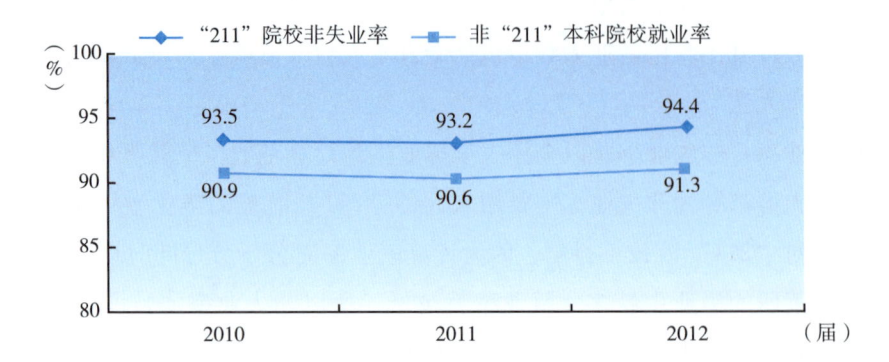

图1-2-2 2010~2012届本科生毕业半年后的就业率/非失业率变化趋势

数据来源：麦可思-中国2010~2012届大学毕业生社会需求与培养质量调查。

表1-2-1和表1-2-2分别显示了2010~2012届各经济区域本科生和高职高专生毕业半年后的就业率变化趋势。可以看出，2012届本科生毕业半年后在泛珠江三角洲区域经济体的就业率最高，为93.4%；高职高专生毕业半年后在泛长江三角洲区域经济体的就业率最高，为91.3%。

表1-2-1 2010~2012届各经济区域本科生毕业半年后的就业率变化趋势*

单位：%

经济区域	本科院校毕业半年后的就业率		
	2012届	2011届	2010届
泛珠江三角洲区域经济体	93.4	92.9	92.8
泛长江三角洲区域经济体	93.0	93.2	92.6
西南区域经济体	92.3	92.2	90.7
中原区域经济体	91.6	90.0	91.3
泛渤海湾区域经济体	91.1	89.0	90.2
陕甘宁青区域经济体	89.3	90.1	91.3
东北区域经济体	88.6	88.0	90.6
全国本科	91.5	90.8	91.2

*西部生态经济区因为样本不足，没有包括在内。

数据来源：麦可思-中国2010~2012届大学毕业生社会需求与培养质量调查。

表 1–2–2　2010~2012 届各经济区域高职高专生毕业半年后的就业率变化趋势*

单位：%

经济区域	高职高专院校毕业半年后的就业率		
	2012 届	2011 届	2010 届
泛长江三角洲区域经济体	91.3	91.0	90.5
泛珠江三角洲区域经济体	90.8	89.7	89.0
西南区域经济体	90.6	89.9	87.9
泛渤海湾区域经济体	90.4	89.4	85.8
中原区域经济体	90.2	88.7	88.1
东北区域经济体	88.8	87.5	82.0
全国高职高专	**90.4**	**89.6**	**88.1**

*陕甘宁青区域经济体和西部生态经济区因为样本不足，没有包括在内。
数据来源：麦可思–中国 2010~2012 届大学毕业生社会需求与培养质量调查。

二　专业分析

学科门类/专业大类：按照教育部的专业目录以及学校新增的专业，本次调查覆盖了本科院校所开设的学科门类 11 个，高职高专院校所开设的专业大类 19 个。

专业类：按照教育部的专业目录以及学校新增的专业，本次调查覆盖了本科院校所开设的专业类 73 个，高职高专院校所开设的专业类 74 个。

专业：按照教育部的专业目录以及学校新增的专业，本次调查覆盖了本科院校所开设的专业 458 个，高职高专院校所开设的专业 514 个。

2012 届本科生毕业半年后就业率最高的学科门类是管理学（92.9%），最低的是法学（87.2%）；高职高专生毕业半年后就业率最高的专业大类是生化与药品大类（93.2%），最低的是艺术设计传媒大类（86.7%）。本科生毕业半年后就业率最高的专业类是能源动力类（95.2%），最低的是法学类和生物科学类（均为 86.1%）；高职高专生毕业半年后就业率最高的专业类是制药技术类（93.6%），最低的是法律实务类（84.8%）。从三届的就业率变化趋势可以看出，本科学科门类中的法学半年后就业率处于上升阶段，高职高专专业大类中的生化与药品大类、轻纺食品大类、医药卫生大类、文化教育大类专业大类半年后就业率处于上升阶段。

表1-2-3 2010~2012届主要学科门类/专业大类毕业半年后的就业率变化趋势*

单位：%

本科学科门类名称	2012届	2011届	2010届	高职高专专业大类名称	2012届	2011届	2010届
管理学	92.9	91.9	92.3	生化与药品大类	93.2	92.5	88.7
工学	92.7	92.5	93.3	轻纺食品大类	92.4	91.6	90.0
经济学	92.0	90.0	91.3	材料与能源大类	91.8	92.2	92.9
教育学	91.1	87.1	87.7	交通运输大类	91.6	88.7	89.8
医学	90.4	91.5	89.3	制造大类	91.3	91.6	89.4
农学	89.6	91.3	88.3	财经大类	90.7	88.8	89.3
理学	89.1	89.1	88.9	电子信息大类	90.3	90.5	86.5
文学	88.9	88.9	88.9	医药卫生大类	90.3	88.2	83.1
法学	87.2	86.8	86.7	土建大类	89.0	92.0	89.4
				旅游大类	88.9	91.9	90.0
				文化教育大类	88.8	87.7	87.1
				艺术设计传媒大类	86.7	83.2	84.0
全国本科	91.5	90.8	91.2	全国高职高专	90.4	89.6	88.1

*个别学科门类/专业大类因为样本不足，没有包括在内。

数据来源：麦可思-中国2010~2012届大学毕业生社会需求与培养质量调查。

表1-2-4 2010~2012届本科主要专业类毕业半年后的就业率变化趋势*

单位：%

本科主要专业类名称	2012届	2011届	2010届	本科主要专业类名称	2012届	2011届	2010届
能源动力类	95.2	96.6	95.9	材料类	91.8	92.5	92.5
土建类	94.6	95.6	95.2	森林资源类	91.8	90.7	86.6
临床医学与医学技术类	94.5	93.2	87.7	电子信息科学类	91.8	90.6	92.0
护理学类	94.2	96.5	94.5	政治学类	91.6	89.8	92.0
机械类	93.8	94.2	94.5	仪器仪表类	91.5	92.8	92.4
农业工程类	93.5	94.9	92.0	公共管理类	91.3	90.5	90.4
地矿类	93.4	96.5	95.2	外国语言文学类	91.3	90.1	91.5
环境生态类	93.3	94.3	90.4	教育学类	91.3	89.5	92.1
管理科学与工程类	93.0	92.2	92.6	地理科学类	91.3	89.2	90.1
工商管理类	92.8	92.6	92.8	经济学类	91.1	90.6	91.3
电气信息类	92.8	92.5	92.8	统计学类	90.8	89.2	92.6
新闻传播学类	92.8	91.5	91.6	植物生产类	90.7	92.1	87.8
交通运输类	92.6	93.3	93.9	中国语言文学类	90.6	89.4	90.5
化工与制药类	92.6	92.4	92.6	动物医学类	90.6	88.5	93.6
药学类	92.6	92.2	91.9	水利类	90.4	94.0	93.7
测绘类	92.5	93.9	92.9	环境与安全类	90.2	90.4	91.8

续表

本科主要专业类名称	2012届	2011届	2010届	本科主要专业类名称	2012届	2011届	2010届
化学类	89.9	89.4	90.3	心理学类	88.1	87.7	89.0
体育学类	89.8	87.1	84.4	环境科学类	87.7	87.6	85.8
工程力学类	89.7	93.1	94.2	物理学类	87.5	88.0	87.6
历史学类	89.7	87.2	88.8	数学类	87.0	88.8	88.7
轻工纺织食品类	89.5	89.0	91.3	材料科学类	86.7	88.6	90.5
社会学类	89.3	91.4	89.9	动物生产类	86.7	88.3	88.8
艺术类	88.5	87.7	87.4	生物科学类	86.1	86.6	87.7
生物工程类	88.2	88.5	87.9	法学类	86.1	85.9	86.9
全国本科	**91.5**	**90.8**	**91.2**	**全国本科**	**91.5**	**90.8**	**91.2**

*个别专业类因为样本不足，没有包括在内。

数据来源：麦可思－中国2010~2012届大学毕业生社会需求与培养质量调查。

表1－2－5　2010~2012届高职高专主要专业类毕业半年后的就业率变化趋势*

单位：%

高职高专主要专业类名称	2012届	2011届	2010届	高职高专主要专业类名称	2012届	2011届	2010届
制药技术类	93.6	91.5	90.7	财务会计类	90.3	90.8	91.2
电力技术类	93.3	93.2	93.1	语言文化类	90.2	87.6	90.0
食品类	93.1	89.4	90.6	化工技术类	90.1	91.5	92.2
建筑设备类	92.8	93.8	93.8	林业技术类	90.1	90.8	87.0
机电设备类	92.6	94.1	91.5	环保类	90.1	89.4	90.4
能源类	92.3	91.0	93.5	财政金融类	90.1	88.7	89.0
公共事业类	91.9	90.0	93.0	建筑设计类	89.9	89.9	90.4
自动化类	91.5	91.7	91.3	农业技术类	89.6	90.3	89.8
纺织服装类	91.5	90.7	91.1	土建施工类	89.6	89.5	92.3
材料类	91.1	92.0	90.8	计算机类	89.6	89.1	88.2
机械设计制造类	91.1	89.3	90.6	生物技术类	89.3	90.6	90.6
房地产类	91.0	91.6	91.3	公共管理类	89.0	90.2	88.5
工商管理类	91.0	87.5	89.9	测绘类	88.8	92.8	91.0
电子信息类	90.8	90.1	90.3	畜牧兽医类	88.7	91.4	87.5
通信类	90.8	90.0	90.9	艺术设计类	88.7	86.4	88.1
公路运输类	90.7	90.4	91.4	旅游管理类	88.6	89.1	90.3
市场营销类	90.6	90.0	90.4	教育类	88.0	88.1	86.8
汽车类	90.6	89.3	89.4	广播影视类	85.6	86.3	86.4
经济贸易类	90.6	89.1	90.1	水上运输类	85.3	88.6	83.2
工程管理类	90.5	91.5	92.7	法律实务类	84.8	86.7	80.9
港口运输类	90.5	88.7	90.8				
全国高职高专	**90.4**	**89.6**	**88.1**	**全国高职高专**	**90.4**	**89.6**	**88.1**

*个别专业类因为样本不足，没有包括在内。

数据来源：麦可思－中国2010~2012届大学毕业生社会需求与培养质量调查。

表1-2-6　2012届本科生毕业半年后就业量最大的前100位专业的三届就业率变化趋势

单位：%

本科就业量最大的前100位专业名称	2012届	2011届	2010届
给水排水工程	97.5	94.6	96.1
城市规划	96.5	95.3	93.4
工业工程	96.2	92.2	93.8
建筑环境与设备工程	95.9	96.1	95.5
机械电子工程	95.7	97.5	94.2
审计学	95.5	95.1	95.9
过程装备与控制工程	95.2	94.8	94.6
电气工程及其自动化	95.2	93.7	94.7
热能与动力工程	95.1	96.8	96.4
软件工程	95.1	93.5	93.4
电子商务	94.8	91.3	90.9
建筑学	94.7	97.3	94.8
车辆工程	94.6	97.6	95.6
机械工程及自动化	94.5	95.5	94.5
财务管理	94.5	94.3	94.7
学前教育	94.4	97.8	97.5
材料成型及控制工程	94.3	95.9	94.9
护理学	94.2	96.5	94.5
物流管理	94.1	92.9	93.0
园林	93.8	96.3	90.6
土木工程	93.8	95.7	95.3
新闻学	93.8	91.6	92.4
机械设计制造及其自动化	93.7	93.0	94.8
临床医学	93.7	91.0	85.5
工程管理	93.4	94.7	94.3
物流工程	93.2	92.8	96.1
化学工程与工艺	93.2	92.8	92.4
广告学	93.1	91.4	91.6
小学教育	93.1	89.2	92.0
市场营销	93.0	92.5	92.4
会计学	92.9	93.9	94.0
药学	92.9	91.9	91.2

续表

本科就业量最大的前100位专业名称	2012届	2011届	2010届
测绘工程	92.8	93.3	92.8
交通运输	92.7	94.5	94.5
电子科学与技术	92.6	89.4	92.6
劳动与社会保障	92.5	90.5	91.5
国际经济与贸易	92.5	90.5	91.3
计算机科学与技术	92.4	92.4	92.1
日语	92.4	92.1	92.4
自动化	92.3	92.7	94.2
交通工程	92.3	91.2	91.3
人力资源管理	92.2	92.9	93.7
网络工程	92.1	92.4	91.9
电子信息科学与技术	92.1	90.3	92.1
冶金工程	92.0	90.7	—
工商管理	92.0	90.7	91.0
行政管理	91.9	91.4	91.5
保险	91.8	94.4	91.8
高分子材料与工程	91.8	93.3	92.2
电子信息工程	91.8	92.1	92.3
影视艺术技术	91.7	94.6	—
材料科学与工程	91.7	91.4	93.4
信息管理与信息系统	91.7	91.2	91.3
应用化学	91.6	89.5	91.5
财政学	91.5	92.8	92.4
测控技术与仪器	91.5	92.8	92.3
包装工程	91.5	91.9	89.4
英语	91.5	89.5	91.1
音乐学	91.4	88.8	85.0
金融学	91.3	90.4	91.6
环境科学	91.3	88.7	85.8
制药工程	91.2	91.6	93.1
广播电视新闻学	91.1	91.2	90.2
旅游管理	91.0	90.1	90.2
食品科学与工程	91.0	89.7	90.5
思想政治教育	91.0	88.7	92.2

续表

本科就业量最大的前100位专业名称	2012届	2011届	2010届
通信工程	90.9	92.4	92.8
统计学	90.8	89.2	92.6
汉语言文学	90.6	89.9	90.5
广播电视编导	90.4	91.0	90.4
对外汉语	90.1	87.3	89.7
社会工作	89.9	92.5	90.1
环境工程	89.9	90.7	90.9
历史学	89.9	87.0	88.4
公共事业管理	89.8	89.7	88.5
光信息科学与技术	89.7	89.9	91.6
信息与计算科学	89.6	91.8	90.3
教育技术学	89.6	88.6	92.2
播音与主持艺术	89.6	87.3	87.7
资源环境与城乡规划管理	89.5	90.3	90.7
应用心理学	89.5	87.0	89.9
信息工程	89.4	90.2	93.2
应用物理学	89.0	88.0	89.4
艺术设计	88.8	89.4	89.1
体育教育	88.8	89.3	87.0
食品质量与安全	88.7	87.9	90.0
工业设计	88.6	92.8	92.3
生物工程	88.2	88.5	87.9
美术学	88.1	85.3	84.4
动画	87.4	87.1	87.4
化学	87.3	88.8	88.8
经济学	87.1	88.8	90.5
社会学	87.1	88.3	88.8
材料化学	86.7	89.0	90.1
生物技术	86.5	87.2	87.6
物理学	86.2	88.2	86.0
法学	86.0	85.8	86.8
数学与应用数学	86.0	85.5	87.2
音乐表演	85.9	82.8	82.4
生物科学与工程	85.4	85.1	89.1
全国本科	**91.5**	**90.8**	**91.2**

数据来源：麦可思－中国2010~2012届大学毕业生社会需求与培养质量调查。

表1-2-7 2012届高职高专生毕业半年后就业量最大的前100位专业的三届就业率变化趋势

单位：%

高职高专就业量最大的前100位专业名称	2012届	2011届	2010届
学前教育	97.0	93.3	94.9
发电厂及电力系统	93.6	93.9	93.7
生物制药技术	93.5	—	89.9
图形图像制作	93.5	92.2	91.4
汽车运用技术	92.9	90.2	91.0
数控设备应用与维护	92.8	—	92.6
机械制造与自动化	92.8	90.3	90.5
石油化工生产技术	92.6	91.8	—
营销与策划	92.5	89.5	92.3
生产过程自动化技术	92.3	95.7	92.5
税务	92.1	—	95.0
国际贸易实务	92.1	91.2	90.0
汽车技术服务与营销	92.1	89.7	91.2
房地产经营与估价	92.0	93.0	92.8
电气自动化技术	92.0	91.8	91.8
会计	92.0	91.3	92.1
会展策划与管理	91.9	—	92.2
服装设计	91.9	89.2	91.6
计算机辅助设计与制造	91.8	—	92.8
应用化工技术	91.8	92.5	92.9
通信技术	91.6	89.8	90.0
模具设计与制造	91.5	88.6	90.1
应用电子技术	91.4	90.2	91.6
康复治疗技术	91.3	—	91.8
工程造价	91.3	92.9	93.3
汽车制造与装配技术	91.3	88.5	91.8
物流管理	91.3	87.4	90.3
机电一体化技术	91.1	91.1	91.2
电子信息工程技术	91.1	89.4	88.7
园林技术	91.0	91.2	86.1
道路桥梁工程技术	90.9	89.7	92.3
报关与国际货运	90.9	88.5	90.2

续表

高职高专就业量最大的前100位专业名称	2012届	2011届	2010届
供用电技术	90.8	91.0	90.9
机械设计与制造	90.8	90.2	91.9
国际商务	90.7	89.8	89.8
英语教育	90.7	89.2	83.7
文秘	90.6	90.8	91.0
园艺技术	90.5	91.2	87.7
市场营销	90.5	90.0	91.1
连锁经营管理	90.5	88.9	90.2
商务英语	90.5	87.1	90.4
计算机多媒体技术	90.3	87.7	88.3
汽车电子技术	90.2	90.7	89.3
电子商务	90.2	90.1	89.3
金融保险	90.1	91.3	88.8
建筑装饰工程技术	90.1	88.3	91.1
机电设备维修与管理	90.0	91.2	91.9
商务管理	90.0	91.2	89.9
汽车检测与维修技术	90.0	88.4	88.0
数控技术	90.0	87.3	90.6
环境监测与治理技术	89.9	89.0	91.1
计算机控制技术	89.9	88.6	90.5
工商企业管理	89.9	87.0	88.7
软件技术	89.8	90.0	88.5
金融管理与实务	89.8	89.8	87.4
建筑工程技术	89.8	89.4	92.3
精细化学品生产技术	89.8	88.4	91.1
计算机应用技术	89.8	87.1	88.3
移动通信技术	89.7	—	94.3
空中乘务	89.7	—	91.2
应用英语	89.7	86.7	90.4
金融与证券	89.6	89.6	87.5
建筑工程管理	89.6	89.4	91.7
产品造型设计	89.6	86.2	89.6
物业管理	89.5	89.9	89.9
人力资源管理	89.5	88.7	87.9

续表

高职高专就业量最大的前100位专业名称	2012 届	2011 届	2010 届
网络系统管理	89.3	91.2	86.4
计算机网络技术	89.3	89.8	88.9
国际经济与贸易	89.3	88.4	90.6
环境艺术设计	89.2	90.2	90.2
工程测量技术	89.1	91.8	91.3
财务管理	89.1	90.3	89.7
计算机信息管理	89.0	90.4	88.0
初等教育	89.0	90.4	87.3
旅游管理	89.0	89.1	90.2
工业分析与检验	88.9	92.5	92.0
市场开发与营销	88.9	88.8	94.1
装饰艺术设计	88.9	86.8	92.1
会计与审计	88.8	87.2	90.6
生物技术及应用	88.7	90.8	90.3
会计电算化	88.7	90.7	91.1
室内设计技术	88.7	90.0	90.5
广告设计与制作	88.7	85.1	88.7
护理	88.6	—	89.7
应用日语	88.2	90.6	89.7
畜牧兽医	87.9	91.1	86.8
商务日语	87.8	87.0	90.0
酒店管理	87.7	89.1	90.5
电脑艺术设计	87.6	87.8	88.1
园林工程技术	87.5	89.1	90.5
人物形象设计	87.3	88.9	85.7
语文教育	87.2	87.0	88.3
工程监理	87.0	—	91.6
装潢艺术设计	86.7	86.6	92.1
动漫设计与制作	86.3	88.7	84.9
新闻采编与制作	86.2	86.1	89.3
投资与理财	85.4	87.5	90.7
艺术设计	84.7	84.5	84.8
应用韩语	84.7	81.4	88.4
影视动画	82.5	85.0	82.2
全国高职高专	**90.4**	**89.6**	**88.1**

数据来源：麦可思－中国2010～2012届大学毕业生社会需求与培养质量调查。

表1-2-8和表1-2-9分别显示了2012届本科生和高职高专生毕业半年后就业率排前50位的专业列表。2012届本科生毕业半年后就业率前三位的专业是给水排水工程（97.5%）、汽车服务工程（96.9%）、矿物资源工程（96.7%）。高职高专生毕业半年后就业率前三位的专业是学前教育（97.0%）、铁道交通运营管理（96.8%）、电气化铁道技术（96.5%）。

表1-2-8 2012届本科毕业生就业率排前50位的专业*

单位：%

本科就业率排前50位的专业名称	就业率	本科就业率排前50位的专业名称	就业率
给水排水工程	97.5	护理学	94.2
汽车服务工程	96.9	物流管理	94.1
矿物资源工程	96.7	矿物加工工程	94.0
城市规划	96.5	土木工程	93.8
轮机工程	96.4	新闻学	93.8
工业工程	96.2	园林	93.8
建筑环境与设备工程	95.9	机械设计制造及其自动化	93.7
机械电子工程	95.7	临床医学	93.7
航海技术	95.6	无机非金属材料工程	93.7
地理信息系统	95.5	船舶与海洋工程	93.4
审计学	95.5	工程管理	93.4
道路桥梁与渡河工程	95.4	化学工程与工艺	93.2
电气工程及其自动化	95.2	物流工程	93.2
过程装备与控制工程	95.2	广告学	93.1
热能与动力工程	95.1	小学教育	93.1
软件工程	95.1	市场营销	93.0
安全工程	94.8	会计学	92.9
电子商务	94.8	药学	92.9
建筑学	94.7	测绘工程	92.8
车辆工程	94.6	交通运输	92.7
财务管理	94.5	电子科学与技术	92.6
采矿工程	94.5	国际经济与贸易	92.5
机械工程及自动化	94.5	劳动与社会保障	92.5
学前教育	94.4	计算机科学与技术	92.4
材料成型及控制工程	94.3	日语	92.4
全国本科	91.5	全国本科	91.5

*毕业生规模过小的专业不包括在此排序中。
数据来源：麦可思-中国2012届大学毕业生社会需求与培养质量调查。

表1-2-9 2012届高职高专毕业生就业率排前50位的专业*

单位：%

高职高专就业率排前50位的专业名称	就业率	高职高专就业率排前50位的专业名称	就业率
学前教育	97.0	药物制剂技术	93.2
铁道交通运营管理	96.8	食品加工技术	93.0
电气化铁道技术	96.5	汽车运用技术	92.9
临床医学	96.4	机械制造与自动化	92.8
火电厂集控运行	96.1	数控设备应用与维护	92.8
铁道机车车辆	96.1	经济信息管理	92.7
电机与电器	95.9	市政工程技术	92.7
电力系统继电保护与自动化	95.5	资产评估与管理	92.7
高分子材料应用技术	95.3	石油化工生产技术	92.6
高压输配电线路施工运行与维护	95.3	煤矿开采技术	92.5
铁道通信信号	95.0	营销与策划	92.5
电厂热能动力装置	94.9	建筑电气工程技术	92.4
多媒体设计与制作	94.8	生产过程自动化技术	92.3
供热通风与空调工程技术	94.7	国际贸易实务	92.1
电力系统自动化技术	94.3	汽车技术服务与营销	92.1
制冷与空调技术	94.2	税务	92.1
食品生物技术	94.0	电气自动化技术	92.0
食品营养与检测	94.0	房地产经营与估价	92.0
水利水电建筑工程	93.8	会计	92.0
铁道工程技术	93.8	食品检测及管理	92.0
发电厂及电力系统	93.6	服装设计	91.9
生物制药技术	93.5	给排水工程技术	91.9
图形图像制作	93.5	光机电应用技术	91.9
材料工程技术	93.3	会展策划与管理	91.9
城市轨道交通控制	93.2	应用化工技术	91.8
全国高职高专	**90.4**	**全国高职高专**	**90.4**

* 毕业生规模过小的专业不包括在此排序中。

数据来源：麦可思-中国2012届大学毕业生社会需求与培养质量调查。

三 职业分析

职业：根据《麦可思中国职业分类词典（2013版）》，本次调查覆盖了本科毕业生能够从事的职业584个，高职高专毕业生能够从事的职业542个，二者合计662个职业。

本节各表中的"就业比例" = 在某类职业中就业的毕业生人数/全国同层次毕业生就业总数。

主要职业的就业比例

表1-2-10和表1-2-11显示了2010~2012届大学毕业生从事的主要职业类。2012届本科生毕业半年后从事最多的职业类是财务/审计/税务/统计，就业比例为10.4%，其后为销售（10.0%）和行政/后勤（8.7%）等。与2010届相比，2012届本科毕业生就业比例增加最多的职业类为中小学教育，增加了1.2个百分点；就业比例降低最多的职业类为销售，降低了2.0个百分点。高职高专生毕业半年后从事最多的职业类是财务/审计/税务/统计，就业比例为11.0%，其后为销售（10.8%）和建筑工程（8.3%）等。与2010届相比，2012届高职高专毕业生就业比例增加最多的职业类为建筑工程，增加了2.5个百分点；就业比例降低最多的职业类为销售，降低了4.5个百分点。从三届的就业趋势中可以看出，在就业比例排名前三位的职业类中，本科毕业生从事财务/审计/税务/统计职业类的比例逐届增加，从事销售职业类的比例逐届降低；高职高专毕业生从事建筑工程职业类的比例逐届增加，从事销售职业类的比例逐届降低。

表1-2-10 2010~2012届本科毕业生从事的主要职业类排名[*]

单位：%

本科毕业生从事的主要职业类名称	就业比例			
	2012届	2011届	2010届	2012届-2010届[**]
财务/审计/税务/统计	10.4	10.3	9.6	0.8
销售	10.0	10.9	12.0	-2.0
行政/后勤	8.7	9.6	8.0	0.7
金融(银行/基金/证券/期货/理财)	7.2	7.1	8.8	-1.6
计算机与数据处理	7.2	6.9	6.2	1.0
建筑工程	5.4	4.4	4.9	0.5
电气/电子(不包括计算机)	4.8	4.7	6.4	-1.6
中小学教育	3.8	4.2	2.6	1.2
机械/仪器仪表	3.6	3.2	5.3	-1.7
人力资源	3.3	3.5	3.0	0.3

续表

本科毕业生从事的主要职业类名称	就业比例			
	2012届	2011届	2010届	2012届－2010届**
互联网开发及应用	2.4	2.3	1.8	0.6
媒体/出版	2.3	2.7	2.0	0.3
经营管理	2.1	2.3	2.4	-0.3
美术/设计/创意	1.8	2.0	1.2	0.6
物流/采购	1.8	1.9	2.0	-0.2
机动车机械/电子	1.8	1.2	1.9	-0.1
高等教育/职业培训	1.7	1.9	1.4	0.3
生物/化工	1.7	1.8	1.6	0.1
公安/检察/法院/经济执法	1.7	1.6	2.6	-0.9
生产/运营	1.5	1.4	2.3	-0.8
医疗保健/紧急救助	1.4	1.4	1.2	0.2
电力/能源	1.3	1.1	1.8	-0.5
翻译	1.1	1.4	1.0	0.1
保险	1.1	1.3	1.0	0.1
交通运输/邮电	1.1	0.8	0.7	0.4
房地产经营	1.0	1.0	0.8	0.2
工业安全与质量	1.0	0.9	1.0	0.0
酒店/旅游/会展	0.9	1.0	0.7	0.2
矿山/石油	0.9	0.5	0.6	0.3
餐饮/娱乐	0.7	0.8	0.4	0.3
研究人员	0.6	0.7	0.6	0.0
环境保护	0.6	0.7	0.5	0.1
社区工作者	0.6	0.4	0.3	0.3
幼儿与学前教育	0.6	0.3	0.3	0.3
农/林/牧/渔类	0.5	0.6	0.4	0.1
服装/纺织/皮革	0.5	0.4	0.2	0.3
律师/律政调查员	0.4	0.5	0.4	0.0
表演艺术/影视	0.4	0.4	0.2	0.2
公共关系	0.4	0.5	0.3	0.1
航空机械/电子	0.4	0.2	0.4	0.0
测绘	0.4	0.2	0.2	0.2
冶金材料	0.3	0.3	0.3	0.0
文化/体育	0.3	0.3	0.2	0.1
船舶机械	0.2	0.2	0.1	0.1
家用/办公电器维修	0.1	0.1	0.1	0.0
家政	0.1	0.1	0.1	0.0

*个别职业类因为样本不足，没有包括在内。

**"2012届－2010届"表示以2012届的就业比例减去2010届的就业比例。下同。

数据来源：麦可思－中国2010~2012届大学毕业生社会需求与培养质量调查。

表1-2-11 2010~2012届高职高专毕业生从事的主要职业类排名*

单位：%

高职高专毕业生从事的主要职业类名称	就业比例			
	2012届	2011届	2010届	2012届-2010届
财务/审计/税务/统计	11.0	10.5	11.3	-0.3
销售	10.8	13.6	15.3	-4.5
建筑工程	8.3	7.0	5.8	2.5
行政/后勤	7.0	8.8	9.0	-2.0
机械/仪器仪表	5.4	5.1	6.7	-1.3
电气/电子(不包括计算机)	5.0	4.1	6.0	-1.0
计算机与数据处理	4.3	4.9	3.1	1.2
电力/能源	3.6	2.0	3.4	0.2
机动车机械/电子	3.4	1.5	2.1	1.3
交通运输/邮电	3.2	1.4	1.4	1.8
金融(银行/基金/证券/期货/理财)	2.5	2.9	3.0	-0.5
美术/设计/创意	2.5	2.6	2.0	0.5
物流/采购	2.3	2.1	2.8	-0.5
医疗保健/紧急救助	2.2	1.6	2.2	0.0
互联网开发及应用	2.1	2.3	1.5	0.6
餐饮/娱乐	2.1	2.1	1.3	0.8
生产/运营	1.9	1.3	2.3	-0.4
高等教育/职业培训	1.8	2.5	0.9	0.9
房地产经营	1.7	1.6	1.6	0.1
媒体/出版	1.5	2.0	1.2	0.3
酒店/旅游/会展	1.5	1.9	1.4	0.1
人力资源	1.4	1.9	1.6	-0.2
工业安全与质量	1.4	1.2	0.9	0.5
生物/化工	1.3	1.8	1.6	-0.3
中小学教育	1.2	2.5	1.9	-0.7
经营管理	1.2	1.6	1.4	-0.2
保险	1.1	1.2	1.2	-0.1
公共关系	1.1	0.8	0.3	0.8
矿山/石油	1.1	0.4	0.6	0.5
公安/检察/法院/经济执法	1.0	0.8	0.8	0.2
服装/纺织/皮革	0.8	0.9	0.9	-0.1
表演艺术/影视	0.6	0.5	0.3	0.3
幼儿与学前教育	0.5	1.0	0.7	-0.2
农/林/牧/渔类	0.5	0.6	0.5	0.0
测绘	0.5	0.5	0.4	0.1
环境保护	0.5	0.2	0.4	0.1
社区工作者	0.3	0.2	0.1	0.2
家用/办公电器维修	0.3	0.1	0.4	-0.1
翻译	0.2	0.8	0.4	-0.2
文化/体育	0.1	0.2	0.1	0.0
冶金材料	0.1	0.2	0.1	0.0
航空机械/电子	0.1	0.1	0.4	-0.3
家政	0.1	0.1	0.2	-0.1
船舶机械	0.1	0.1	0.1	0.0
美容/健身	0.1	0.1	0.1	0.0

*个别职业类因为样本不足，没有包括在内。

数据来源：麦可思-中国2010~2012届大学毕业生社会需求与培养质量调查。

表 1-2-12　2012 届本科毕业生就业量最大的前 50 位职业

单位：%

本科毕业生就业量最大的前 50 位职业名称	就业比例	本科毕业生就业量最大的前 50 位职业名称	就业比例
会计	4.8	办公室管理人员和行政工作人员的初级主管	0.8
文职人员	4.5	编辑	0.8
行政秘书和行政助理	3.0	采购员	0.8
计算机程序员	2.3	高中教师,特殊教育和职业教育除外	0.8
出纳员	2.1	机械工程技术员	0.8
小学教师,特殊教育除外	1.8	其他工程师	0.8
其他销售代表、服务商	1.4	销售代表(批发和制造业,不包括科技类产品)	0.8
初中教师,特殊和职校教育除外	1.3	互联网开发师	0.7
审计员	1.2	计算机系统软件工程师	0.7
电子工程师(不包括计算机工程师)	1.1	金融服务销售商	0.7
机械工程师	1.1	施工工程师	0.7
建筑技术员	1.1	土木工程师	0.7
汽车机械技术员	1.1	新账户办事员	0.7
人力资源助理	1.1	信贷面谈员和办事员	0.7
土木工程技术员	1.1	电厂操作员	0.6
销售经理	1.1	电气技术员	0.6
翻译员	1.0	管理分析人员	0.6
个人理财顾问	1.0	其他种类的人力资源、培训和劳资关系专职人员	0.6
柜员和租赁服务员	1.0	市场经理	0.6
计算机软件应用工程师	1.0	市政行政办公人员	0.6
电气工程师	0.9	室内设计师	0.6
化学技术员	0.9	图像设计师	0.6
教育、职业和校园顾问	0.9	电子工程技术员	0.5
客服代表	0.9	警察	0.5
其他工程技术员(除绘图员)	0.9	销售工程师	0.5

数据来源：麦可思－中国 2012 届大学毕业生社会需求与培养质量调查。

表1-2-13　2012届高职高专毕业生就业量最大的前50位职业

单位：%

高职高专毕业生就业量最大的前50位职业名称	就业比例	高职高专毕业生就业量最大的前50位职业名称	就业比例
会计	6.4	销售代表（批发和制造业，不包括科技类产品）	0.8
文职人员	4.0	销售技术员	0.8
施工技术员	2.1	电力辅助设备操作员	0.7
其他销售代表、服务商	1.9	化工厂系统操作员	0.7
客服代表	1.6	其他工程技术员（除绘图员）	0.7
行政秘书和行政助理	1.6	收银员	0.7
建筑技术员	1.3	保险代理人	0.6
统计员	1.3	采购员	0.6
销售经理	1.2	存货管理员（储藏室、库房的）	0.6
电厂操作员	1.1	房地产经纪人	0.6
汽车机械技术员	1.1	计算机操作员	0.6
室内设计师	1.1	教育、职业和校园顾问	0.6
其他工程技术员	1.0	其他纺织、服装和家具工	0.6
预算员	1.0	人力资源助理	0.6
电气工程技术员	0.9	输电线安装者和修理技术员	0.6
电子工程技术员	0.9	图表绘制师和图片处理人员	0.6
房地产销售经纪人	0.9	土木技术员	0.6
公共关系专业人员	0.9	物流专员	0.6
零售售货员	0.9	销售代表（机械设备和零件）	0.6
其他计算机专业人员	0.9	注册护士	0.6
图像设计师	0.9	办公室管理人员和行政工作人员的初级主管	0.5
出纳员	0.8	电话推销员	0.5
电气技术员	0.8	建筑经理助手	0.5
发电站、变电站和中继站的电子和电气修理技术员	0.8	平面设计	0.5
计算机程序员	0.8	通讯设备的安装、修理技术员	0.5

数据来源：麦可思-中国2012届大学毕业生社会需求与培养质量调查。

四 行业分析

行业：根据《麦可思中国行业分类词典（2013版）》，本次调查覆盖了本科毕业生所能从事的行业321个、高职高专毕业生所能从事的行业321个，二者合计324个行业。

本节各图表中的"**就业比例**"＝在某类行业中就业的毕业生人数/全国同届次毕业生就业总数。

各行业的就业比例

表1－2－14和表1－2－15显示了2010～2012届大学毕业生从事的主要行业类。2012届本科生毕业半年后就业最多的行业类是金融（银行/保险/证券）业（10.7%），其次是媒体、信息及通信产业（10.0%）。与2010届相比，2012届本科毕业生就业比例增加最多的行业类为教育业，增加了2.0个百分点；就业比例降低最多的行业类是电子电气仪器设备及电脑制造业，降低了2.8个百分点。2012届高职高专生毕业半年后就业最多的行业类是建筑业（12.9%），其次是零售商业（7.7%）。与2010届相比，2012届高职高专毕业生就业比例增加最多的行业类为建筑业，增加了3.9个百分点；就业比例降低最多的行业类是机械五金制造业和批发商业，均降低了2.2个百分点。从三届的就业趋势可以看出，在就业比例排名前三位的行业类中，本科毕业生在金融（银行/保险/证券）业、电子电气仪器设备及电脑制造业行业类就业的比例逐届降低；高职高专毕业生在建筑业行业类就业的比例逐届增加，在电子电气仪器设备及电脑制造业行业类就业的比例逐届降低。

表1－2－14　2010～2012届本科毕业生就业的主要行业类排名[*]

单位：%

本科毕业生就业的主要行业类名称	就业比例			
	2012届	2011届	2010届	2012届－2010届
金融(银行/保险/证券)业	10.7	11.0	12.9	－2.2
媒体、信息及通信产业	10.0	10.5	8.5	1.5

续表

本科毕业生就业的主要行业类名称	就业比例			
	2012 届	2011 届	2010 届	2012 届 - 2010 届
电子电气仪器设备及电脑制造业	7.9	8.9	10.7	-2.8
建筑业	7.4	6.5	6.7	0.7
教育业	7.2	7.7	5.2	2.0
政府及公共管理	6.4	5.9	5.8	0.6
各类专业设计与咨询服务业	5.3	5.7	5.2	0.1
机械五金制造业	4.8	4.6	6.2	-1.4
零售商业	4.5	4.6	4.2	0.3
化学品、化工、塑胶业	4.1	4.3	4.6	-0.5
交通工具制造业	3.7	3.1	4.3	-0.6
房地产开发销售租赁及其他租赁业	2.6	2.6	2.0	0.6
食品、烟草、加工业	2.6	2.4	2.5	0.1
水电煤气公用事业	2.5	1.9	2.9	-0.4
家具、医疗设备及其他制成品业	2.3	2.3	1.9	0.4
运输业	1.9	1.6	1.6	0.3
医疗和社会护理服务业	1.8	1.9	1.7	0.1
行政、商业和环境保护辅助业	1.7	2.0	2.1	-0.4
矿业	1.7	1.3	1.4	0.3
批发商业	1.5	1.5	1.5	0.0
纺织皮革及成品加工业	1.4	1.4	1.3	0.1
邮递、物流及仓储业	1.3	1.2	1.3	0.0
其他服务业（除行政服务）	1.3	1.5	0.7	0.6
农业、林业、渔业和畜牧业	1.2	1.2	0.8	0.4
住宿和饮食业	1.1	1.2	0.8	0.3
初级金属制造业	1.0	1.0	1.4	-0.4
艺术、娱乐和休闲业	1.0	1.0	0.6	0.4
木品和纸品业	0.5	0.6	0.5	0.0
玻璃黏土、石灰水泥制品业	0.5	0.5	0.6	-0.1

* 表中显示数字均保留一位小数，因为四舍五入进位，加起来可能不等于100%。

数据来源：麦可思－中国2010～2012届大学毕业生社会需求与培养质量调查。

表1-2-15 2010~2012届高职高专毕业生就业的主要行业类排名*

单位：%

高职高专毕业生就业的主要行业类名称	就业比例			
	2012届	2011届	2010届	2012届-2010届
建筑业	12.9	10.5	9.0	3.9
零售商业	7.7	7.7	6.8	0.9
电子电气仪器设备及电脑制造业	6.7	7.3	8.7	-2.0
媒体、信息及通信产业	6.6	8.6	6.2	0.4
机械五金制造业	5.3	5.4	7.5	-2.2
各类专业设计与咨询服务业	4.8	4.8	4.2	0.6
金融(银行/保险/证券)业	4.5	5.0	5.1	-0.6
教育业	4.3	7.3	4.5	-0.2
交通工具制造业	3.7	2.3	3.2	0.5
化学品、化工、塑胶业	3.5	4.5	4.1	-0.6
其他服务业(除行政服务)	3.4	3.0	2.7	0.7
水电煤气公用事业	3.3	1.8	4.1	-0.8
医疗和社会护理服务业	3.2	2.2	2.8	0.4
运输业	2.8	2.1	2.0	0.8
家具、医疗设备及其他制成品业	2.7	3.3	2.4	0.3
房地产开发销售租赁及其他租赁业	2.7	2.6	2.5	0.2
政府及公共管理	2.7	2.4	2.5	0.2
食品、烟草、加工业	2.6	3.0	2.5	0.1
行政、商业和环境保护辅助业	2.5	2.0	2.9	-0.4
住宿和饮食业	2.2	2.2	2.0	0.2
矿业	2.1	1.1	1.2	0.9
纺织皮革及成品加工业	1.9	2.5	2.8	-0.9
邮递、物流及仓储业	1.9	1.8	2.0	-0.1
农业、林业、渔业和畜牧业	1.5	1.5	1.2	0.3
初级金属制造业	1.3	1.3	1.6	-0.3
艺术、娱乐和休闲业	1.1	1.7	0.8	0.3
木品和纸品业	0.8	1.0	1.1	-0.3
批发商业	0.7	0.3	2.9	-2.2
玻璃黏土、石灰水泥制品业	0.6	0.5	0.7	-0.1

*表中显示数字均保留一位小数，因为四舍五入进位，加起来可能不等于100%。

数据来源：麦可思-中国2010~2012届大学毕业生社会需求与培养质量调查。

表1-2-16　2012届本科毕业生就业量最大的前50位行业

单位：%

本科毕业生就业量最大的前50位行业名称	就业比例	本科毕业生就业量最大的前50位行业名称	就业比例
中小学教育机构	5.2	药品和医药制造业	1.0
储蓄信用中介	3.7	半导体和其他电子元件制造业	0.9
住宅建筑施工业	2.8	非住宅建筑施工业	0.9
其他金融投资业	2.6	建筑装修业	0.9
发电、输电业	2.5	教育辅助服务业	0.9
软件开发业	2.5	其他电气设备及元器件生产业	0.9
汽车制造业	2.3	其他个人服务业	0.9
房地产开发业	1.5	其他化工产品制造业	0.9
互联网运营与网络搜索引擎业	1.5	工业成套设备制造业	0.8
通信设备制造业	1.4	广告及相关服务业	0.8
计算机及外围设备制造业	1.2	计算机系统设计服务业	0.8
中国人民银行、保监会和证监会	1.2	家用电器制造业	0.8
电气设备制造业	1.1	建筑、工程及相关咨询服务业	0.8
高速公路、街道及桥梁建筑业	1.1	其他信息服务业	0.8
会计、审计与税务服务业	1.1	幼儿园与学前教育机构	0.8
其他各级党政机关	1.1	百货零售业	0.7
办公室行政服务业	1.0	采煤业	0.7
保险机构	1.0	发动机、涡轮机与动力传输设备制造业	0.7
各级党政领导机构及人大、政协	1.0	基层群众自治组织(含村委会、居委会等)	0.7
建筑基础、结构、楼房外观承建业	1.0	其他食品制造业	0.7
其他公共管理服务组织	1.0	其他特种行业工程承建业	0.7
其他通用机械设备制造业	1.0	其他制造业	0.7
其他学院和培训机构	1.0	石油及煤制品制造业	0.7
汽车零件制造业	1.0	物流仓储业	0.7
司法、执法部门(公检法)	1.0	医疗设备及用品制造业	0.7

数据来源：麦可思-中国2012届大学毕业生社会需求与培养质量调查。

表 1-2-17　2012 届高职高专毕业生就业量最大的前 50 位行业

单位：%

高职高专毕业生就业量最大的前 50 位行业名称	就业比例	高职高专毕业生就业量最大的前 50 位行业名称	就业比例
住宅建筑施工业	4.0	半导体和其他电子元件制造业	1.0
发电、输电业	3.0	非住宅建筑施工业	1.0
建筑装修业	2.0	其他化工产品制造业	1.0
其他个人服务业	2.0	其他特种行业工程承建业	1.0
铁路运输业	1.8	电子产品和电器用品零售业	0.9
汽车制造业	1.6	其他零售业	0.9
互联网运营与网络搜索引擎业	1.4	其他食品制造业	0.9
其他金融投资业	1.4	汽车经销业	0.9
物流仓储业	1.4	医疗设备及用品制造业	0.9
高速公路、街道及桥梁建筑业	1.3	百货零售业	0.8
计算机及外围设备制造业	1.3	其他娱乐和休闲产业	0.8
全科住院医院(包括门诊)	1.3	办公室行政服务业	0.7
房地产开发业	1.2	保险机构	0.7
建筑基础、结构、楼房外观承建业	1.2	会计、审计与税务服务业	0.7
其他电气设备及元器件生产业	1.2	家用电器制造业	0.7
软件开发业	1.2	建筑、工程及相关咨询服务业	0.7
中小学教育机构	1.2	金属加工成套设备制造业	0.7
采煤业	1.1	其他制造业	0.7
电气设备制造业	1.1	汽车零件制造业	0.7
广告及相关服务业	1.1	药品和医药制造业	0.7
其他通用机械设备制造业	1.1	幼儿园与学前教育机构	0.7
其他信息服务业	1.1	保险代理、经销、其他保险相关业	0.6
汽车保养与维修业	1.1	储蓄信用中介	0.6
通信设备制造业	1.1	其他公共管理服务组织	0.6
综合性餐饮业	1.1	铁路运输服务业	0.6

数据来源：麦可思-中国 2012 届大学毕业生社会需求与培养质量调查。

五 用人单位分析

(一) 用人单位类型分布

图1-2-3显示了2012届大学毕业生就业的用人单位类型分布。可以看出,"民营企业/个体"是2012届大学毕业生就业最多的用人单位类型,本科院校中有45%的毕业生就业于"民营企业/个体",高职高专院校中有61%的毕业生就业于"民营企业/个体"。

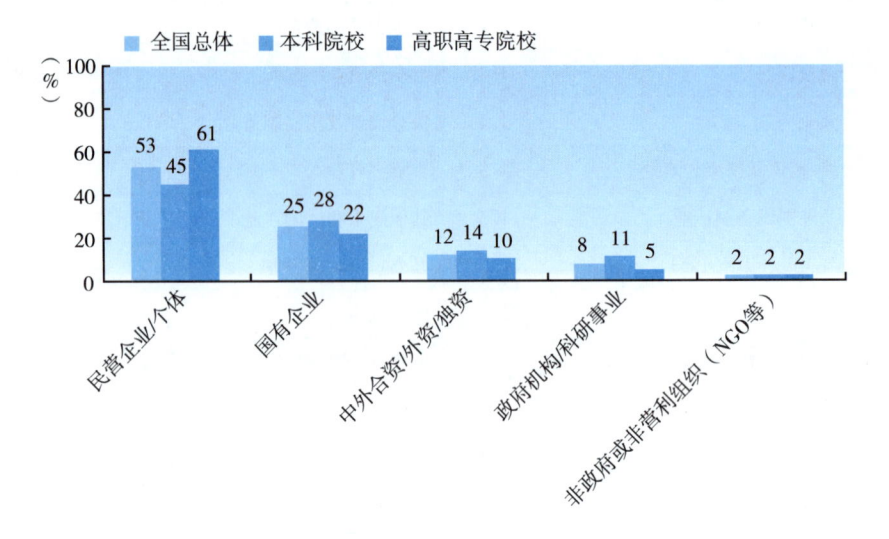

图1-2-3 2012届大学毕业生就业的用人单位类型分布

数据来源:麦可思-中国2012届大学毕业生社会需求与培养质量调查。

(二) 用人单位规模分布

图1-2-8显示了2012届大学毕业生就业的用人单位规模分布。可以看出,2012届大学毕业生就业比例最高的用人单位规模是300人以下的中小规模的用人单位(48%),其中本科毕业生这一比例为40%,高职高专毕业生为55%。

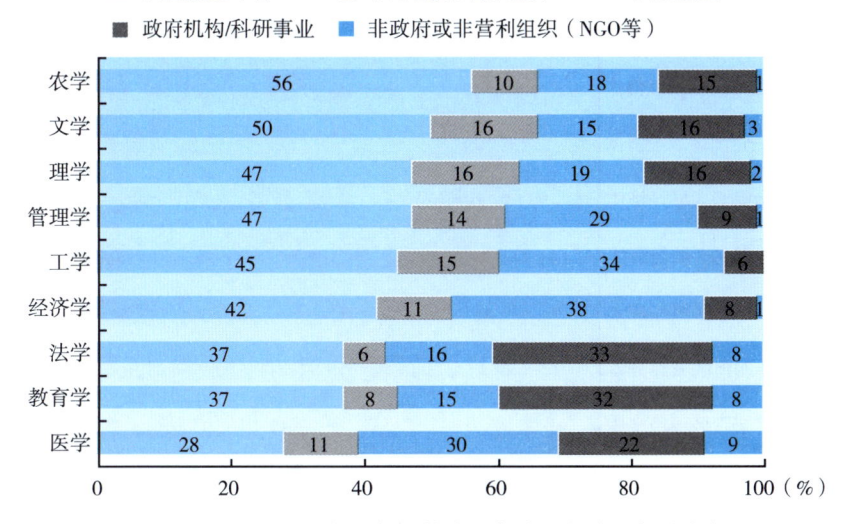

图 1-2-4 2012届本科主要学科门类的用人单位类型分布*

图例：民营企业/个体　中外合资/外资/独资　国有企业　政府机构/科研事业　非政府或非营利组织（NGO等）

学科	民营企业/个体	中外合资/外资/独资	国有企业	政府机构/科研事业	非政府或非营利组织
农学	56	10	18	15	1
文学	50	16	15	16	3
理学	47	16	19	16	2
管理学	47	14	29	9	1
工学	45	15	34	6	
经济学	42	11	38	8	1
法学	37	6	16	33	8
教育学	37	8	15	32	8
医学	28	11	30	22	9

*个别学科门类因为样本不足，没有包括在内。
数据来源：麦可思－中国2012届大学毕业生社会需求与培养质量调查。

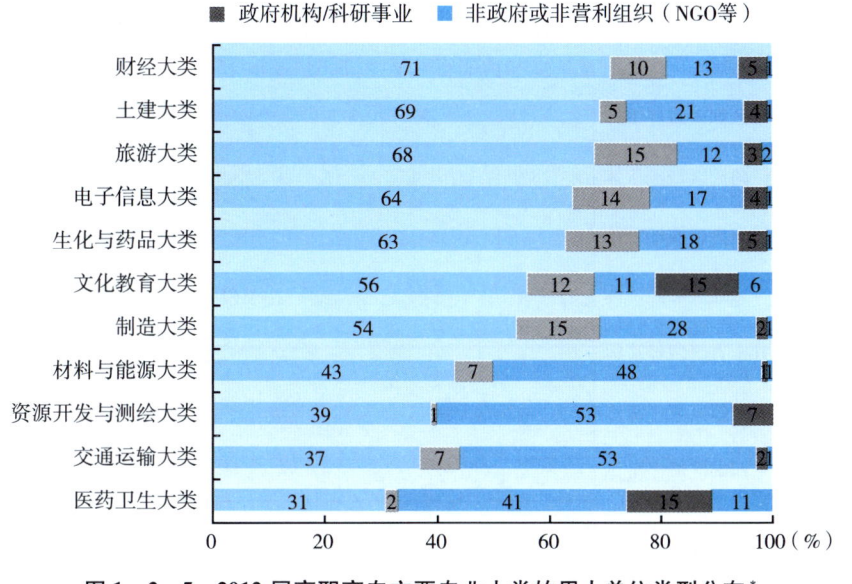

图 1-2-5 2012届高职高专主要专业大类的用人单位类型分布*

专业大类	民营企业/个体	中外合资/外资/独资	国有企业	政府机构/科研事业	非政府或非营利组织
财经大类	71	10	13	5	1
土建大类	69	5	21	4	1
旅游大类	68	15	12	3	2
电子信息大类	64	14	17	4	1
生化与药品大类	63	13	18	5	1
文化教育大类	56	12	11	15	6
制造大类	54	15	28	2	1
材料与能源大类	43	7	48	1	
资源开发与测绘大类	39	1	53	7	
交通运输大类	37	7	53	2	1
医药卫生大类	31	2	41	15	11

*个别专业大类因为样本不足，没有包括在内。
数据来源：麦可思－中国2012届大学毕业生社会需求与培养质量调查。

就业蓝皮书

	民营企业/个体	中外合资/外资/独资	国有企业	政府机构/科研事业	非政府或非营利组织（NGO等）
泛珠江三角洲区域经济体	49	17	25	7	2
泛长江三角洲区域经济体	49	17	22	10	2
泛渤海湾区域经济体	48	13	28	10	1
东北区域经济体	45	17	28	10	
中原区域经济体	45	7	33	12	3
西南区域经济体	37	10	33	18	2
陕甘宁青区域经济体	36	6	39	16	3

图 1-2-6　主要经济区域 2012 届本科毕业生的用人单位类型分布＊

＊西部生态经济区因为样本不足，没有包括在内。
数据来源：麦可思－中国 2012 届大学毕业生社会需求与培养质量调查。

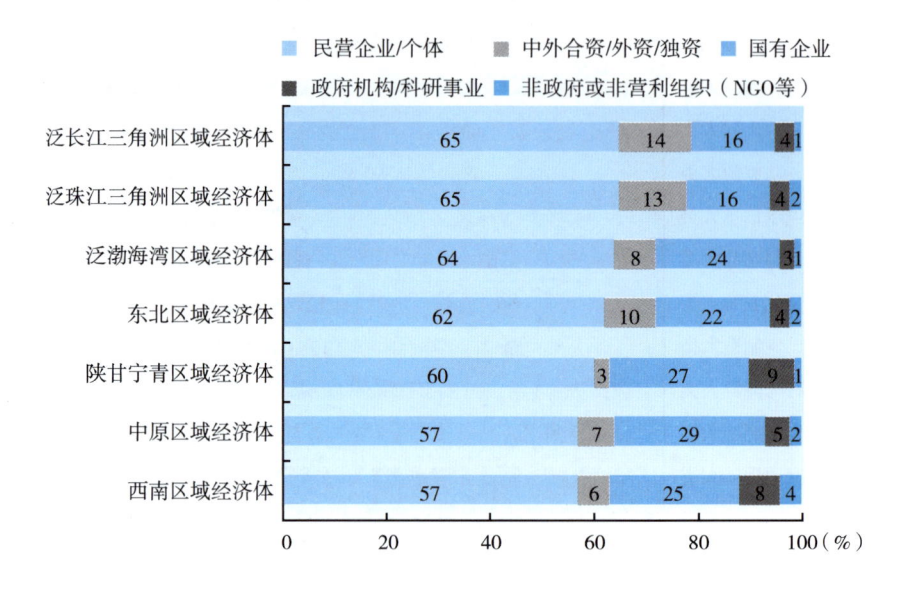

	民营企业/个体	中外合资/外资/独资	国有企业	政府机构/科研事业	非政府或非营利组织（NGO等）
泛长江三角洲区域经济体	65	14	16	4	1
泛珠江三角洲区域经济体	65	13	16	4	2
泛渤海湾区域经济体	64	8	24	3	1
东北区域经济体	62	10	22	4	2
陕甘宁青区域经济体	60	3	27	9	1
中原区域经济体	57	7	29	5	2
西南区域经济体	57	6	25	8	4

图 1-2-7　主要经济区域 2012 届高职高专毕业生的用人单位类型分布＊

＊西部生态经济区因为样本不足，没有包括在内。
数据来源：麦可思－中国 2012 届大学毕业生社会需求与培养质量调查。

■ 全国总体　■ 本科院校　■ 高职高专院校

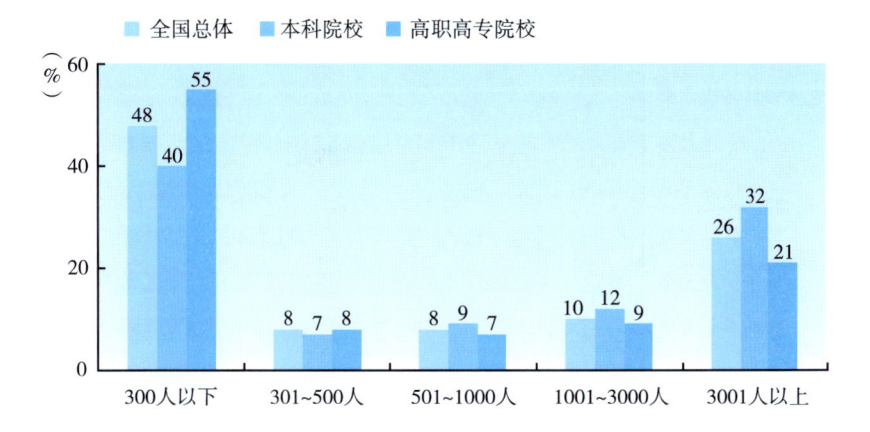

规模	全国总体	本科院校	高职高专院校
300人以下	48	40	55
301~500人	8	7	8
501~1000人	8	9	7
1001~3000人	10	12	9
3001人以上	26	32	21

图 1-2-8　2012 届大学毕业生就业的用人单位规模分布

数据来源：麦可思-中国2012届大学毕业生社会需求与培养质量调查。

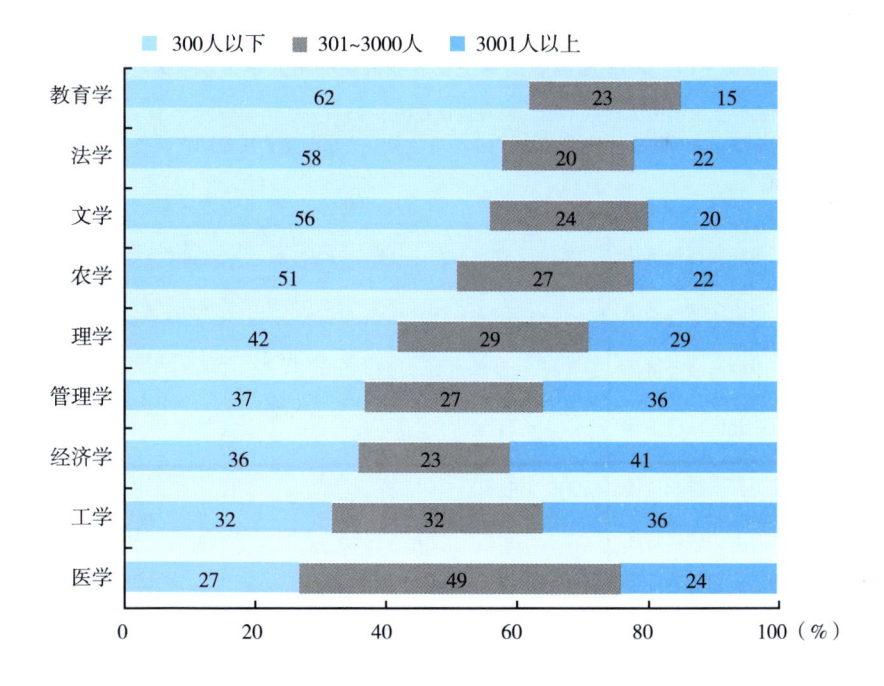

■ 300人以下　■ 301~3000人　■ 3001人以上

学科	300人以下	301~3000人	3001人以上
教育学	62	23	15
法学	58	20	22
文学	56	24	20
农学	51	27	22
理学	42	29	29
管理学	37	27	36
经济学	36	23	41
工学	32	32	36
医学	27	49	24

图 1-2-9　2012 届本科主要学科门类的用人单位规模分布[*]

*个别学科门类因为样本不足，没有包括在内。
数据来源：麦可思-中国2012届大学毕业生社会需求与培养质量调查。

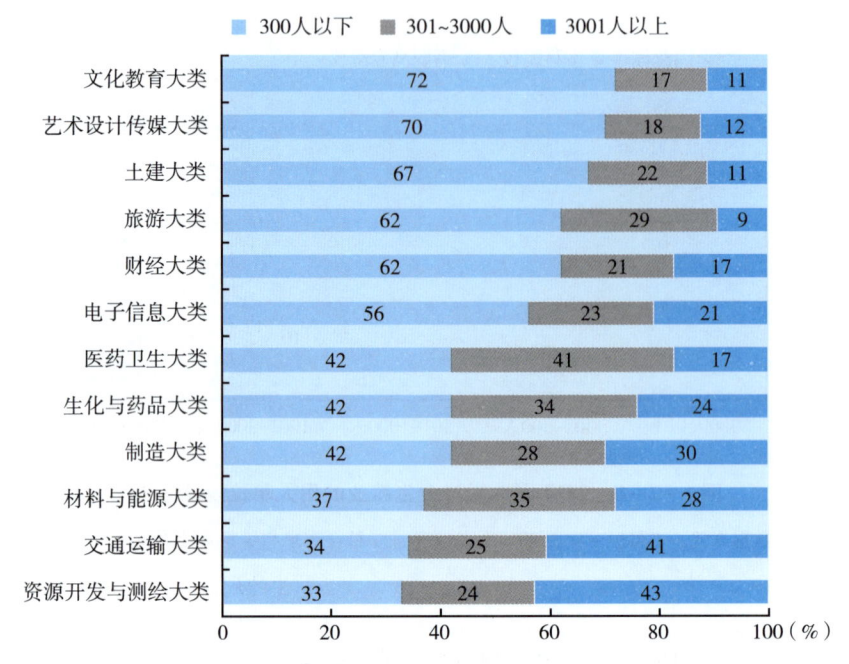

■ 300人以下　■ 301~3000人　■ 3001人以上

专业大类	300人以下	301~3000人	3001人以上
文化教育大类	72	17	11
艺术设计传媒大类	70	18	12
土建大类	67	22	11
旅游大类	62	29	9
财经大类	62	21	17
电子信息大类	56	23	21
医药卫生大类	42	41	17
生化与药品大类	42	34	24
制造大类	42	28	30
材料与能源大类	37	35	28
交通运输大类	34	25	41
资源开发与测绘大类	33	24	43

图1-2-10　2012届高职高专主要专业大类的用人单位规模分布＊

＊个别专业大类因为样本不足，没有包括在内。

数据来源：麦可思－中国2012届大学毕业生社会需求与培养质量调查。

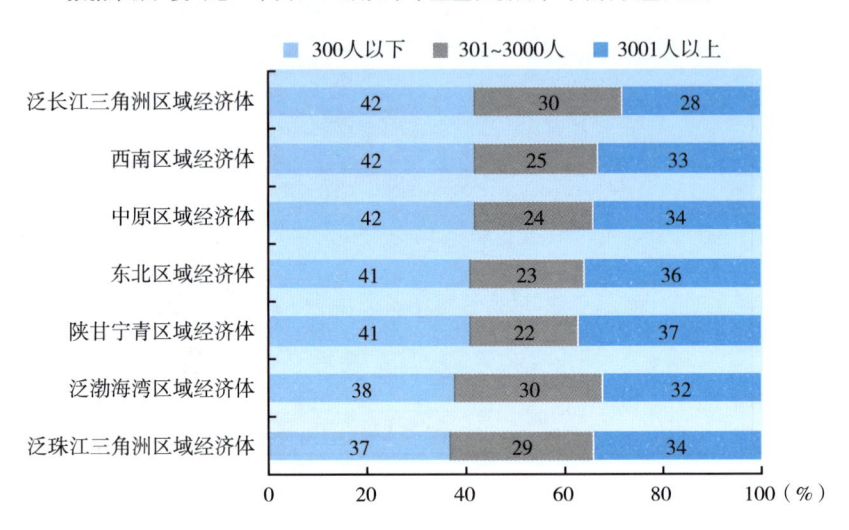

■ 300人以下　■ 301~3000人　■ 3001人以上

经济区域	300人以下	301~3000人	3001人以上
泛长江三角洲区域经济体	42	30	28
西南区域经济体	42	25	33
中原区域经济体	42	24	34
东北区域经济体	41	23	36
陕甘宁青区域经济体	41	22	37
泛渤海湾区域经济体	38	30	32
泛珠江三角洲区域经济体	37	29	34

图1-2-11　主要经济区域2012届本科毕业生的用人单位规模分布＊

＊西部生态经济区因为样本不足，没有包括在内。

数据来源：麦可思－中国2012届大学毕业生社会需求与培养质量调查。

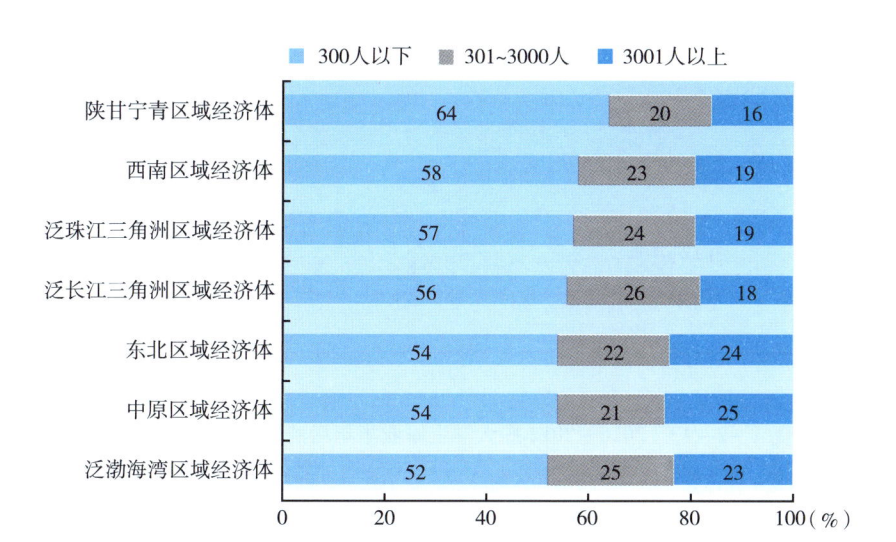

	300人以下	301~3000人	3001人以上
陕甘宁青区域经济体	64	20	16
西南区域经济体	58	23	19
泛珠江三角洲区域经济体	57	24	19
泛长江三角洲区域经济体	56	26	18
东北区域经济体	54	22	24
中原区域经济体	54	21	25
泛渤海湾区域经济体	52	25	23

图1-2-12 主要经济区域2012届高职高专毕业生的用人单位规模分布*

*西部生态经济区因为样本不足，没有包括在内。
数据来源：麦可思-中国2012届大学毕业生社会需求与培养质量调查。

六 未就业分析

未就业：本研究将应届大学毕业生在毕业半年后调查时没有全职或者半职雇用工作的状态，视为未就业。这包括准备考研、准备出国读研、还在找工作和"待定族"四种情况。

待定族：指调查时处于失业状态且不打算求职和求学的大学毕业生。

（一）失业率

图1-2-13显示了2010~2012届大学生毕业半年后的失业率变化趋势。2010~2012届大学毕业生失业率呈现下降趋势，2012届比2011届全国大学毕业生总体失业率下降0.7个百分点（分别为9.1%和9.8%），本科毕业生和高职高专毕业生的失业率均略有下降（分别下降0.7个百分点和0.8个百分点）。

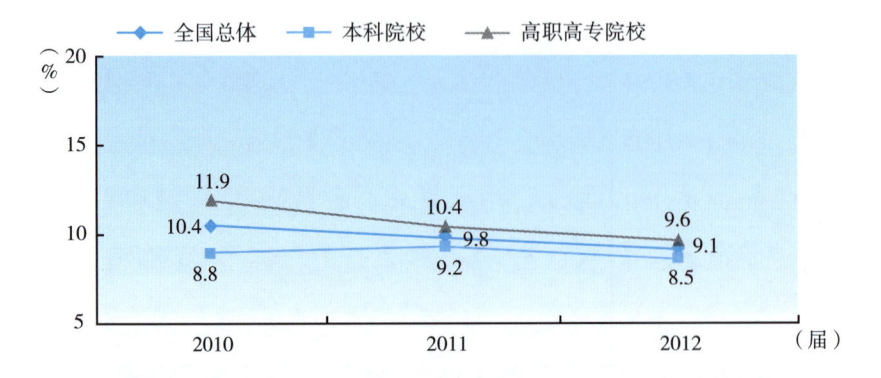

图1-2-13 2010~2012届大学生毕业半年后的失业率变化趋势

数据来源：麦可思－中国2010~2012届大学毕业生社会需求与培养质量调查。

图1-2-14和图1-2-15分别显示了2012届本科和高职高专毕业人数最多的100位专业中失业率最高的10个专业。2012届本科失业率最高的专业为绘画（15.3%），其次为生物科学与工程（14.6%）；高职高专失业率最高的为影视动画（17.5%），其次为艺术设计（15.3%）。

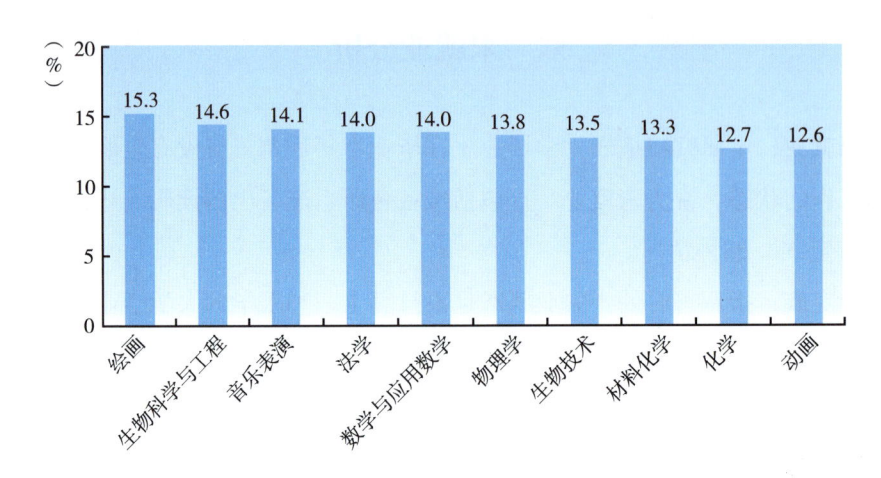

图1-2-14 2012届本科毕业人数最多的100位专业中失业率最高的10个专业

数据来源：麦可思－中国2012届大学毕业生社会需求与培养质量调查。

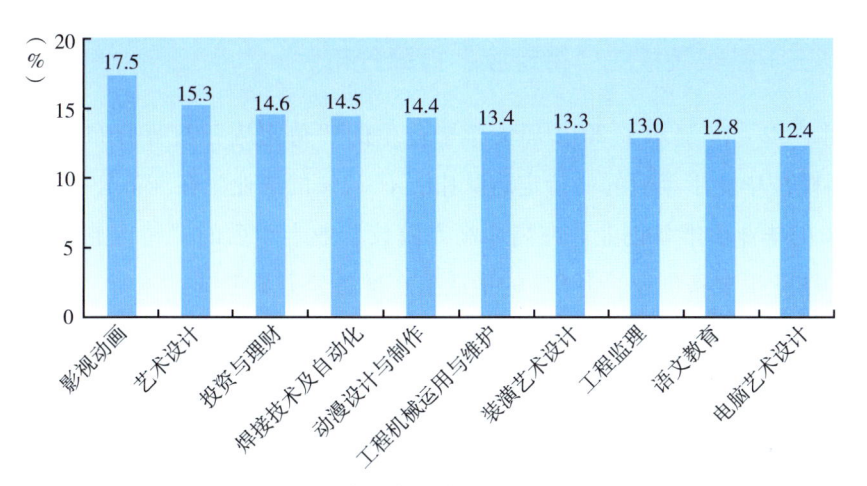

图 1-2-15 2012 届高职高专毕业人数最多的 100 位专业中失业率最高的 10 个专业

数据来源：麦可思-中国 2012 届大学毕业生社会需求与培养质量调查。

（二）各类院校的未就业人群分布

图 1-2-16 显示了 2012 届大学毕业生的未就业人群分布。在 2012 届各类院校毕业生的未就业人群中，大多数毕业生还在继续找工作。本科院校处于未就业状态的毕业生（7.6%）中有 22% 为"待定族"（不求学不求职），在高职高专院校处于未就业状态的毕业生（9.3%）中有 26% 为"待定族"。

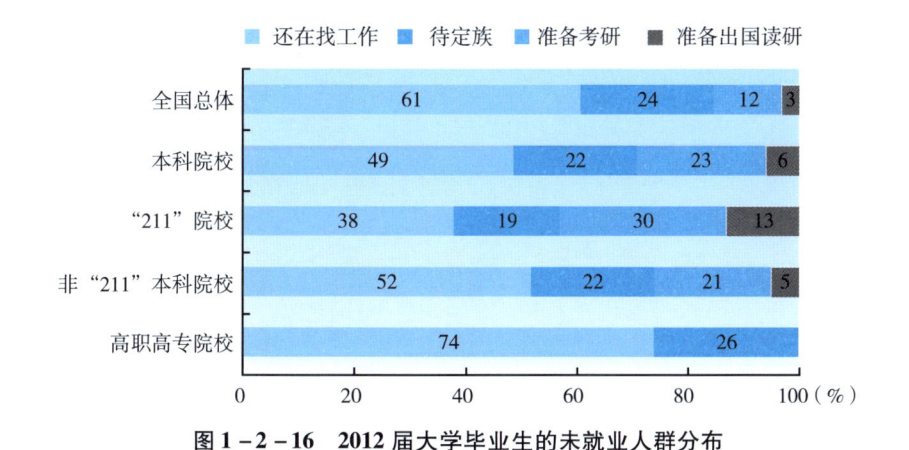

图 1-2-16 2012 大学毕业生的未就业人群分布

数据来源：麦可思-中国 2012 届大学毕业生社会需求与培养质量调查。

（三）各类院校的"待定族"打算分布

图1-2-17显示了2012届大学毕业生的"待定族"打算分布。在2012届本科院校毕业半年后的"待定族"中，有32%的毕业生在准备公务员考试，有13%的毕业生准备创业。在高职高专院校毕业半年后的"待定族"中，有21%的毕业生准备创业，有9%的毕业生在准备公务员考试。

院校类型	准备公务员考试	准备创业	正在参加职业技能培训	准备职业资格考试	准备专升本	其他
全国总体	21	17	7	6	4	45
本科院校	32	13	7	7		41
"211"院校	28	13	9	6		44
非"211"本科院校	33	13	7	7		40
高职高专院校	9	21	7	5	7	51

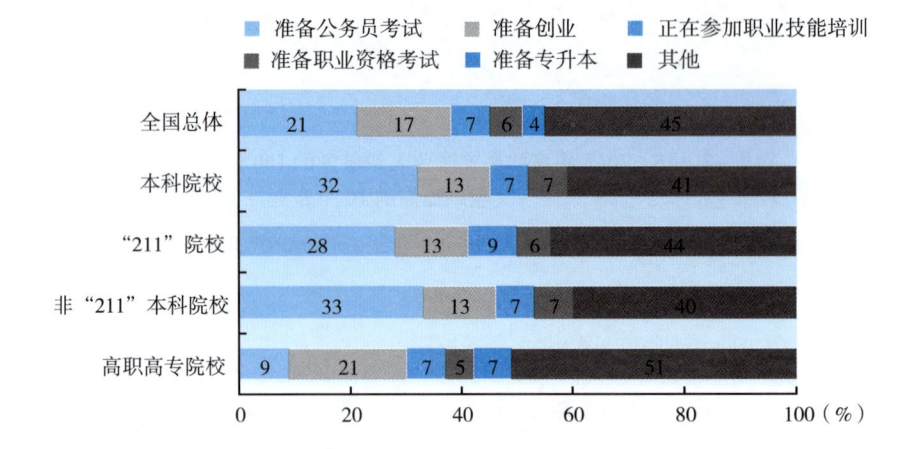

图1-2-17 2012届大学毕业生的"待定族"打算分布

数据来源：麦可思-中国2012届大学毕业生社会需求与培养质量调查。

B.5
第三章
就业质量

结论摘要

一 就业满意度

1. 2012届大学生毕业半年后的就业满意度为55%，即在就业的毕业生中，有55%对自己的就业现状表示满意。其中，本科院校毕业生半年后的就业满意度为58%，高职高专院校为51%。在本科院校中，"211"院校毕业半年后的就业满意度为62%，非"211"本科院校为57%。

2. 在2012届本科学科门类中，毕业生毕业半年后就业满意度最高的为经济学，为61%；就业满意度最低的为农学，为53%。在高职高专专业大类中，就业满意度最高的为资源开发与测绘大类，为56%；最低的为生化与药品大类，为44%。

3. 2012届本科生毕业半年后就业满意度最高的职业是"税收监察者、征收人和税收代理人"，为82%；最低的职业是"零售售货员"，为32%。2012届高职高专生毕业半年后就业满意度最高的职业是"职业护士（有从业许可证的）"，为75%；最低的职业是"半导体加工人员"，为30%。

4. 2012届本科生毕业半年后就业满意度最高的行业是"中国人民银行、保监会和证监会"，为76%；最低的行业为"电子产品和电器用品零售业"，为40%。2012届高职高专生毕业半年后就业满意度最高的行业是"中国人民银行、保监会和证监会"，为72%；最低的行业是"印刷及相关产业"，为34%。

5. 2012届本科生毕业半年后在"政府机构/科研事业"的就业满意度最高，为69%；在"民营企业/个体"的就业满意度最低，为50%。高职高专生毕业半年后在"政府机构/科研事业"的就业满意度最高，为64%；在"中外合资/外资/独资"的就业满意度最低,为45%。

6. 2012届本科生毕业半年后在泛长江三角洲区域经济体、泛珠江三角洲区域经济体就业的满意度最高,均为59%。高职高专生毕业半年后在东北区域经济体的就业满意度最高,为57%。

二 职业期待吻合度分析

1. 在2012届大学毕业生中,有44%的人认为目前的工作与自己的职业期待吻合,其中本科这一比例为47%,高职高专为40%。有56%的人认为工作与职业期待不吻合,其中35%的人认为是不符合自己的职业发展规划,22%的人认为是不符合自己的兴趣爱好。和2011届相比,2012届本科毕业生的职业期待吻合度比2011届高3个百分点,高职高专毕业生的职业期待吻合度与2011届持平。

2. 在2012届本科学科门类中,毕业生毕业半年后职业期待吻合度最高的为医学(52%);职业期待吻合度最低的为理学(43%)。在高职高专专业大类中,职业期待吻合度最高的为医药卫生大类(47%);最低的为资源开发与测绘大类(31%)。

三 薪资分析

1. 大学生毕业半年后月收入2011届、2012届连续两届呈现增长。全国2012届大学毕业生月收入(3048元)比2011届(2766元)增长了282元,其中本科毕业生2012届(3366元)比2011届(3051元)增长了315元,高职高专毕业生2012届(2731元)比2011届(2482元)增长了249元。

2. 2012届本科毕业生有16.0%月收入在5000元以上,比2011届(11.4%)高4.6个百分点;2012届高职高专毕业生月收入在5000元以上的比例为6.3%,比2011届(4.3%)高2.0个百分点。2012届本科毕业生有2.2%月收入在1500元以下,比2011届(4.0%)低1.8个百分点;2012届高职高专毕业生月收入在1500元以下的比例为5.5%,比2011届(9.5%)低4.0个百分点。

3. 在2012届本科学科门类中,毕业生毕业半年后月收入最高的是工学,其月收入为3577元;最低的是教育学(2927元)。在高职高专专业大类中,毕业生毕业半年后月收入最高的是交通运输大类,其月收入为3091元;最低的是医药卫生大类（2439元）。

4. 2012届本科生毕业半年后从事的主要职业类月收入最高的是互联网开发及应用，其月收入为4469元，其次是计算机与数据处理（4251元）。2012届高职高专生毕业半年后月收入最高的职业类是交通运输/邮电（3221元），其次是金融（银行/基金/证券/期货/理财）（3104元）。

5. 2012届本科生毕业半年后月收入最高的行业类为"媒体、信息及通信产业"（4036元），其次是"金融（银行/保险/证券）业"（3932元）。2012届高职高专生毕业半年后月收入最高的行业类为"金融（银行/保险/证券）业"（3170元），其次是"媒体、信息及通信产业"（2978元）。

6. 2012届大学生毕业半年后在"中外合资/外资/独资"单位就业的人群月收入最高，其中本科为3956元，高职高专为2995元。与2011届相比，2012届大学毕业生在各类型用人单位就业的月收入都有上升。

7. 2012届大学毕业生在"3001人以上"的大型单位就业的人群半年后月收入最高，本科为3908元，高职高专为3214元。与2011届相比，2012届大学毕业生在各规模用人单位就业的月收入都有上升。

8. 2012届本科生毕业半年后在泛珠江三角洲区域经济体就业的人群半年后月收入最高，为3753元。2012届高职高专生毕业半年后在泛长江三角洲区域经济体就业的人群半年后月收入最高，为2849元。

四　工作与专业相关度

1. 2012届本科毕业生的工作与专业相关度为69%，比2011届上升了2个百分点；高职高专为62%，比2011届上升了2个百分点。从近三届的趋势可以看出，大学毕业生的工作与专业相关度呈现平稳趋势。

2. 2012届大学毕业生选择与专业无关工作的最主要原因是"专业工作不符合自己的职业期待"（本科为43%，高职高专为38%），其次本科为"专业工作岗位招聘少"（24%），高职高专为"专业工作岗位招聘少"和"达不到专业工作的要求"（均为19%）。

3. 在2012届本科学科门类中，专业相关度最高的是医学（87%），其次是工学（76%），最低的为农学和法学（均为53%）。而高职高专专业相关度最高的专业大类为医药卫生大类（86%），其次是土建大类（80%），最低的

为轻纺食品大类和电子信息大类（均为52%）。

五 离职率

1. 大学生毕业半年内的离职率呈现下降趋势。2012届全国大学毕业生有33%毕业半年内发生过离职，比2011届（41%）下降了8个百分点。其中，高职高专生毕业半年内的离职率高于本科毕业生，有42%的高职高专生毕业半年内发生过离职。"211"院校半年内离职率为13%，非"211"本科院校为26%。

2. 在2012届本科学科门类中，文学的半年内离职率最高，为32%；工学最低，为18%。在高职高专专业大类中，艺术设计传媒大类的半年内离职率最高，为53%；医药卫生大类最低，为20%。

3. 2012届大学生毕业半年内离职的人群有98%发生过主动离职，主动离职的主要原因是个人发展空间不够（30%）和薪资福利偏低（20%）。

一 就业满意度

（一）总体就业满意度

就业满意度：在被调查的毕业生中，由就业人群对自己目前的就业现状进行主观判断，选项有"非常满意"、"很满意"、"满意"、"不满意"、"很不满意"、"无法评估"共六项。其中，选择"满意"、"很满意"或"非常满意"的人属于对就业现状满意，选择"不满意"或"很不满意"的人属于对就业现状不满意；就业人群包括："受雇全职工作"、"受雇半职工作"、"自主创业"。

图1-3-1显示了2012届大学生毕业半年后的就业满意度。2012届大学生毕业半年后的就业满意度为55%，即在就业的毕业生中，有55%对自己的就业现状表示满意。其中，本科院校毕业生半年后的就业满意度为58%，高职高专院校为51%。在本科院校中，"211"院校毕业半年后的就业满意度为62%，非"211"本科院校为57%。

图 1-3-1　2012届大学生毕业半年后的就业满意度

数据来源：麦可思－中国2012届大学毕业生社会需求与培养质量调查。

（二）主要专业的就业满意度

表1-3-1显示了2012届主要学科门类/专业大类毕业半年后的就业满意度。在2012届本科学科门类中，毕业生毕业半年后就业满意度最高的为经济学，为61%；就业满意度最低的为农学，为53%。在高职高专专业大类中，就业满意度最高的为资源开发与测绘大类，为56%；最低的为生化与药品大类，为44%。

表1-3-1　2012届主要学科门类/专业大类毕业半年后的就业满意度[*]

单位：%

本科学科门类名称	毕业半年后的就业满意度	高职高专专业大类名称	毕业半年后的就业满意度
经济学	61	资源开发与测绘大类	56
管理学	59	材料与能源大类	54
法　学	59	医药卫生大类	54
文　学	58	文化教育大类	53
工　学	57	艺术设计传媒大类	53
医　学	57	电子信息大类	52
教育学	57	旅游大类	52
理　学	55	财经大类	51
农　学	53	交通运输大类	49
		土建大类	49
		制造大类	48
		轻纺食品大类	46
		生化与药品大类	44
全国本科	58	全国高职高专	51

[*]个别学科门类/专业大类因为样本不足，没有包括在内。

数据来源：麦可思－中国2012届大学毕业生社会需求与培养质量调查。

表1-3-2　2012届本科生毕业半年后就业满意度最高的前50位主要专业*

单位：%

本科专业名称	毕业半年后的就业满意度	本科专业名称	毕业半年后的就业满意度
建筑学	74	计算机科学与技术	60
学前教育	69	日语	60
保险	68	社会工作	60
城市规划	67	审计学	60
车辆工程	66	小学教育	60
建筑环境与设备工程	66	行政管理	60
金融学	65	法学	59
信息工程	65	广播电视编导	59
信息管理与信息系统	65	汉语言文学	59
财政学	64	会计学	59
电气工程及其自动化	64	劳动与社会保障	59
俄语	64	人力资源管理	59
机械工程及自动化	64	生物科学与工程	59
影视艺术技术	63	数学与应用数学	59
工程管理	62	英语	59
经济学	62	对外汉语	58
临床医学	62	广播电视新闻学	58
软件工程	62	过程装备与控制工程	58
播音与主持艺术	61	热能与动力工程	58
机械电子工程	61	市场营销	58
交通运输	61	体育教育	58
通信工程	61	统计学	58
信息与计算科学	61	土木工程	58
音乐学	61	网络工程	58
工业设计	60	财务管理	57
全国本科	58	全国本科	58

＊毕业生规模过小的专业不包括在此排序中。
数据来源：麦可思-中国2012届大学毕业生社会需求与培养质量调查。

表1-3-3　2012届高职高专生毕业半年后就业满意度最高的前50位主要专业*

单位：%

高职高专专业名称	毕业半年后的就业满意度	高职高专专业名称	毕业半年后的就业满意度
高压输配电线路施工运行与维护	70	环境艺术设计	55
铁道机车车辆	70	计算机网络技术	55
电气化铁道技术	68	酒店管理	55
学前教育	68	应用英语	55
电力系统继电保护与自动化	65	国际经济与贸易	54
投资与理财	63	国际商务	54
广告设计与制作	61	汽车技术服务与营销	54
护理	61	生产过程自动化技术	54
石油化工生产技术	60	食品营养与检测	54
发电厂及电力系统	59	营销与策划	54
建筑装饰工程技术	59	语文教育	54
水利水电建筑工程	59	动漫设计与制作	53
产品造型设计	58	工程造价	53
房地产经营与估价	58	焊接技术及自动化	53
软件技术	58	会计电算化	53
园林技术	58	会计与审计	53
装饰艺术设计	58	计算机控制技术	53
国际贸易实务	57	计算机应用技术	53
计算机信息管理	57	精细化学品生产技术	53
金融管理与实务	57	楼宇智能化工程技术	53
金融与证券	57	汽车运用技术	53
火电厂集控运行	56	文秘	53
市场营销	56	物业管理	53
畜牧兽医	56	艺术设计	53
供用电技术	55	园林工程技术	53
全国高职高专	51	全国高职高专	51

* 毕业生规模过小的专业不包括在此排序中。

数据来源：麦可思-中国2012届大学毕业生社会需求与培养质量调查。

表1-3-4和表1-3-5分别显示了2012届本科生毕业半年后就业满意度最高的和最低的前十位职业。2012届本科生毕业半年后就业满意度最高的职业是"税收监察者、征收人和税收代理人",为82%;最低的职业是"零售售货员",为32%。

表1-3-4　2012届本科生毕业半年后就业满意度最高的前十位职业*

单位：%

本科毕业生就业满意度最高的前十位职业名称	毕业半年后的就业满意度	本科毕业生就业满意度最高的前十位职业名称	毕业半年后的就业满意度
税收监察者、征收人和税收代理人	82	总经理和日常主管	73
信贷经纪人	78	高等教育管理人员	72
建筑师（非园林和水上景观）	76	贷款顾问	71
警察	75	个人理财顾问	71
市政行政办公人员	75	审计员	70

＊毕业生规模过小的职业不包括在此排序中。
数据来源：麦可思-中国2012届大学毕业生社会需求与培养质量调查。

表1-3-5　2012届本科生毕业半年后就业满意度最低的前十位职业*

单位：%

本科毕业生就业满意度最低的前十位职业名称	毕业半年后的就业满意度	本科毕业生就业满意度最低的前十位职业名称	毕业半年后的就业满意度
零售售货员	32	工业机械技术员	41
收银员	36	机械维护技术员	43
存货管理员（储藏室、库房的）	37	化学技术员	43
电话推销员	38	保险代理人	44
机械绘图员	40	生产、计划及配送人员	44

＊毕业生规模过小的职业不包括在此排序中。
数据来源：麦可思-中国2012届大学毕业生社会需求与培养质量调查。

表1-3-6和表1-3-7分别显示了2012届高职高专生毕业半年后就业满意度最高的和最低的前十位职业。2012届高职高专生毕业半年后就业满意度最高的职业是"职业护士（有从业许可证的）",为75%;最低的职业是"半导体加工人员",为30%。

表1-3-6　2012届高职高专生毕业半年后就业满意度最高的前十位职业*

单位：%

高职高专毕业生就业满意度最高的前十位职业名称	毕业半年后的就业满意度	高职高专毕业生就业满意度最高的前十位职业名称	毕业半年后的就业满意度
职业护士(有从业许可证的)	75	柜员和租赁服务员	66
总经理和日常主管	71	列车司机	66
地铁和路面电车操作员	69	互联网开发师	65
食品服务经理	68	销售经理	65
市场经理	67	幼儿园教师,特殊教育除外	65

* 毕业生规模过小的职业不包括在此排序中。
数据来源：麦可思-中国2012届大学毕业生社会需求与培养质量调查。

表1-3-7　2012届高职高专生毕业半年后就业满意度最低的前十位职业*

单位：%

高职高专毕业生就业满意度最低的前十位职业名称	毕业半年后的就业满意度	高职高专毕业生就业满意度最低的前十位职业名称	毕业半年后的就业满意度
半导体加工人员	30	食堂、食品店和咖啡厅的柜台服务员	34
加工金属或塑料的数控机床操作维护员	31	通讯线路安装和修理技术员	34
餐馆服务生	33	电子和电气设备装配技术员	36
生产、计划及配送人员	33	工业生产管理员	36
存货管理员(储藏室、库房的)	34	安装、维护和修理工的辅助工人	36

* 毕业生规模过小的职业不包括在此排序中。
数据来源：麦可思-中国2012届大学毕业生社会需求与培养质量调查。

表1-3-8和表1-3-9分别显示了2012届本科生毕业半年后就业满意度最高的和最低的前十位行业。2012届本科生毕业半年后就业满意度最高的行业是"中国人民银行、保监会和证监会"，为76%；最低的行业为"电子产品和电器用品零售业"，为40%。

表1-3-10和表1-3-11分别显示了2012届高职高专生毕业半年后就业满意度最高的和最低的前十位行业。2012届高职高专生毕业半年后就业满意度最高的行业是"中国人民银行、保监会和证监会"，为72%；最低的行业是"印刷及相关产业"，为34%。

表1-3-8 2012届本科生毕业半年后就业满意度最高的前十位行业*

单位：%

本科毕业生就业满意度最高的前十位行业名称	毕业半年后的就业满意度	本科毕业生就业满意度最高的前十位行业名称	毕业半年后的就业满意度
中国人民银行、保监会和证监会	76	航空运输服务业	72
各级党政领导机构及人大、政协	75	发电、输电业	70
烟草制造业	75	会计、审计与税务服务业	70
本科学院和大学	73	其他各级党政机关	70
司法、执法部门（公检法）	73	石油和天然气开采业	69

* 毕业生规模过小的行业不包括在此排序中。
数据来源：麦可思－中国2012届大学毕业生社会需求与培养质量调查。

表1-3-9 2012届本科生毕业半年后就业满意度最低的前十位行业*

单位：%

本科毕业生就业满意度最低的前十位行业名称	毕业半年后的就业满意度	本科毕业生就业满意度最低的前十位行业名称	毕业半年后的就业满意度
电子产品和电器用品零售业	40	铁合金制造业	42
铝制品加工及制造业	41	音频和视频设备制造业	42
其他金属制品制造业	41	农业、建筑、矿山成套设备制造业	44
乳制品制造业	41	铁制品制造业	44
百货零售业	42	药品和医药制造业	44

* 毕业生规模过小的行业不包括在此排序中。
数据来源：麦可思－中国2012届大学毕业生社会需求与培养质量调查。

表1-3-10 2012届高职高专生毕业半年后就业满意度最高的前十位行业*

单位：%

高职高专毕业生就业满意度最高的前十位行业名称	毕业半年后的就业满意度	高职高专毕业生就业满意度最高的前十位行业名称	毕业半年后的就业满意度
中国人民银行、保监会和证监会	72	其他各级党政机关	66
储蓄信用中介	71	航空运输服务业	65
城市公共交通业	67	人力资源与社会保障政府部门	65
全科住院医院（包括门诊）	67	发电、输电业	62
铁路运输业	67	软件开发业	62

* 毕业生规模过小的行业不包括在此排序中。
数据来源：麦可思－中国2012届大学毕业生社会需求与培养质量调查。

表1-3-11　2012届高职高专生毕业半年后就业满意度最低的前十位行业*

单位：%

高职高专毕业生就业满意度最低的前十位行业名称	毕业半年后的就业满意度	高职高专毕业生就业满意度最低的前十位行业名称	毕业半年后的就业满意度
印刷及相关产业	34	发动机、涡轮机与动力传输设备制造业	40
音频和视频设备制造业	35	铝制品加工及制造业	40
农药、化肥和其他农业化学制品制造业	38	暖通空调制冷设备制造业	40
其他金属制品制造业	38	食品和日用品零售业	40
其他制造业	38	单件机器制造业	41

*毕业生规模过小的行业不包括在此排序中。

数据来源：麦可思-中国2012届大学毕业生社会需求与培养质量调查。

（三）各用人单位类型的就业满意度

图1-3-2和图1-3-3显示了2012届大学生毕业半年后在各类型用人单位的就业满意度。2012届本科生毕业半年后在"政府机构/科研事业"的就业满意度最高，为69%；在"民营企业/个体"的就业满意度最低，为50%。高职高专生毕业半年后在"政府机构/科研事业"的就业满意度最高，为64%；在"中外合资/外资/独资"的就业满意度最低，为45%。

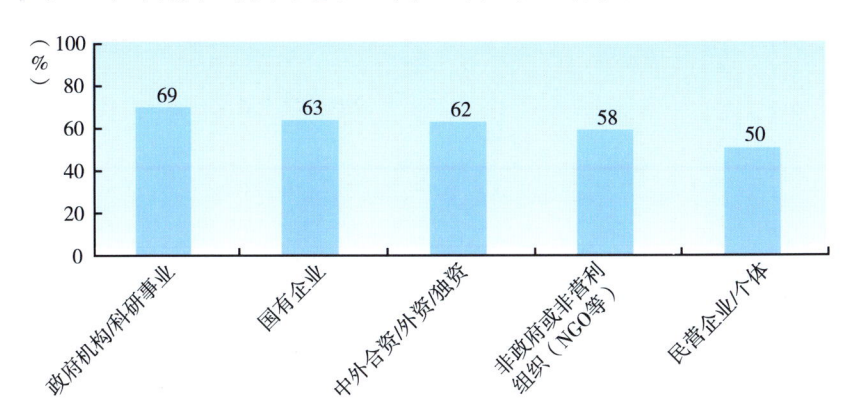

图1-3-2　2012届本科生毕业半年后在各类型用人单位的就业满意度

政府机构/科研事业 69
国有企业 63
中外合资/外资/独资 62
非政府或非营利组织（NGO等） 58
民营企业/个体 50

数据来源：麦可思-中国2012届大学毕业生社会需求与培养质量调查。

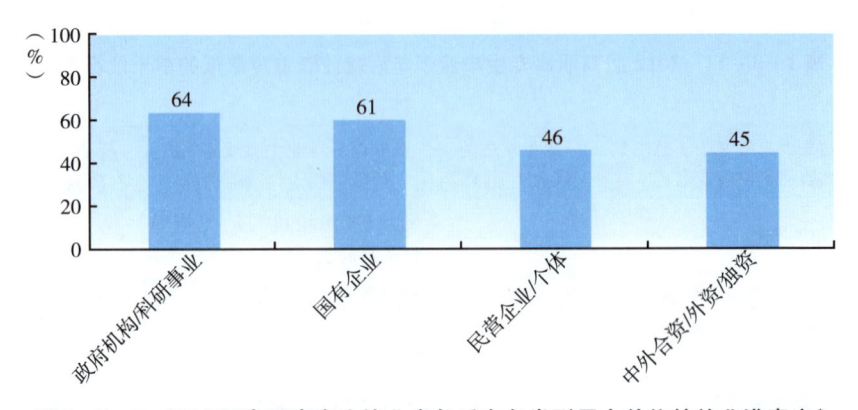

图1-3-3 2012届高职高专生毕业半年后在各类型用人单位的就业满意度*

*非政府或非营利组织（NGO等）因为样本不足，没有包括在内。
数据来源：麦可思－中国2012届大学毕业生社会需求与培养质量调查。

（四）各类经济区域的就业满意度

图1-3-4和图1-3-5分别显示了2012届本科生和高职高专生毕业半年后在各类经济区域的就业满意度。2012届本科生毕业半年后在泛长江三角洲区域经济体、泛珠江三角洲区域经济体就业的满意度最高，均为59%。高职高专生毕业半年后在东北区域经济体的就业满意度最高，为57%。

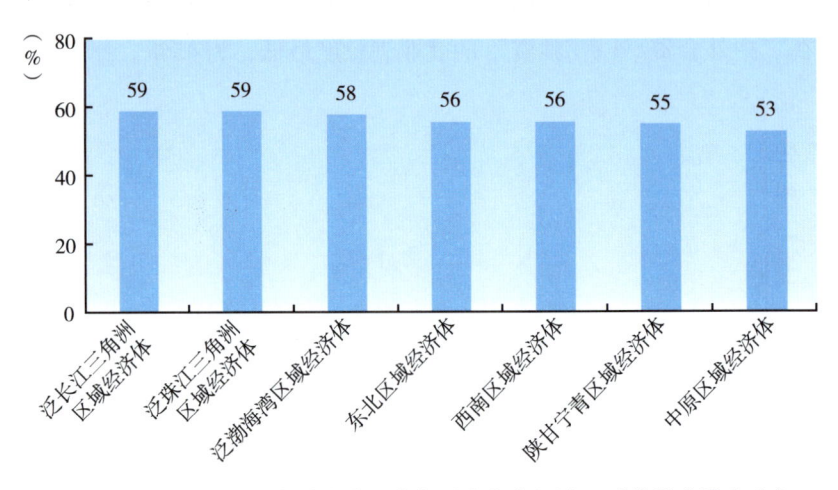

图1-3-4 2012届本科生毕业半年后在各类经济区域的就业满意度*

*西部生态经济区因为样本不足，没有包括在内。
数据来源：麦可思－中国2012届大学毕业生社会需求与培养质量调查。

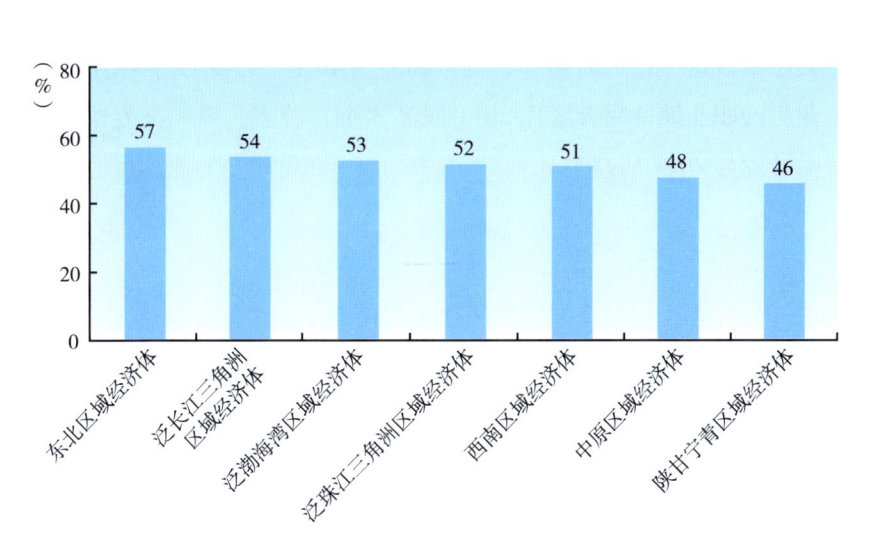

图 1-3-5　2012 届高职高专生毕业半年后在各类经济区域的就业满意度*

（东北区域经济体 57，泛长江三角洲区域经济体 54，泛渤海湾区域经济体 53，泛珠江三角洲区域经济体 52，西南区域经济体 51，中原区域经济体 48，陕甘宁青区域经济体 46）

* 西部生态经济区因为样本不足，没有包括在内。
数据来源：麦可思 - 中国 2012 届大学毕业生社会需求与培养质量调查。

二　职业期待吻合度分析

职业期待吻合度：毕业生被调查时的工作与职业期待吻合的人数百分比。

图 1-3-6 显示了 2011 届、2012 届大学毕业生工作与职业期待的吻合度。在 2012 届大学毕业生中，有 44% 的人认为目前的工作与自己的职业期待

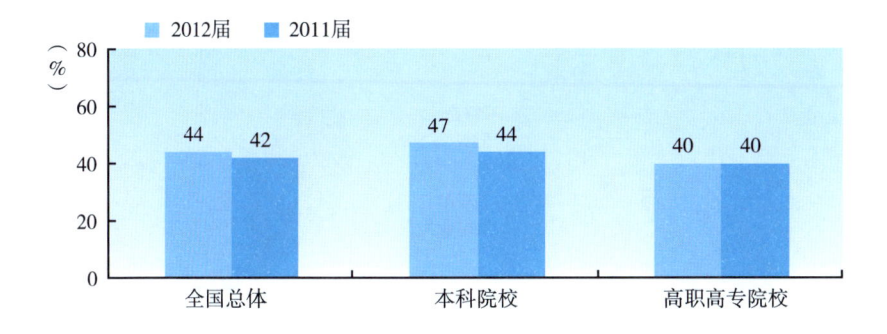

（2012 届 / 2011 届：全国总体 44 / 42，本科院校 47 / 44，高职高专院校 40 / 40）

图 1-3-6　2011 届、2012 届大学毕业生工作与职业期待吻合度

数据来源：麦可思 - 中国 2011 届、2012 届大学毕业生社会需求与培养质量调查。

吻合，其中本科这一比例为47%，高职高专为40%。和2011届相比，2012届本科毕业生的职业期待吻合度比2011届高3个百分点，高职高专毕业生的职业期待吻合度与2011届持平。

（一）职业期待不吻合的原因

图1-3-7显示了2012届大学毕业生目前的工作与职业期待不吻合的原因分布。在认为工作与职业期待不吻合的56%的2012届大学毕业生中，有35%的人认为是不符合自己的职业发展规划，22%的人认为是不符合自己的兴趣爱好。

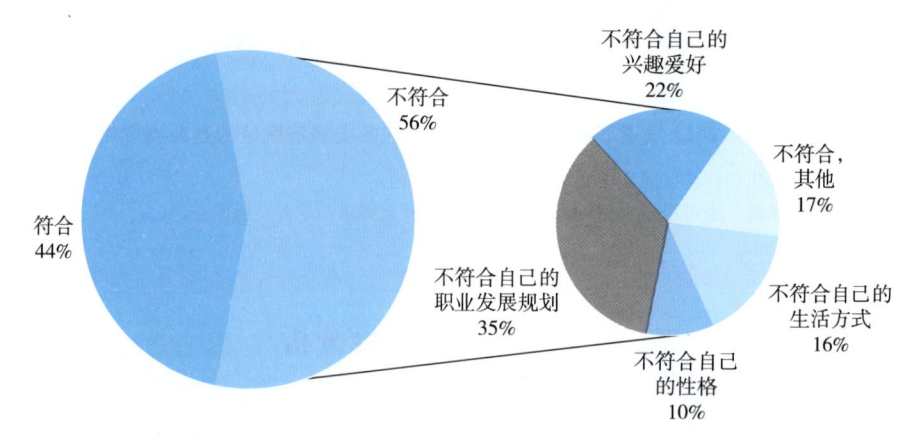

图1-3-7　2012届大学毕业生目前的工作与职业期待不吻合的原因分布

数据来源：麦可思-中国2012届大学毕业生社会需求与培养质量调查。

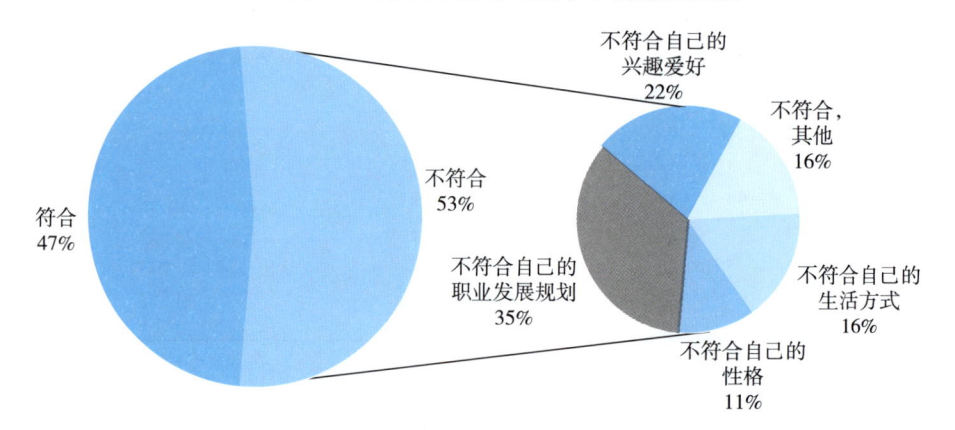

图1-3-8　2012届本科毕业生目前的工作与职业期待不吻合的原因分布

数据来源：麦可思-中国2012届大学毕业生社会需求与培养质量调查。

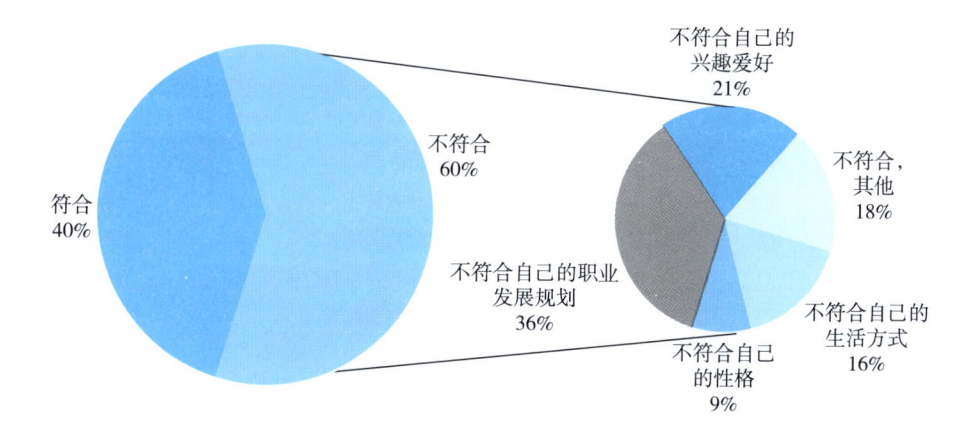

图 1-3-9　2012 届高职高专毕业生目前的工作与职业期待不吻合的原因分布

数据来源：麦可思-中国 2012 届大学毕业生社会需求与培养质量调查。

（二）主要专业的职业期待吻合度

表 1-3-12 显示了 2012 届主要学科门类/专业大类毕业半年后的职业期待吻合度。在 2012 届本科学科门类中，毕业生毕业半年后职业期待吻合度最高的为医学（52%）；职业期待吻合度最低的为理学（43%）。在高职高专专业大类中，职业期待吻合度最高的为医药卫生大类（47%）；最低的为资源开发与测绘大类（31%）。

表 1-3-12　2012 届主要学科门类/专业大类毕业半年后的职业期待吻合度[*]

单位：%

本科主要学科门类名称	职业期待吻合度	高职高专主要专业大类名称	职业期待吻合度
医学	52	医药卫生大类	47
法学	51	文化教育大类	46
文学	50	土建大类	44
管理学	49	材料与能源大类	43
农学	48	艺术设计传媒大类	43
经济学	47	交通运输大类	41
工学	44	农林牧渔大类	39
理学	43	财经大类	38

续表

本科主要学科门类名称	职业期待吻合度	高职高专主要专业大类名称	职业期待吻合度
		电子信息大类	38
		制造大类	38
		水利大类	36
		生化与药品大类	33
		资源开发与测绘大类	31
全国本科	47	全国高职高专	40

* 个别学科门类/专业大类因为样本不足，没有包括在内。

数据来源：麦可思－中国2012届大学毕业生社会需求与培养质量调查。

（三）主要职业的职业期待吻合度

表1–3–13　2012届大学毕业生从事的主要职业类的职业期待吻合度*

单位：%

主要职业类名称	职业期待吻合度	主要职业类名称	职业期待吻合度
人力资源	60	美术/设计/创意	47
研究人员	60	建筑工程	46
媒体/出版	58	机动车机械/电子	45
中小学教育	58	电力/能源	42
翻译	57	行政/后勤	42
互联网开发及应用	57	房地产经营	40
高等教育/职业培训	56	机械/仪器仪表	40
公安/检察/法院/经济执法	56	电气/电子（不包括计算机）	39
环境保护	55	工业安全与质量	37
医疗保健/紧急救助	55	社区工作者	36
财务/审计/税务/统计	54	保险	33
酒店/旅游/会展	54	经营管理	33
计算机与数据处理	50	餐饮/娱乐	29
金融（银行/基金/证券/期货/理财）	50	矿山/石油	28
交通运输/邮电	48	生产/运营	27
销售	48	生物/化工	27
服装/纺织/皮革	47	物流/采购	24

* 个别职业类因为样本不足，没有包括在内。

数据来源：麦可思－中国2012届大学毕业生社会需求与培养质量调查。

三 薪资分析

（一）总体薪资

月收入：指工资、奖金、业绩提成、现金福利补贴等所有的月度现金收入。

毕业半年后的平均月收入：指大学生毕业半年后实际每月工作收入的平均值。

图1-3-10显示了2010~2012届大学生毕业半年后的月收入变化趋势。大学生毕业半年后月收入2011届、2012届连续两届呈现增长。全国2012届

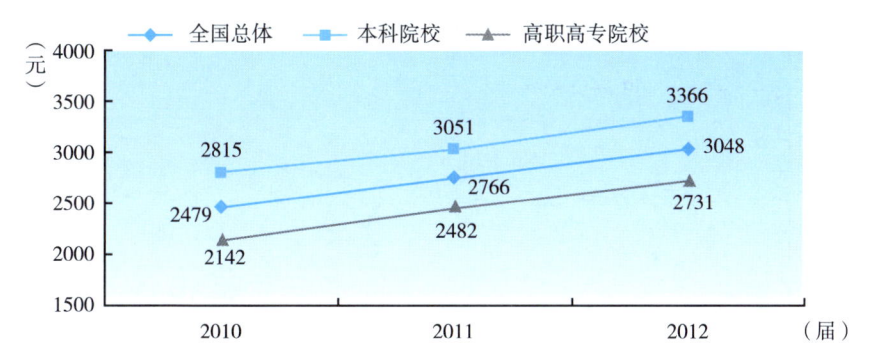

图1-3-10　2010~2012届大学生毕业半年后的月收入变化趋势

数据来源：麦可思-中国2010~2012届大学毕业生社会需求与培养质量调查。

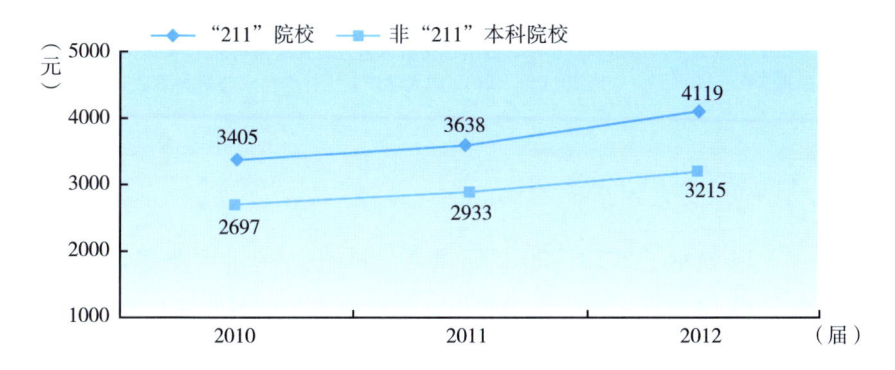

图1-3-11　2010~2012届本科生毕业半年后的月收入变化趋势

数据来源：麦可思-中国2010~2012届大学毕业生社会需求与培养质量调查。

大学毕业生月收入（3048元）比2011届（2766元）增长了282元，其中本科毕业生2012届（3366元）比2011届（3051元）增长了315元，高职高专毕业生2012届（2731元）比2011届（2482元）增长了249元。

图1-3-12和图1-3-13分别显示了2011届、2012届本科生和高职高专生毕业半年后的月收入分布。2012届本科毕业生有16.0%月收入在5000元以上，比2011届（11.4%）高4.6个百分点；2012届高职高专毕业生月收入在5000元以上的比例为6.3%，比2011届（4.3%）高2.0个百分点。2012届本科毕业生有2.2%月收入在1500元以下，比2011届（4.0%）低1.8个百分点；2012届高职高专毕业生月收入在1500元以下的比例为5.5%，比2011届（9.5%）低4.0个百分点。

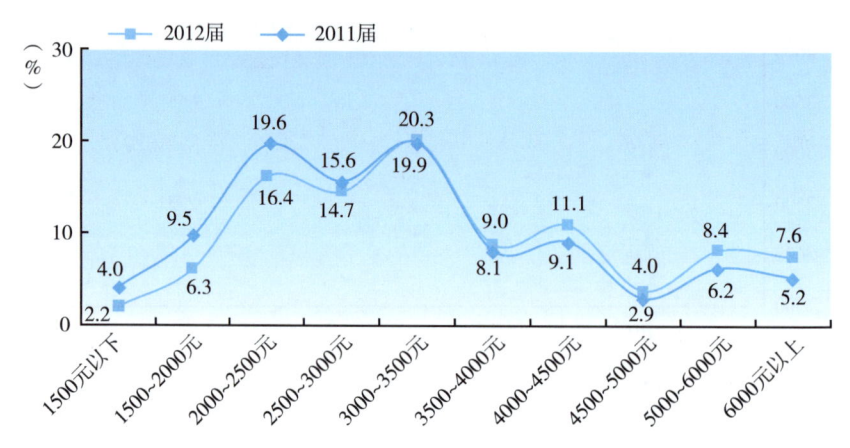

图1-3-12　2011届、2012届本科生毕业半年后的月收入分布＊

＊图中显示数字均保留一位小数，因为四舍五入进位，加起来可能不等于100%。
数据来源：麦可思-中国2011届、2012届大学毕业生社会需求与培养质量调查。

（二）主要专业的薪资

表1-3-14显示了2010~2012届主要学科门类/专业大类毕业半年后的月收入。在2012届本科学科门类中，毕业生毕业半年后月收入最高的是工学，其月收入为3577元；最低的是教育学（2927元）。在高职高专专业大类中，毕业生毕业半年后月收入最高的是交通运输大类，其月收入为3091元；最低的是医药卫生大类（2439元）。

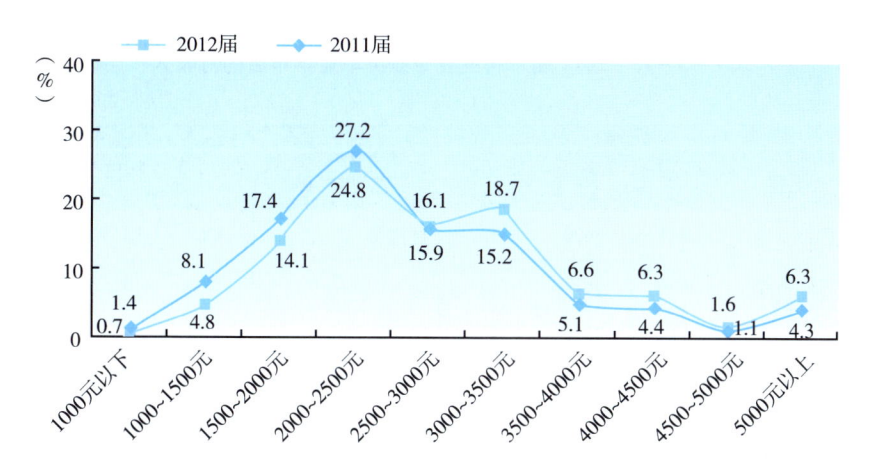

图 1-3-13 2011 届、2012 届高职高专生毕业半年后的月收入分布*

月收入区间	2012届(%)	2011届(%)
1000元以下	0.7	1.4
1000~1500元	4.8	8.1
1500~2000元	14.1	17.4
2000~2500元	24.8	27.2
2500~3000元	15.9	16.1
3000~3500元	18.7	15.2
3500~4000元	5.1	6.6
4000~4500元	4.4	6.3
4500~5000元	1.1	1.6
5000元以上	4.3	6.3

*图中显示数字均保留一位小数，因为四舍五入进位，加起来可能不等于100%。
数据来源：麦可思－中国2011届、2012届大学毕业生社会需求与培养质量调查。

表 1-3-14 2010~2012 届主要学科门类/专业大类毕业半年后的月收入*

单位：元

本科学科门类名称	2012届	2011届	2010届	高职高专专业大类名称	2012届	2011届	2010届
工学	3577	3297	2953	交通运输大类	3091	2625	2390
经济学	3540	3129	3023	材料与能源大类	2920	2763	2432
理学	3451	3086	2912	电子信息大类	2908	2588	2186
管理学	3293	2982	2853	制造大类	2861	2625	2254
医学	3278	2920	2756	生化与药品大类	2793	2610	2082
文学	3268	2978	2874	艺术设计传媒大类	2781	2429	2123
法学	3183	2934	2844	轻纺食品大类	2605	2378	2167
农学	3067	2896	2501	财经大类	2595	2368	2069
教育学	2927	2621	2491	旅游大类	2589	2454	2250
				土建大类	2582	2622	2168
				农林牧渔大类	2578	2027	1844
				文化教育大类	2511	2287	1944
				医药卫生大类	2439	2357	1713
全国本科	3366	3051	2815	全国高职高专	2731	2482	2142

*个别学科门类/专业大类因为样本不足，没有包括在内。
数据来源：麦可思－中国2010~2012届大学毕业生社会需求与培养质量调查。

表1-3-15 2012届本科主要专业类毕业半年后的月收入*

单位：元

本科主要专业类名称	2012届	2011届	2010届	本科主要专业类名称	2012届	2011届	2010届
电气信息类	3831	3620	3153	材料类	3269	3150	2814
电子信息科学类	3816	3622	3176	新闻传播学类	3244	3122	2913
地矿类	3757	3750	3268	生物科学类	3224	3045	2767
经济学类	3738	3289	3023	地理科学类	3202	3051	2885
管理科学与工程类	3572	3375	2997	化工与制药类	3200	3082	2867
统计学类	3552	3274	2986	政治学类	3182	3032	2939
能源动力类	3531	3406	2959	化学类	3137	2928	2734
外国语言文学类	3510	3184	3070	中国语言文学类	3124	2929	2778
测绘类	3508	3618	3031	轻工纺织食品类	3118	2972	2604
土建类	3492	3410	2988	环境生态类	3106	3036	2588
数学类	3485	3276	2960	护理学类	3090	2503	2456
社会学类	3478	3140	2821	体育学类	3081	2808	2735
药学类	3462	3181	3236	环境科学类	3080	2915	2787
交通运输类	3451	3288	3003	工程力学类	3077	3213	2991
公共管理类	3415	3048	2812	艺术类	3010	2991	2728
材料科学类	3398	3060	2745	生物工程类	3006	2838	2625
仪器仪表类	3394	3341	2917	农业工程类	2955	2800	2593
工商管理类	3380	3089	2906	历史学类	2857	2870	2658
机械类	3359	3150	2777	教育学类	2851	2671	2808
法学类	3322	2974	2852	植物生产类	2812	2820	2562
环境与安全类	3319	2983	2753	心理学类	2798	2802	2852
物理学类	3304	3037	2944				
全国本科	3366	3051	2815	全国本科	3366	3051	2815

*个别专业类因为样本不足，没有包括在内。

数据来源：麦可思-中国2010~2012届大学毕业生社会需求与培养质量调查。

表1-3-16　2012届高职高专主要专业类毕业半年后的月收入*

单位：元

高职高专主要专业类名称	2012届	2011届	2010届	高职高专主要专业类名称	2012届	2011届	2010届
测绘类	3157	3097	2585	纺织服装类	2786	2509	2240
机电设备类	3081	3041	2385	水利工程与管理类	2781	—	2226
材料类	3020	2634	2284	土建施工类	2778	2833	2456
公路运输类	2969	2832	2495	工商管理类	2771	2574	2179
水上运输类	2962	2987	2841	生物技术类	2737	2487	2175
机械设计制造类	2924	2724	2312	经济贸易类	2711	2511	2188
自动化类	2919	2758	2361	制药技术类	2700	2425	2081
财政金融类	2894	2685	2266	旅游管理类	2677	2512	2271
电子信息类	2874	2714	2310	广播影视类	2646	2440	2253
汽车类	2872	2811	2416	能源类	2644	2652	2263
通信类	2861	2610	2233	林业技术类	2643	2258	2051
计算机类	2856	2651	2197	语言文化类	2642	2477	2133
电力技术类	2823	2801	2289	畜牧兽医类	2627	2326	2079
化工技术类	2818	2799	2331	环保类	2616	2446	2231
房地产类	2817	2556	2249	建筑设备类	2582	2601	2347
市场营销类	2813	2635	2284	建筑设计类	2544	2431	2239
艺术设计类	2803	2706	2277	食品类	2492	2278	2132
港口运输类	2799	2732	2172	工程管理类	2485	2569	2212
全国高职高专	**2731**	**2482**	**2142**	**全国高职高专**	**2731**	**2482**	**2142**

* 个别专业类因为样本不足，没有包括在内。
数据来源：麦可思-中国2010~2012届大学毕业生社会需求与培养质量调查。

表1-3-17　2012届本科生毕业半年后月收入最高的前50位主要专业*

单位：元

本科专业名称	毕业半年后的平均月收入	本科专业名称	毕业半年后的平均月收入
建筑学	4453	金融学	4057
软件工程	4449	财政学	4039
影视艺术技术	4320	城市规划	4024
采矿工程	4260	计算机科学与技术	3913
德语	4258	机械工程及自动化	3897
保险	4253	电子科学与技术	3851
信息工程	4078	通信工程	3849

续表

本科专业名称	毕业半年后的平均月收入	本科专业名称	毕业半年后的平均月收入
信息管理与信息系统	3839	电子信息科学与技术	3555
网络工程	3821	统计学	3552
矿物加工工程	3805	市场营销	3532
朝鲜语	3800	车辆工程	3530
安全工程	3789	机械电子工程	3525
光信息科学与技术	3773	测绘工程	3511
信息与计算科学	3749	建筑环境与设备工程	3504
对外汉语	3748	工业工程	3490
经济学	3719	行政管理	3489
道路桥梁与渡河工程	3693	热能与动力工程	3486
应用物理学	3683	地理信息系统	3469
日语	3636	国际经济与贸易	3453
电子商务	3619	矿物资源工程	3441
电气工程及其自动化	3611	物流工程	3419
电子信息工程	3607	交通运输	3412
药学	3600	测控技术与仪器	3394
物流管理	3572	过程装备与控制工程	3394
自动化	3569	人力资源管理	3374

* 毕业生规模过小的专业不包括在此排序中。
数据来源：麦可思－中国2012届大学毕业生社会需求与培养质量调查。

表1－3－18　2012届高职高专生毕业半年后月收入最高的前50位主要专业*

单位：元

高职高专专业名称	毕业半年后的平均月收入	高职高专专业名称	毕业半年后的平均月收入
金融与证券	3369	汽车技术服务与营销	3060
城市轨道交通控制	3277	多媒体设计与制作	3028
软件技术	3178	材料成型与控制技术	3026
工程测量技术	3174	高压输配电线路施工运行与维护	3014
电气化铁道技术	3173	嵌入式系统工程	3010
机电设备维修与管理	3172	汽车制造与装配技术	3009
石油化工生产技术	3108	房地产经营与估价	3005
汽车运用技术	3084	机械制造与自动化	2999

续表

高职高专专业名称	毕业半年后的平均月收入	高职高专专业名称	毕业半年后的平均月收入
影视动画	2989	广告设计与制作	2877
资产评估与管理	2970	汽车电子技术	2877
焊接技术及自动化	2966	市场营销	2871
计算机控制技术	2956	精细化学品生产技术	2870
网络系统管理	2951	集装箱运输管理	2863
数控技术	2937	材料工程技术	2858
应用电子技术	2937	工程机械运用与维护	2856
生产过程自动化技术	2927	金融管理与实务	2847
机电一体化技术	2923	道路桥梁工程技术	2846
电气自动化技术	2919	移动通信技术	2846
应用化工技术	2909	电子信息工程技术	2844
计算机网络技术	2905	计算机辅助设计与制造	2843
船舶工程技术	2887	市场开发与营销	2838
营销与策划	2887	连锁经营管理	2832
通信技术	2886	模具设计与制造	2830
机械设计与制造	2883	涉外旅游	2827
国际经济与贸易	2881	信息安全技术	2817

* 毕业生规模过小的专业不包括在此排序中。

数据来源：麦可思－中国2012届大学毕业生社会需求与培养质量调查。

月收入的"增长率" ＝（2012届毕业生的平均月收入－2011届毕业生的平均月收入）/2011届毕业生的平均月收入。

2012届本科生毕业半年后月收入增长最快的专业类为护理学类，增长率[①]为23.5%；毕业半年后月收入增长最慢的专业类为工程力学类，增长率为－4.2%。2012届高职高专生毕业半年后月收入增长最快的专业类为林业技术类，增长率为17.1%；毕业半年后月收入增长最慢的专业类为工程管理类，增长率为－3.3%。

---

① 月收入增长的幅度可能受到基数的影响。

表1-3-19　2012届本科生毕业半年后月收入增长最快的
前十位专业类（与2011届对比）*

单位：%，元

本科专业类名称	增长率	2012届	2011届
护理学类	23.5	3090	2503
经济学类	13.7	3738	3289
公共管理类	12.0	3415	3048
法学类	11.7	3322	2974
环境与安全类	11.3	3319	2983
材料科学类	11.0	3398	3060
社会学类	10.8	3478	3140
外国语言文学类	10.2	3510	3184
体育学类	9.7	3081	2808
工商管理类	9.4	3380	3089

＊毕业生规模过小的专业类不包括在此排序中。
数据来源：麦可思-中国2011届、2012届大学毕业生社会需求与培养质量调查。

表1-3-20　2012届本科生毕业半年后月收入增长最慢的
前十位专业类（与2011届对比）*

单位：%，元

本科专业类名称	增长率	2012届	2011届
工程力学类	-4.2	3077	3213
测绘类	-3.0	3508	3618
历史学类	-0.5	2857	2870
植物生产类	-0.3	2812	2820
心理学类	-0.1	2798	2802
地矿类	0.2	3757	3750
艺术类	0.6	3010	2991
仪器仪表类	1.6	3394	3341
环境生态类	2.3	3106	3036
土建类	2.4	3492	3410

＊毕业生规模过小的专业类不包括在此排序中。
数据来源：麦可思-中国2011届、2012届大学毕业生社会需求与培养质量调查。

表 1-3-21 2012 届高职高专生毕业半年后月收入增长最快的前十位专业类（与 2011 届对比）*

单位：%，元

高职高专专业类名称	增长率	2012 届	2011 届
林业技术类	17.1	2643	2258
材料类	14.7	3020	2634
畜牧兽医类	12.9	2627	2326
制药技术类	11.3	2700	2425
纺织服装类	11.0	2786	2509
房地产类	10.2	2817	2556
生物技术类	10.1	2737	2487
通信类	9.6	2861	2610
食品类	9.4	2492	2278
广播影视类	8.4	2646	2440

*毕业生规模过小的专业类不包括在此排序中。
数据来源：麦可思-中国 2011 届、2012 届大学毕业生社会需求与培养质量调查。

表 1-3-22 2012 届高职高专生毕业半年后月收入增长最慢的前十位专业类（与 2011 届对比）*

单位：%，元

高职高专专业类名称	增长率	2012 届	2011 届
工程管理类	-3.3	2485	2569
土建施工类	-1.9	2778	2833
水上运输类	-0.8	2962	2987
建筑设备类	-0.7	2582	2601
能源类	-0.3	2644	2652
化工技术类	0.7	2818	2799
电力技术类	0.8	2823	2801
机电设备类	1.3	3081	3041
测绘类	1.9	3157	3097
汽车类	2.2	2872	2811

*毕业生规模过小的专业类不包括在此排序中。
数据来源：麦可思-中国 2011 届、2012 届大学毕业生社会需求与培养质量调查。

（三）主要职业的薪资

2012届本科生毕业半年后从事的主要职业类月收入最高的是互联网开发及应用，其月收入为4469元，其次是计算机与数据处理（4251元）。2012届高职高专生毕业半年后月收入最高的职业类是交通运输/邮电（3221元），其次是金融（银行/基金/证券/期货/理财）（3104元）。

表1-3-23　2011届、2012届本科生毕业半年后从事的主要职业类的月收入*

单位：元

本科主要职业类名称	2012届	2011届	本科主要职业类名称	2012届	2011届
互联网开发及应用	4469	3954	财务/审计/税务/统计	3237	2905
计算机与数据处理	4251	3762	物流/采购	3230	2976
矿山/石油	4022	3745	工业安全与质量	3209	3155
金融(银行/基金/证券/期货/理财)	3954	3512	保险	3131	2944
房地产经营	3802	3350	美术/设计/创意	3117	2897
翻译	3763	3261	人力资源	3086	2907
交通运输/邮电	3707	3145	生物/化工	3079	2798
销售	3596	3290	机械/仪器仪表	3062	2922
公安/检察/法院/经济执法	3588	3077	幼儿与学前教育	3043	2494
经营管理	3585	3336	酒店/旅游/会展	3043	2789
电气/电子(不包括计算机)	3579	3392	医疗保健/紧急救助	2999	2683
电力/能源	3500	3499	环境保护	2931	2676
机动车机械/电子	3421	3089	高等教育/职业培训	2911	2752
生产/运营	3412	3042	中小学教育	2878	2605
研究人员	3403	3159	行政/后勤	2877	2607
媒体/出版	3327	2988	餐饮/娱乐	2875	2602
建筑工程	3309	3179	社区工作者	2803	2342
全国本科	3366	3051	全国本科	3366	3051

*个别职业类因为样本不足，没有包括在内。

数据来源：麦可思-中国2011届、2012届大学毕业生社会需求与培养质量调查。

表 1-3-24　2011 届、2012 届高职高专生毕业半年后从事的主要职业类的月收入*

单位：元

高职高专主要职业类名称	2012 届	2011 届	高职高专主要职业类名称	2012 届	2011 届
交通运输/邮电	3221	2724	机动车机械/电子	2761	2575
金融(银行/基金/证券/期货/理财)	3104	2702	建筑工程	2745	2680
经营管理	3088	2846	生物/化工	2722	2534
保险	3049	2680	物流/采购	2712	2542
电力/能源	2993	2767	酒店/旅游/会展	2699	2362
互联网开发及应用	2973	2851	媒体/出版	2679	2485
销售	2968	2516	人力资源	2504	2438
生产/运营	2911	2393	美术/设计/创意	2478	2384
电气/电子(不包括计算机)	2898	2612	医疗保健/紧急救助	2406	2119
餐饮/娱乐	2869	2406	财务/审计/税务/统计	2333	2220
计算机与数据处理	2859	2862	行政/后勤	2325	2107
机械/仪器仪表	2777	2569	中小学教育	2061	1947
全国高职高专	**2731**	**2482**	**全国高职高专**	**2731**	**2482**

* 个别职业类因为样本不足，没有包括在内。

数据来源：麦可思-中国 2011 届、2012 届大学毕业生社会需求与培养质量调查。

表 1-3-25　2012 届本科生毕业半年后月收入最高的前 50 位职业*

单位：元

本科毕业生月收入最高的前 50 位职业	毕业半年后的平均月收入	本科毕业生月收入最高的前 50 位职业	毕业半年后的平均月收入
互联网开发师	4803	计算机系统软件工程师	4406
信贷经纪人	4632	贷款顾问	4303
个人理财顾问	4547	警察	4299
建筑师(非园林和水上景观)	4521	总经理和日常主管	4287
销售代表(医疗用品)	4516	计算机程序员	4248
计算机软件应用工程师	4502	税收监察者、征收人和税收代理人	4142
信贷面谈员和办事员	4449	采矿和地质学的工程师，包括采矿安全工程师	4124
网络设计师	4429	软件质量鉴定及检验工程师	4101
市场经理	4414	金融服务销售商	4096

续表

本科毕业生月收入 最高的前 50 位职业	毕业半年后的 平均月收入	本科毕业生月收入 最高的前 50 位职业	毕业半年后的 平均月收入
新账户办事员	4091	其他计算机专家	3836
市场研究分析师	4088	开采石油、天然气、矿山的技术员	3804
销售经理	4064	公共关系专家	3747
一线销售主管（非零售）	4044	生产及操作人员的初级主管	3742
出纳员	4022	培训和发展专职人员	3737
柜员和租赁服务员	3996	翻译员	3731
一线销售主管（零售）	3991	发电站、变电站和中继站的电子和电气修理技术员	3700
销售工程师	3965	通讯设备的安装、修理技术员	3686
电子工程师（不包括计算机工程师）	3941	计算机硬件工程师	3681
计算机支持专家	3941	网络和计算机系统管理员	3664
城市及区域规划人员	3914	测量师	3650
电气工程师	3913	房地产销售经纪人	3644
审计员	3877	工业工程师	3641
房地产经纪人	3875	施工工程师	3573
管理分析人员	3873	舰艇建造师	3569
土木工程师	3843	数据库管理员	3545
全国本科	**3366**	**全国本科**	**3366**

＊毕业生规模过小的职业不包括在此排序中。
数据来源：麦可思－中国 2012 届大学毕业生社会需求与培养质量调查。

表 1－3－26　2012 届高职高专生毕业半年后月收入最高的前 50 位职业＊

单位：元

高职高专毕业生月收入 最高的前 50 位职业	毕业半年后的 平均月收入	高职高专毕业生月收入 最高的前 50 位职业	毕业半年后的 平均月收入
总经理和日常主管	4186	销售经理	3584
信贷面谈员和办事员	3968	互联网开发师	3435
采矿和地质学的技术员，包括采矿安全技术员	3857	计算机系统软件工程技术员	3428
市场经理	3642	计算机程序员	3403
个人理财顾问	3639	娱乐业经理	3401

续表

高职高专毕业生月收入最高的前50位职业	毕业半年后的平均月收入	高职高专毕业生月收入最高的前50位职业	毕业半年后的平均月收入
金融服务销售商	3391	工业生产管理员	3022
房地产经纪人	3342	网络设计师	3018
销售代表（医疗用品）	3328	销售代表（农产品和设备）	3008
一线销售主管（零售）	3284	保险理赔员	2976
一线销售主管（非零售）	3277	电子工程技术员	2969
网络系统和数据传递分析师	3273	其他销售代表、服务商	2958
房地产销售经纪人	3264	销售技术员	2953
柜员和租赁服务员	3259	工业机械技术员	2950
管理分析人员	3240	市场研究分析员	2949
食品服务经理	3224	工业安全和健康工程技术员	2939
高等教育管理人员	3214	机械维护技术员	2936
地铁和路面电车操作员	3163	互联网管理员	2935
机械工程师	3131	软件质量鉴定及检验工程技术员	2928
运输服务员（不包括航班乘务员和行李搬运工）	3101	测量技术员	2925
生产及操作人员的初级主管	3092	导游和陪游	2923
保险代理人	3043	其他商务专业人士	2911
计算机软件应用工程技术员	3043	电气技术员	2909
销售代表（机械设备和零件）	3034	发电站、变电站和中继站的电子和电气修理技术员	2908
园林建筑技术员	3033	产品安全工程技术员	2907
通讯设备的安装、修理技术员	3031	新账户办事员	2907
全国高职高专	**2731**	**全国高职高专**	**2731**

* 毕业生规模过小的职业不包括在此排序中。
数据来源：麦可思－中国2012届大学毕业生社会需求与培养质量调查。

2012届本科生毕业半年后月收入增长最快的职业类为幼儿与学前教育，增长率为22.0%；毕业半年后月收入增长最慢的职业类为电力/能源，增长率为0.0%。2012届高职高专生毕业半年后月收入增长最快的职业类为生产/运营，增长率为21.6%；毕业半年后月收入增长最慢的职业类为计算机与数据处理，增长率为-0.1%。

表1-3-27 2012届本科毕业生月收入增长最快的
前十位职业类（与2011届对比）*

单位：%，元

本科职业类名称	增长率	2012届	2011届
幼儿与学前教育	22.0	3043	2494
社区工作者	19.7	2803	2342
交通运输/邮电	17.9	3707	3145
公安/检察/法院/经济执法	16.6	3588	3077
翻译	15.4	3763	3261
房地产经营	13.5	3802	3350
互联网开发及应用	13.0	4469	3954
计算机与数据处理	13.0	4251	3762
金融(银行/基金/证券/期货/理财)	12.6	3954	3512
生产/运营	12.2	3412	3042

* 毕业生规模过小的职业类不包括在此排序中。

数据来源：麦可思-中国2011届、2012届大学毕业生社会需求与培养质量调查。

表1-3-28 2012届本科毕业生月收入增长最慢的
前十位职业类（与2011届对比）*

单位：%，元

本科职业类名称	增长率	2012届	2011届
电力/能源	0.0	3500	3499
工业安全与质量	1.7	3209	3155
建筑工程	4.1	3309	3179
机械/仪器仪表	4.8	3062	2922
电气/电子(不包括计算机)	5.5	3579	3392
高等教育/职业培训	5.8	2911	2752
人力资源	6.2	3086	2907
保险	6.4	3131	2944
矿山/石油	7.4	4022	3745
经营管理	7.5	3585	3336

* 毕业生规模过小的职业类不包括在此排序中。

数据来源：麦可思-中国2011届、2012届大学毕业生社会需求与培养质量调查。

表 1-3-29　2012 届高职高专毕业生月收入增长最快的
前十位职业类（与 2011 届对比）*

单位：%，元

高职高专职业类名称	增长率	2012 届	2011 届
生产/运营	21.6	2911	2393
餐饮/娱乐	19.2	2869	2406
交通运输/邮电	18.2	3221	2724
销售	18.0	2968	2516
金融（银行/基金/证券/期货/理财）	14.9	3104	2702
酒店/旅游/会展	14.3	2699	2362
保险	13.8	3049	2680
医疗保健/紧急救助	13.5	2406	2119
电气/电子（不包括计算机）	10.9	2898	2612
行政/后勤	10.3	2325	2107

* 毕业生规模过小的职业类不包括在此排序中。
数据来源：麦可思-中国 2011 届、2012 届大学毕业生社会需求与培养质量调查。

表 1-3-30　2012 届高职高专毕业生月收入增长最慢的
前十位职业类（与 2011 届对比）*

单位：%，元

高职高专职业类名称	增长率	2012 届	2011 届
计算机与数据处理	-0.1	2859	2862
建筑工程	2.4	2745	2680
人力资源	2.7	2504	2438
美术/设计/创意	3.9	2478	2384
互联网开发及应用	4.3	2973	2851
财务/审计/税务/统计	5.1	2333	2220
中小学教育	5.9	2061	1947
物流/采购	6.7	2712	2542
机动车机械/电子	7.2	2761	2575
生物/化工	7.4	2722	2534

* 毕业生规模过小的职业类不包括在此排序中。
数据来源：麦可思-中国 2011 届、2012 届大学毕业生社会需求与培养质量调查。

（四）主要行业的薪资

2012届本科生毕业半年后月收入最高的行业类为"媒体、信息及通信产业"（4036元），其次是"金融（银行/保险/证券）业"（3932元）。2012届高职高专生毕业半年后月收入最高的行业类为"金融（银行/保险/证券）业"（3170元），其次是"媒体、信息及通信产业"（2978元）。

表1-3-31 2011届、2012届本科生毕业半年后在主要行业类的月收入*

单位：元

本科行业类名称	2012届	2011届	本科行业类名称	2012届	2011届
媒体、信息及通信产业	4036	3508	批发商业	3204	2922
金融（银行/保险/证券）业	3932	3506	化学品、化工、塑胶业	3183	2985
矿业	3909	3468	医疗和社会护理服务业	3144	2723
运输业	3792	3379	政府及公共管理	3098	2669
电子电气仪器设备及电脑制造业	3749	3368	木品和纸品业	3063	2816
房地产开发销售租赁及其他租赁业	3738	3291	纺织皮革及成品加工业	3057	2817
各类专业设计与咨询服务业	3576	3224	初级金属制造业	3002	2802
水电煤气公用事业	3510	3423	玻璃黏土、石灰水泥制品业	2972	2691
交通工具制造业	3503	3146	教育业	2948	2663
艺术、娱乐和休闲业	3406	3003	机械五金制造业	2936	2858
食品、烟草、加工业	3253	2969	其他服务业（除行政服务）	2935	2710
家具、医疗设备及其他制成品业	3231	3041	农业、林业、渔业和畜牧业	2835	2817
零售商业	3213	2906	行政、商业和环境保护辅助业	2819	2658
邮递、物流及仓储业	3213	2865	住宿和饮食业	2714	2590
建筑业	3208	3067			
全国本科	3366	3051	全国本科	3366	3051

*个别行业类因为样本不足，没有包括在内。

数据来源：麦可思-中国2011届、2012届大学毕业生社会需求与培养质量调查。

表1-3-32 2011届、2012届高职高专生毕业半年后在主要行业类的月收入*

单位：元

高职高专行业类名称	2012届	2011届	高职高专行业类名称	2012届	2011届
金融（银行/保险/证券）业	3170	2746	艺术、娱乐和休闲业	2906	2478
媒体、信息及通信产业	2978	2637	电子电气仪器设备及电脑制造业	2880	2657
水电煤气公用事业	2930	2494	房地产开发销售租赁及其他租赁业	2819	2304

续表

高职高专行业类名称	2012届	2011届	高职高专行业类名称	2012届	2011届
交通工具制造业	2806	2480	机械五金制造业	2592	2421
建筑业	2700	2606	纺织皮革及成品加工业	2564	2396
家具、医疗设备及其他制成品业	2658	2724	各类专业设计与咨询服务业	2538	2455
住宿和饮食业	2657	2174	其他服务业（除行政服务）	2486	2227
邮递、物流及仓储业	2645	2603	医疗和社会护理服务业	2486	2220
化学品、化工、塑胶业	2635	2594	政府及公共管理	2302	2387
食品、烟草、加工业	2622	2519	教育业	2246	2121
行政、商业和环境保护辅助业	2602	2253			
全国高职高专	**2731**	**2482**	**全国高职高专**	**2731**	**2482**

*个别行业类因为样本不足，没有包括在内。

数据来源：麦可思－中国2011届、2012届大学毕业生社会需求与培养质量调查。

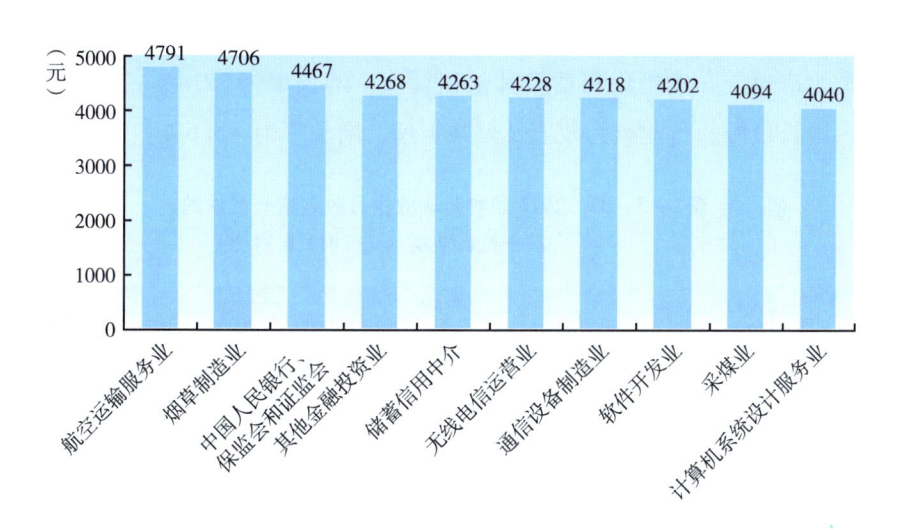

图1-3-14 2012届本科生毕业半年后月收入最高的前十位行业

（单位：元）

航空运输服务业 4791；烟草制造业 4706；中国人民银行、保监会和证监会 4467；其他金融投资业 4268；储蓄信用中介 4263；无线电信运营业 4228；通信设备制造业 4218；软件开发业 4202；采煤业 4094；计算机系统设计服务业 4040。

数据来源：麦可思－中国2012届大学毕业生社会需求与培养质量调查。

2012届本科生毕业半年后月收入增长最快的行业类为政府及公共管理，增长率为16.1%；毕业半年后月收入增长最慢的行业类为农业、林业、渔业和畜牧业，增长率为0.6%。2012届高职高专生毕业半年后月收入增长最快的

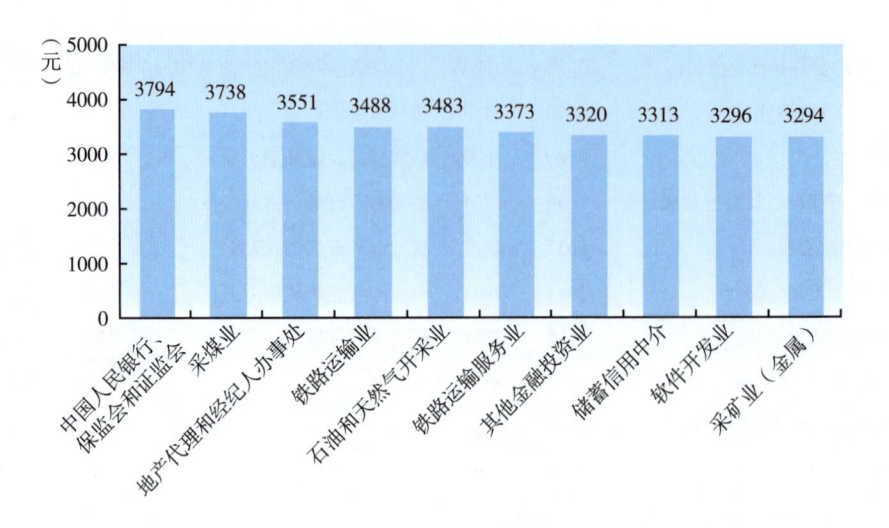

图1-3-15　2012届高职高专生毕业半年后月收入最高的前十位行业

行业	月收入（元）
中国人民银行、保监会和证监会	3794
采煤业	3738
地产代理和经纪人办事处	3551
铁路运输业	3488
石油和天然气开采业	3483
铁路运输服务业	3373
其他金融投资业	3320
储蓄信用中介	3313
软件开发业	3296
采矿业（金属）	3294

数据来源：麦可思－中国2012届大学毕业生社会需求与培养质量调查。

行业类为房地产开发销售租赁及其他租赁业，增长率为22.4%；毕业半年后月收入增长最慢的行业类为政府及公共管理，增长率为-3.6%。

表1-3-33　2012届本科毕业生月收入增长最快的前十位行业类（与2011届对比）*

单位：%，元

本科行业类名称	增长率	2012届	2011届
政府及公共管理	16.1	3098	2669
医疗和社会护理服务业	15.5	3144	2723
媒体、信息及通信产业	15.1	4036	3508
房地产开发销售租赁及其他租赁业	13.6	3738	3291
艺术、娱乐和休闲业	13.4	3406	3003
矿业	12.7	3909	3468
运输业	12.2	3792	3379
金融（银行/保险/证券）业	12.2	3932	3506
邮递、物流及仓储业	12.1	3213	2865
交通工具制造业	11.3	3503	3146

＊毕业生规模过小的行业类不包括在此排序中。

数据来源：麦可思－中国2011届、2012届大学毕业生社会需求与培养质量调查。

表 1-3-34　2012 届本科毕业生月收入增长最慢的
前十位行业类（与 2011 届对比）*

单位：%，元

本科行业类名称	增长率	2012 届	2011 届
农业、林业、渔业和畜牧业	0.6	2835	2817
水电煤气公用事业	2.5	3510	3423
机械五金制造业	2.7	2936	2858
建筑业	4.6	3208	3067
住宿和饮食业	4.8	2714	2590
行政、商业和环境保护辅助业	6.1	2819	2658
家具、医疗设备及其他制成品业	6.2	3231	3041
化学品、化工、塑胶业	6.6	3183	2985
初级金属制造业	7.1	3002	2802
其他服务业（除行政服务）	8.3	2935	2710

* 毕业生规模过小的行业类不包括在此排序中。
数据来源：麦可思－中国 2011 届、2012 届大学毕业生社会需求与培养质量调查。

表 1-3-35　2012 届高职高专毕业生月收入增长最快的
前五位行业类（与 2011 届对比）*

单位：%，元

高职高专行业类名称	增长率	2012 届	2011 届
房地产开发销售租赁及其他租赁业	22.4	2819	2304
住宿和饮食业	22.2	2657	2174
水电煤气公用事业	17.5	2930	2494
艺术、娱乐和休闲业	17.3	2906	2478
行政、商业和环境保护辅助业	15.5	2602	2253

* 毕业生规模过小的行业类不包括在此排序中。
数据来源：麦可思－中国 2011 届、2012 届大学毕业生社会需求与培养质量调查。

表 1-3-36　2012 届高职高专毕业生月收入增长最慢的
前五位行业类（与 2011 届对比）*

单位：%，元

高职高专行业类名称	增长率	2012 届	2011 届
政府及公共管理	-3.6	2302	2387
家具、医疗设备及其他制成品业	-2.4	2658	2724
邮递、物流及仓储业	1.6	2645	2603
化学品、化工、塑胶业	1.6	2635	2594
各类专业设计与咨询服务业	3.4	2538	2455

* 毕业生规模过小的行业类不包括在此排序中。
数据来源：麦可思－中国 2011 届、2012 届大学毕业生社会需求与培养质量调查。

（五）用人单位的薪资

图 1-3-16 和图 1-3-17 分别显示了 2011 届、2012 届本科生和高职高专生毕业半年后在各类型用人单位的月收入。2012 届大学生毕业半年后在"中外合资/外资/独资"单位就业的人群月收入最高，其中本科为 3956 元，高职高专为 2995 元。与 2011 届相比，2012 届大学毕业生在各类型用人单位就业的月收入都有上升。

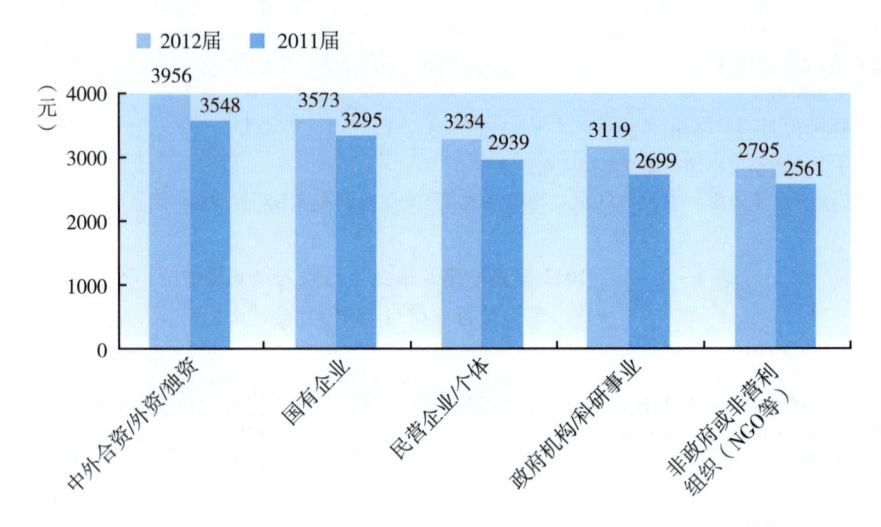

图 1-3-16　2011 届、2012 届本科生毕业半年后在各类型用人单位的月收入

数据来源：麦可思－中国 2011 届、2012 届大学毕业生社会需求与培养质量调查。

图 1-3-18 和图 1-3-19 分别是 2011 届、2012 届本科生和高职高专生毕业半年后在各规模用人单位的月收入。2012 届大学毕业生在"3001 人以上"的大型单位就业的人群半年后月收入最高，本科为 3908 元，高职高专为 3214 元。与 2011 届相比，2012 届大学毕业生在各规模用人单位就业的月收入都有上升。

（六）各类经济区域的薪资

图 1-3-20 和图 1-3-21 分别显示了 2012 届本科生和高职高专生毕业半年后在各类经济区域就业的月收入。2012 届本科生毕业半年后在泛珠江三

图1-3-17 2011届、2012届高职高专生毕业半年后在各类型用人单位的月收入

数据来源：麦可思-中国2011届、2012届大学毕业生社会需求与培养质量调查。

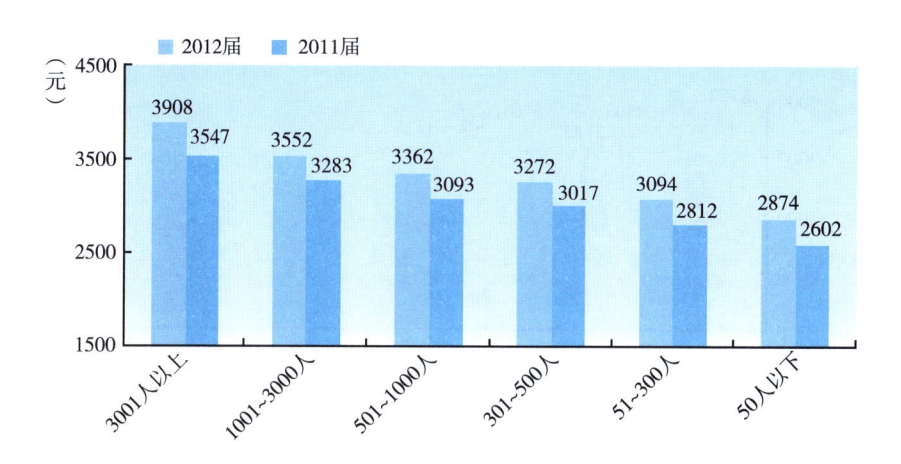

图1-3-18 2011届、2012届本科生毕业半年后在各规模用人单位的月收入

数据来源：麦可思-中国2011届、2012届大学毕业生社会需求与培养质量调查。

角洲区域经济体就业的人群半年后月收入最高，为3753元。2012届高职高专生毕业半年后在泛长江三角洲区域经济体就业的人群半年后月收入最高，为2849元。

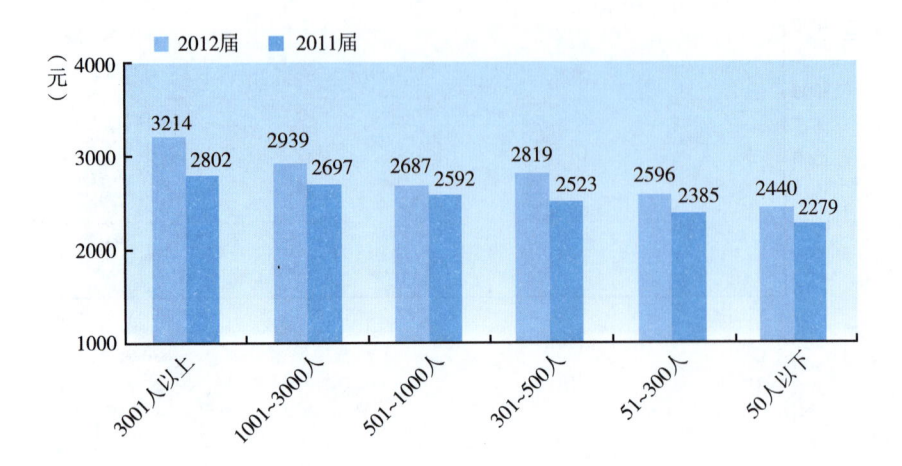

图1-3-19　2011届、2012届高职高专生毕业半年后在各规模用人单位的月收入

规模	2012届	2011届
3001人以上	3214	2802
1001~3000人	2939	2697
501~1000人	2687	2592
301~500人	2819	2523
51~300人	2596	2385
50人以下	2440	2279

数据来源：麦可思-中国2011届、2012届大学毕业生社会需求与培养质量调查。

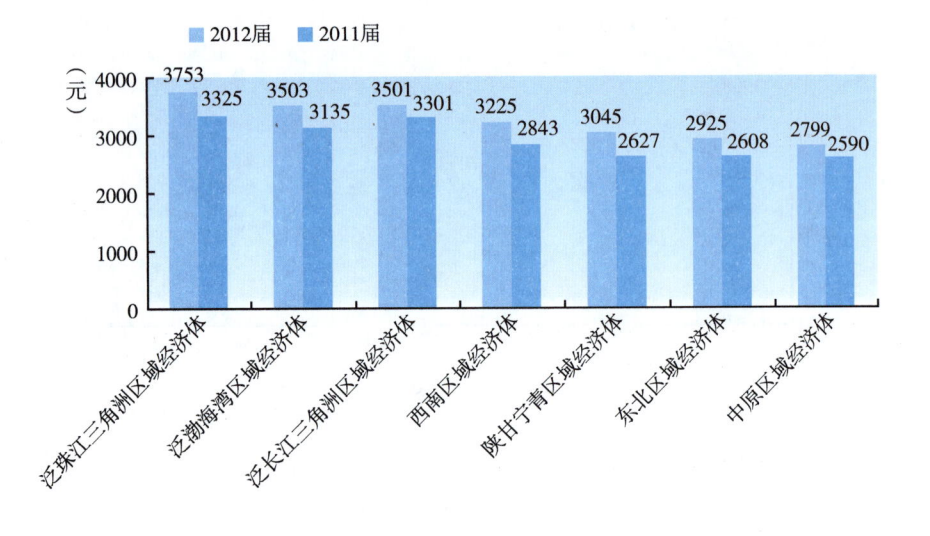

图1-3-20　2011届、2012届本科生毕业半年后在各类经济区域就业的月收入*

经济区域	2012届	2011届
泛珠江三角洲区域经济体	3753	3325
泛渤海湾区域经济体	3503	3135
泛长江三角洲区域经济体	3501	3301
西南区域经济体	3225	2843
陕甘宁青区域经济体	3045	2627
东北区域经济体	2925	2608
中原区域经济体	2799	2590

*西部生态经济区因为样本不足，没有包括在内。
数据来源：麦可思-中国2011届、2012届大学毕业生社会需求与培养质量调查。

图1-3-21 2011届、2012届高职高专生毕业半年后在各类经济区域就业的月收入*

经济区域	2012届	2011届
泛长江三角洲区域经济体	2849	2698
泛珠江三角洲区域经济体	2797	2558
泛渤海湾区域经济体	2754	2424
西南区域经济体	2750	2563
陕甘宁青区域经济体	2534	2262
中原区域经济体	2429	2091
东北区域经济体	2392	2107

*西部生态经济区因为样本不足，没有包括在内。
数据来源：麦可思-中国2011届、2012届大学毕业生社会需求与培养质量调查。

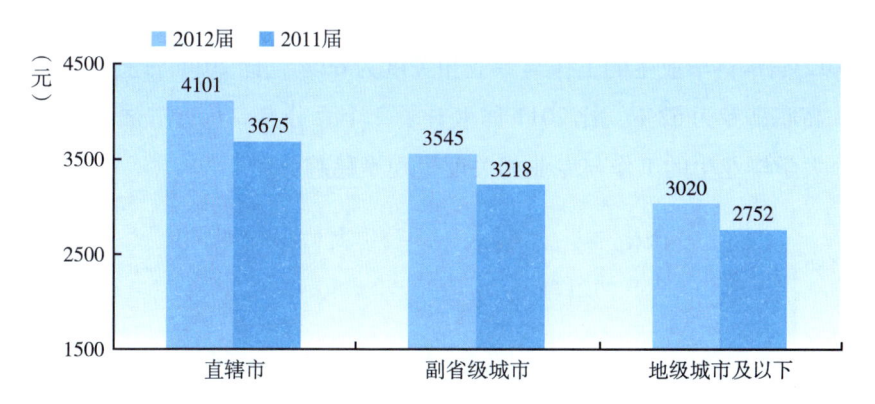

图1-3-22 2011届、2012届本科生毕业半年后在各类城市就业的月收入

城市类型	2012届	2011届
直辖市	4101	3675
副省级城市	3545	3218
地级城市及以下	3020	2752

数据来源：麦可思-中国2011届、2012届大学毕业生社会需求与培养质量调查。

四 工作与专业相关度

工作与专业相关度 = 受雇全职工作并且与专业相关的毕业生人数/受雇全职工作的毕业生人数。

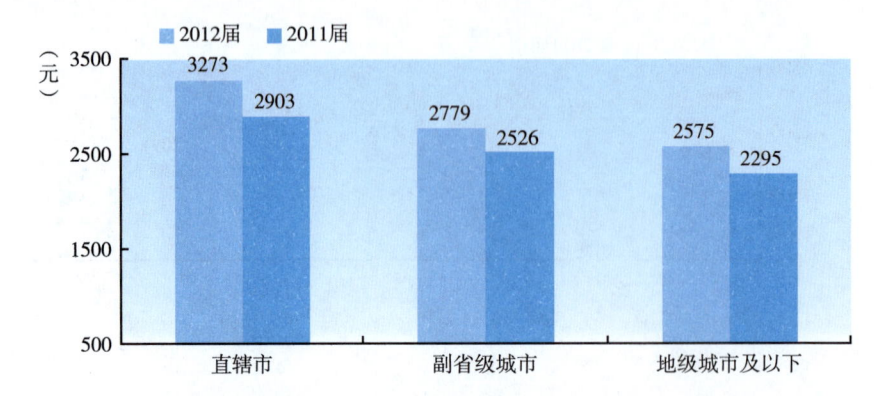

图 1-3-23　2011 届、2012 届高职高专生毕业半年后
在各类城市就业的月收入

数据来源：麦可思－中国 2011 届、2012 届大学毕业生社会需求与培养质量调查。

（一）总体工作与专业相关度

图 1-3-24 显示了 2010~2012 届大学生毕业半年后的工作与专业相关度。2012 届本科毕业生的工作与专业相关度为 69%，比 2011 届上升了 2 个百分点；高职高专为 62%，比 2011 届上升了 2 个百分点。从近三届的趋势可以看出，大学毕业生的工作与专业相关度呈现平稳趋势。

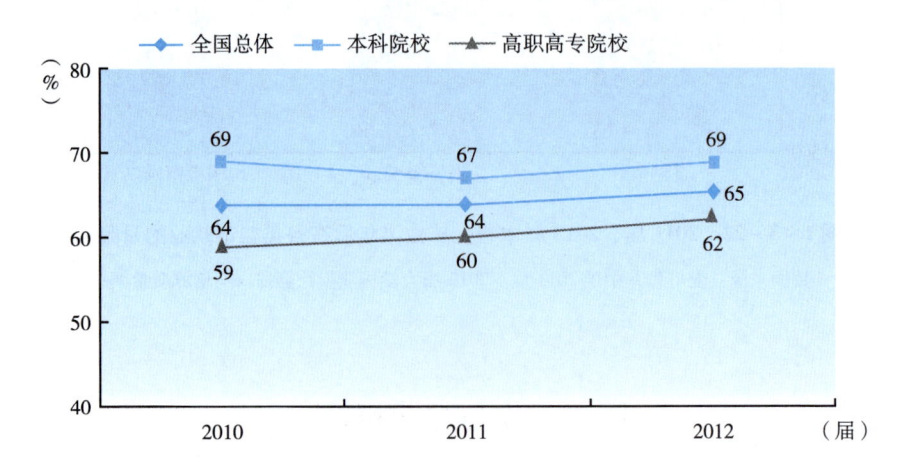

图 1-3-24　2010~2012 届大学生毕业半年后的工作与专业相关度

数据来源：麦可思－中国 2010~2012 届大学毕业生社会需求与培养质量调查。

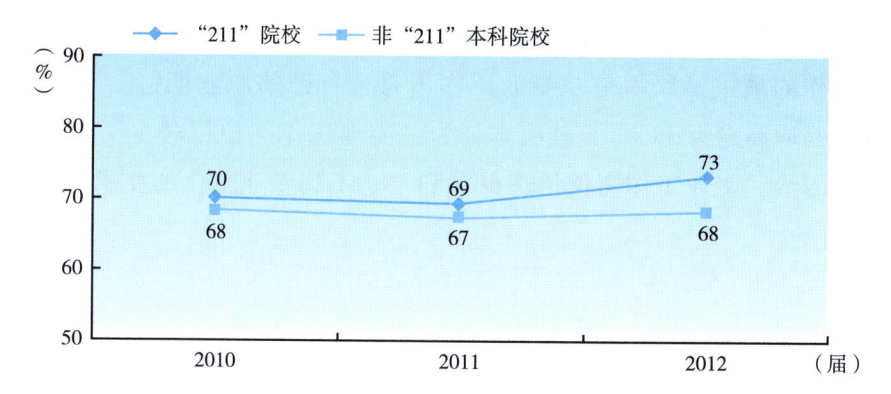

图 1-3-25　2010~2012 届本科生毕业半年后的工作与专业相关度

数据来源：麦可思-中国 2010~2012 届大学毕业生社会需求与培养质量调查。

（二）选择与专业无关工作的原因

图 1-3-26 和图 1-3-27 分别显示了 2012 届本科生和高职高专生毕

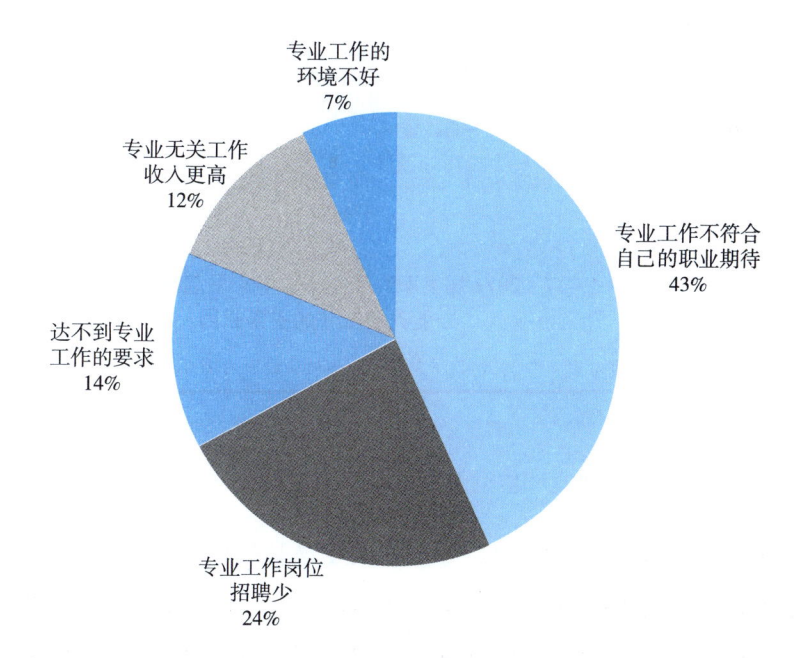

图 1-3-26　2012 届本科生毕业半年后选择与专业无关工作的主要原因

数据来源：麦可思-中国 2012 届大学毕业生社会需求与培养质量调查。

业半年后选择与专业无关工作的主要原因。2012届大学毕业生选择与专业无关工作的最主要原因是"专业工作不符合自己的职业期待"（本科为43%，高职高专为38%），其次本科为"专业工作岗位招聘少"（24%），高职高专为"专业工作岗位招聘少"和"达不到专业工作的要求"（均为19%）。

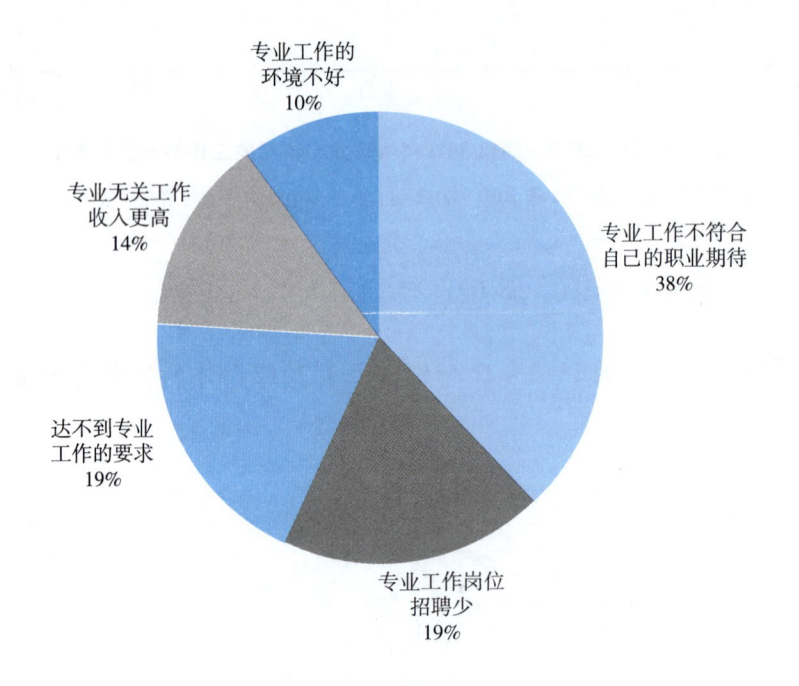

图1-3-27　2012届高职高专生毕业半年后选择与专业无关工作的主要原因

- 专业工作的环境不好 10%
- 专业无关工作收入更高 14%
- 达不到专业工作的要求 19%
- 专业工作岗位招聘少 19%
- 专业工作不符合自己的职业期待 38%

数据来源：麦可思-中国2012届大学毕业生社会需求与培养质量调查。

（三）主要专业的专业相关度

在2012届本科学科门类中，专业相关度最高的是医学（87%），其次是工学（76%），最低的为农学和法学（均为53%）。而高职高专专业相关度最高的专业大类为医药卫生大类（86%），其次是土建大类（80%），最低的为轻纺食品大类和电子信息大类（均为52%）。

表 1-3-37　2010~2012 届主要学科门类/专业大类毕业生的
工作与专业相关度变化趋势*

单位：%

本科学科门类名称	2012 届	2011 届	2010 届	高职高专专业大类名称	2012 届	2011 届	2010 届
医学	87	89	88	医药卫生大类	86	81	80
工学	76	73	75	土建大类	80	85	81
管理学	69	68	68	材料与能源大类	79	78	86
经济学	66	66	68	交通运输大类	71	67	69
文学	65	66	66	农林牧渔大类	62	64	61
教育学	62	57	61	财经大类	62	60	59
理学	60	57	57	生化与药品大类	60	52	63
法学	53	48	51	文化教育大类	60	55	53
农学	53	54	54	艺术设计传媒大类	57	60	56
				制造大类	57	57	59
				旅游大类	53	46	53
				电子信息大类	52	55	47
				轻纺食品大类	52	53	65
全国本科	69	67	69	全国高职高专	62	60	59

*个别学科门类/专业大类因为样本不足，没有包括在内。
数据来源：麦可思－中国 2010~2012 届大学毕业生社会需求与培养质量调查。

表 1-3-38　2012 届本科毕业生工作与专业相关度排前 50 位的主要专业*

单位：%

本科主要专业名称	专业相关度	本科主要专业名称	专业相关度
临床医学	97	热能与动力工程	86
轮机工程	97	税务	86
工程造价	96	药学	86
建筑学	96	测绘工程	85
城市规划	95	工程管理	85
船舶与海洋工程	94	矿物加工工程	85
土木工程	94	电气工程及其自动化	84
航海技术	93	金融学	84
采矿工程	91	财务管理	83
给水排水工程	91	机械工程及自动化	83
道路桥梁与渡河工程	90	学前教育	82
车辆工程	89	保险	81
建筑环境与设备工程	89	软件工程	81
审计学	89	机械电子工程	80
矿物资源工程	88	园林	80
安全工程	87	机械设计制造及其自动化	79
护理学	87	冶金工程	78
会计学	86	汽车服务工程	77

续表

本科主要专业名称	专业相关度	本科主要专业名称	专业相关度
制药工程	77	计算机科学与技术	73
财政学	76	小学教育	73
交通工程	76	无机非金属材料工程	72
化学工程与工艺	75	材料成型及控制工程	71
交通运输	75	汉语言文学	71
自动化	74	网络工程	71
过程装备与控制工程	73	音乐学	71
全国本科	**69**	**全国本科**	**69**

* 毕业生规模过小的专业不包括在此排序中。

数据来源：麦可思－中国2012届大学毕业生社会需求与培养质量调查。

表1－3－39　2012届高职高专毕业生工作与专业相关度排前50位的主要专业*

单位：%

高职高专主要专业名称	专业相关度	高职高专主要专业名称	专业相关度
护理	94	制冷与冷藏技术	80
学前教育	92	会计与审计	79
康复治疗技术	91	建筑设计技术	79
水利水电建筑工程	91	制冷与空调技术	79
煤矿开采技术	90	语文教育	78
电力系统继电保护与自动化	89	城市轨道交通控制	77
电气化铁道技术	89	会计电算化	76
火电厂集控运行	89	供用电技术	75
铁道交通运营管理	89	装饰艺术设计	75
建筑工程技术	88	建筑装饰工程技术	74
发电厂及电力系统	87	会计	73
电厂设备运行与维护	86	矿山机电	73
电力系统自动化技术	86	汽车技术服务与营销	72
高压输配电线路施工运行与维护	86	室内设计技术	72
工程造价	86	汽车运用技术	71
铁道机车车辆	86	英语教育	71
工程监理	85	电机与电器	70
建筑工程管理	85	多媒体设计与制作	70
铁道通信信号	85	石油化工生产技术	70
药学	85	装潢艺术设计	70
道路桥梁工程技术	84	畜牧兽医	69
建筑电气工程技术	82	财务管理	67
供热通风与空调工程技术	81	环境艺术设计	67
电厂热能动力装置	80	楼宇智能化工程技术	67
工程测量技术	80	营销与策划	67
全国高职高专	**62**	**全国高职高专**	**62**

* 毕业生规模过小的专业不包括在此排序中。

数据来源：麦可思－中国2012届大学毕业生社会需求与培养质量调查。

（四）主要职业的工作与专业相关度

表1-3-40　2012届本科毕业生工作与专业相关度要求最高的前20位职业*

单位：%

职业名称	专业相关度	职业名称	专业相关度
土木工程师	97	室内设计师	94
建筑师（非园林和水上景观）	96	电气工程技术员	93
土木工程技术员	96	发电站、变电站和中继站的电子和电气修理技术员	93
园林建筑师	96	翻译员	92
采矿和地质学的工程师，包括采矿安全工程师	95	高中教师，特殊教育和职业教育除外	92
法律职员	95	化学技术员	92
工商业设计师	95	城市及区域规划人员	91
机械技术员	95	机械工程技术员	91
舰艇建造师	95	机械工程师	91
平面设计	94	计算机程序员	91

＊毕业生规模过小的职业不包括在此排序中。
数据来源：麦可思-中国2012届大学毕业生社会需求与培养质量调查。

表1-3-41　2012届本科毕业生工作与专业相关度要求最低的前20位职业*

单位：%

职业名称	专业相关度	职业名称	专业相关度
电话推销员	17	房地产销售经纪人	39
社会及社区服务经理	23	销售经理	41
零售售货员	26	一线销售主管（零售）	41
数据录入员	29	市场经理	42
保险代理人	31	一线销售主管（非零售）	43
客服代表	34	房地产经纪人	44
档案管理员	37	市政行政办公人员	46
文职人员	37	其他销售代表、服务商	47
行政秘书和行政助理	37	公共关系专家	48
保单处理员	38	高等教育管理人员	49

＊毕业生规模过小的职业不包括在此排序中。
数据来源：麦可思-中国2012届大学毕业生社会需求与培养质量调查。

表1-3-42　2012届高职高专毕业生工作与专业相关度要求最高的前20位职业*

单位：%

职业名称	专业相关度	职业名称	专业相关度
职业护士（有从业许可证的）	100	园林建筑技术员	90
注册护士	99	发电站、变电站和中继站的电子和电气修理技术员	89
护士助理和护理员	97	建筑技术员	89
土木工程技术员	93	施工技术员	89
计算机程序员	92	电气技术员	88
土木技术员	92	图像设计师	88
测量技术员	91	导游和陪游	87
室内设计师	91	电气工程技术员	87
平面设计	90	会计	87
预算员	90	输电线安装者和修理技术员	87

＊毕业生规模过小的职业不包括在此排序中。

数据来源：麦可思-中国2012届大学毕业生社会需求与培养质量调查。

表1-3-43　2012届高职高专毕业生工作与专业相关度要求最低的前20位职业*

单位：%

职业名称	专业相关度	职业名称	专业相关度
市政行政办公人员	21	新账户办事员	34
保险代理人	27	食品服务经理	35
电话推销员	27	食堂、食品店和咖啡厅的柜台服务员	35
公共关系专业人员	28	招聘专职人员	35
数据录入员	29	房地产经纪人	36
行政秘书和行政助理	29	客服代表	36
文职人员	30	零售售货员	36
休闲项目工作员	30	办公室管理人员和行政工作人员的初级主管	37
其他种类的人力资源、培训和劳资关系专职人员	33	半导体加工人员	37
人力资源助理	33	房地产销售经纪人	37

＊毕业生规模过小的职业不包括在此排序中。

数据来源：麦可思-中国2012届大学毕业生社会需求与培养质量调查。

五 离职率

离职率：有过工作经历的 2012 届毕业生（从毕业时到 2012 年 12 月 31 日）有多大百分比发生过离职。离职率 = 曾经发生离职行为的毕业生人数/现在工作或曾经工作过的毕业生人数。

离职类型：分为主动离职（辞职）、被雇主解职、两者均有（离职两次以上可能会出现）三类情形。

主动离职的原因：针对主动离职的人群分析其离职的原因，分为"薪资福利偏低"、"工作要求和压力太大"、"对企业管理制度和文化不适应"、"个人发展空间不够"、"就业没有安全感"、"准备求学深造"、"想改变职业或行业"以及"其他原因"。

（一）离职率

图 1-3-28 显示了 2011 届和 2012 届大学生毕业半年内的离职率。该图显示，大学生毕业半年内的离职率呈现下降趋势。2012 届全国大学毕业生有 33% 毕业半年内发生过离职，比 2011 届（41%）下降了 8 个百分点。其中，高职高专生毕业半年内的离职率高于本科毕业生，有 42% 的高职高专生毕业半年内发生过离职。"211"院校半年内离职率为 13%，非"211"本科院校为 26%。

图 1-3-28　2011 届、2012 届大学生毕业半年内的离职率

数据来源：麦可思-中国 2011 届、2012 届大学毕业生社会需求与培养质量调查。

表 1-3-44 为 2011 届和 2012 届主要学科门类/专业大类毕业半年内的离职率。在 2012 届本科学科门类中，文学的半年内离职率最高，为 32%；工学最低，为 18%。在高职高专专业大类中，艺术设计传媒大类的半年内离职率最高，为 53%；医药卫生大类最低，为 20%。

表 1-3-44　2011 届、2012 届主要学科门类/专业大类毕业半年内的离职率[*]

单位：%

本科学科门类名称	2012 届	2011 届	高职高专专业大类名称	2012 届	2011 届
文　学	32	36	艺术设计传媒大类	53	68
农　学	28	32	财经大类	51	57
经济学	26	30	生化与药品大类	49	43
管理学	25	29	电子信息大类	47	55
理　学	23	28	旅游大类	46	59
教育学	22	32	轻纺食品大类	42	51
法　学	21	28	制造大类	40	51
医　学	21	20	农林牧渔大类	40	41
工　学	18	23	土建大类	39	43
			文化教育大类	36	49
			交通运输大类	31	49
			材料与能源大类	22	27
			医药卫生大类	20	32
全国本科	**24**	**29**	**全国高职高专**	**42**	**52**

[*]个别学科门类/专业大类因为样本不足，没有包括在内。
数据来源：麦可思-中国 2011 届、2012 届大学毕业生社会需求与培养质量调查。

（二）离职类型

2012 届大学生毕业半年内离职的人群有 98% 发生过主动离职，主动离职的主要原因是个人发展空间不够（30%）和薪资福利偏低（20%）。

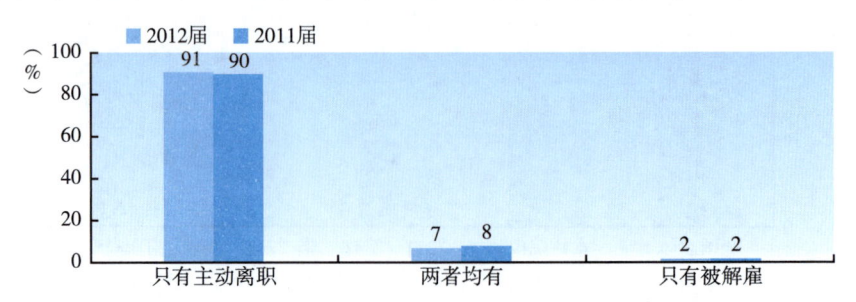

图 1-3-29　2011 届、2012 届大学毕业生的离职类型分布

数据来源：麦可思-中国 2011 届、2012 届大学毕业生社会需求与培养质量调查。

（三）主动离职原因

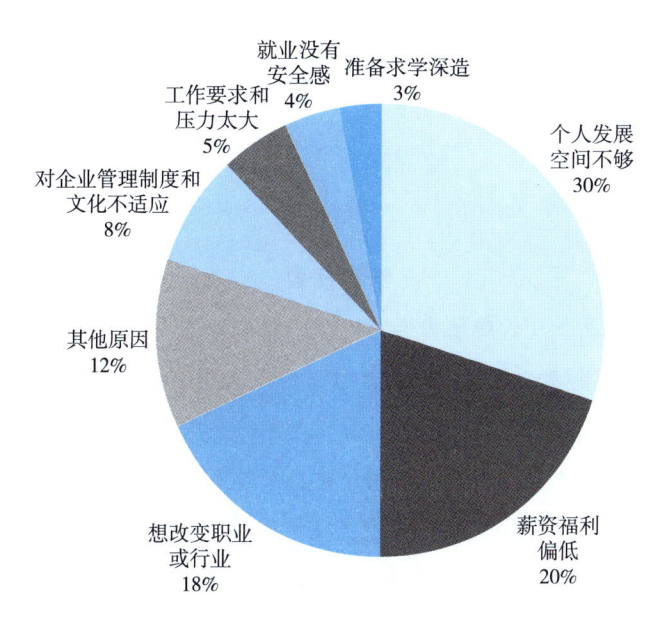

饼图数据：
- 个人发展空间不够 30%
- 薪资福利偏低 20%
- 想改变职业或行业 18%
- 其他原因 12%
- 对企业管理制度和文化不适应 8%
- 工作要求和压力太大 5%
- 就业没有安全感 4%
- 准备求学深造 3%

图1-3-30 2012届大学毕业生主动离职的原因分布

数据来源：麦可思-中国2012届大学毕业生社会需求与培养质量调查。

B.6
第四章
专业预警

结论摘要

1. 2013年本科就业红牌警告专业包括：动画、法学、生物技术、生物科学与工程、数学与应用数学、体育教育、生物工程、英语、美术学。2013年高职高专就业红牌警告专业包括：法律文秘、计算机科学与技术、国际金融、工商管理、法律事务、汉语言文学教育、计算机应用技术、电子商务、会计电算化。以上专业与2012年的红牌专业基本相同，这些专业失业量较大、就业率低，且薪资较低。

2. 2013年本科就业绿牌发展专业包括：地质工程、港口航道与海岸工程、船舶与海洋工程、石油工程、采矿工程、油气储运工程、矿物加工工程、过程装备与控制工程、水文与水资源工程、审计学。2013年高职高专就业绿牌发展专业包括：道路桥梁工程技术、生产过程自动化技术、应用化工技术、焊接技术及自动化、供热通风与空调工程技术。以上专业与2012年的绿牌专业相同，这些专业的就业率持续走高，薪资走高。

红牌专业：失业量较大，就业率较低，月收入较低且就业满意度较低的专业，为高失业风险型专业。

黄牌专业：除红牌专业外，失业量较大，就业率较低，月收入较低且就业满意度较低的专业。

绿牌专业：月收入、就业率持续走高，失业量较低且就业满意度较高的专业，为需求增长型专业。

根据麦可思对2010～2012届连续三届大学毕业生的就业分析，个别专业供大于求而导致的失业问题十分突出，且具有一定的持续性，是造成大学生就业问题的主要原因之一。本报告把专业供需失衡导致的失业简称为专业结构性失业。解决大学生就业问题的有效途径之一是解决专业结构性失业，解决此失业类型的核心是调控各专业的供应量。对专业的失业率和失业量进行监测和预警，以个别专业的招生指标控制为主要杠杆，辅助以在校生专业调整，主动干预、调控专业结构，是我国高等教育现有"招生计划"体制下适应社会需求、提高就业率的途径之一。大学生就业的专业预警机制包括三个层面：国家层面、省级层面（主要是省、直辖市、自治区）以及高校层面。

（一）国家层面的专业预警机制

国家层面的专业预警机制主要对全国严重供大于求的专业进行招生结构与在校生专业调控。

1. 专业预警机制实现——"红黄绿牌"专业

表1-4-1和表1-4-2是根据麦可思全国调查数据按前述定义计算得出的2013年大学生"红黄绿牌"本科和高职高专专业名单。据国家统计局的数据，自2000年以来，我国本科各学科门类、高职高专各专业大类的招生结构基本固定。在此前提下，专业的就业和失业状况具有一定的惯性，如果不做调控，出现根本性变动的可能性较小。所以可以认为2009届、2010届、2011届、2012届连续失业量最大的专业，在未来几届中也有很大的可能性继续保持失业量较多的局面。因此必须以"红牌"来予以警告。

表1-4-1　2013年中国大学毕业生"红黄绿牌"本科专业

红牌专业	黄牌专业	绿牌专业
动画	计算机科学与技术	地质工程
法学	艺术设计	港口航道与海岸工程
生物技术	电子信息科学与技术	船舶与海洋工程
生物科学与工程	公共事业管理	石油工程
数学与应用数学	信息管理与信息系统	采矿工程
体育教育	工商管理	油气储运工程
生物工程	汉语言文学	矿物加工工程
英语	国际经济与贸易	过程装备与控制工程
美术学		水文与水资源工程
		审计学

数据来源：麦可思-中国2010~2012届大学毕业生社会需求与培养质量调查。

表1-4-2 2013年中国大学毕业生"红黄绿牌"高职高专专业

红牌专业	黄牌专业	绿牌专业
法律文秘	计算机网络技术	道路桥梁工程技术
计算机科学与技术	计算机信息管理	生产过程自动化技术
国际金融	物流管理	应用化工技术
工商管理	商务英语	焊接技术及自动化
法律事务	临床医学	供热通风与空调工程技术
汉语言文学教育		
计算机应用技术		
电子商务		
会计电算化		

数据来源：麦可思-中国2010~2012届大学毕业生社会需求与培养质量调查。

将表1-4-1和表1-4-2与2012年大学生"红黄绿牌"本科和高职高专专业名单相比，名单中的专业基本保持一致。本科专业名单的变化是，国际经济与贸易由2012年的红牌专业转为2013年的黄牌专业，美术学由2012年的黄牌专业转为2013年的红牌专业；高职高专专业名单的变化是，临床医学由2012年的红牌专业转为2013年的黄牌专业，会计电算化由2012年的黄牌专业转为2013年的红牌专业。

2. 高失业风险型专业的预警机制

分别对全国本科、高职高专就业率低和失业量大的专业进行监测和预警，锁定并发布红牌警告专业、黄牌预警专业与绿牌发展专业。对红牌专业可以采取以下措施。

第一，对于已经在读的大学生，可采取措施鼓励其转换专业，采取"转专业"和"二学位"等办法，分流高失业风险型专业的学生到就业好、社会需求较多的专业如绿牌专业，以达到短期内提高大学生就业率的目的。其中"转专业"和"二学位"的原则，是实现就业率低的专业向就业率高的专业流转的方式。

第二，削减红牌专业的招生量，相应增加就业好的专业如绿牌专业的招生量。削减红牌专业招生量不能一刀切，具体办法是"优胜劣汰"，即通过专业监测和预警系统，对培养质量差、就业能力落后的省份或高校的红牌专业，实行减少该专业招生量乃至个别高校该专业停招的办法。

以动画专业为例，其失业率多年走高，失业量在近三年内属最多的十个专业之内。据麦可思调查，在2012届动画专业本科毕业生中，就业率最高的院校可以达到充分就业，最低的院校则为84.0%。建议动画就业率最低的省和部分院校削减招生量或暂停招生。

（二）省级层面的专业预警机制

各地的劳动市场供需情况不同，国家层面的"红黄绿牌"不一定代表各省的各专业实际状况，对于以本地就业为主的高职高专尤其如此。省级层面（直辖市、自治区）的专业预警，其目的是在执行国家层面的宏观调控之外，对本地区高等教育与劳动市场特有的供需情况进行监测、预警和调控。对专业的预警机制也应被纳入省级政府的管理职能之列。可采取前述的全国类似方法，锁定、发布和调控本省"红黄绿牌"专业。

（三）院校层面的专业预警机制

院校是专业预警体制的最低一层，所有的监测数据及调控措施都落实在院校身上。但这并不是说院校只能被动地接受国家和本省教育管理部门的监督和调控。院校也应该主动建立专业预警机制，实现教育运行的科学化管理。

各高校应该对本校毕业生进行年度的就业状态跟踪，对就业率和就业满意度连续2~3年排在本校各专业最后的专业亮红牌，对失业率上升最快的专业亮黄牌，对就业率、薪资和就业满意度持续走高的专业亮绿牌。对于红牌专业，须分析失业率高是本校培养水平低造成的或是该专业供大于求造成的，前者需要改进培养质量，后者要缩减招生量，分流该专业的在校生到其他专业，对于黄牌专业给予警示，对绿牌专业给予发展。

B.7

第五章
能力与知识培养质量

结论摘要

一 基本工作能力

1. 无论是本科毕业生还是高职高专毕业生,毕业时对基本工作能力掌握的水平均低于工作岗位要求的水平。

2. 2012届本科毕业生在理解交流能力中最重要的是服务他人能力和有效的口头沟通能力(重要度均为76%),其满足度分别为82%和81%;科学思维能力中最重要的是针对性写作能力(重要度为72%),其满足度为82%;管理能力中最重要的是谈判技能(重要度为78%),其满足度为72%;应用分析能力中最重要的是新产品构思能力(重要度为78%),其满足度为76%;动手能力中最重要的是电脑编程能力(重要度为74%),其满足度为76%。

3. 2012届高职高专毕业生在理解交流能力中最重要的是有效的口头沟通能力(重要度为74%),其满足度为80%;科学思维能力中最重要的是科学分析能力(重要度为74%),其满足度为80%;管理能力中最重要的是谈判技能(重要度为75%),其满足度为73%;应用分析能力中最重要的是新产品构思能力(重要度为73%),其满足度为61%;动手能力中最重要的是电脑编程能力(重要度为79%),其满足度为70%。

二 核心知识

2012届大学毕业生最重要的核心知识是销售与营销知识,其满足度最低,本科和高职高专分别为75%和72%。

一 基本工作能力

(一)背景介绍

工作能力:从事某项职业工作必须具备的能力,分为职业工作能力和基本工作能力。职业工作能力是从事某一职业特殊需要的能力，基本工作能力是所有工作都必须具备的能力，基本工作能力分为 35 项。根据麦可思的工作能力分类，中国大学生可以从事的职业共 693 个，对应的职业能力近万条。

五大类基本工作能力： 麦可思参考美国 SCANS 标准，把 35 项基本工作能力划归为五大类型，分别是理解与交流能力、科学思维能力、管理能力、应用分析能力和动手能力（见图 1-5-1）。

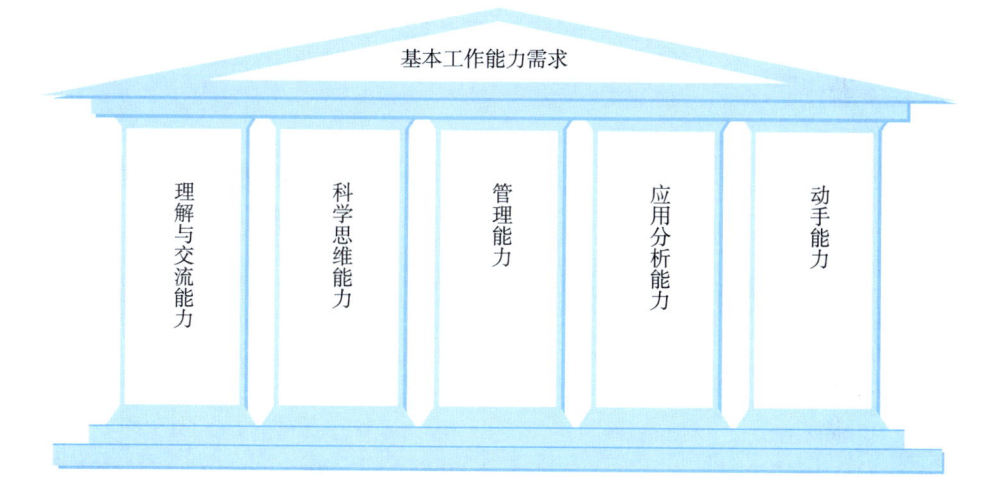

图 1-5-1　五大类基本工作能力

表 1-5-1　基本工作能力定义及序号

序号	五大类能力	标题	描述
1	理解与交流能力	理解性阅读	理解工作文件的句子和段落
2	理解与交流能力	积极聆听	理解对方讲话的要点，适当地提出问题
3	理解与交流能力	有效的口头沟通	交谈中有效果地传递信息
4	理解与交流能力	积极学习	理解信息中的启示，用于解决问题，帮助作出决定
5	理解与交流能力	学习方法	在训练和指导工作时选择方法与程序
6	理解与交流能力	理解他人	关注并理解他人的反应
7	理解与交流能力	服务他人	积极地寻找方法来帮助他人
8	科学思维能力	针对性写作	根据读者需求有效果地传递信息

续表

序号	五大类能力	标题	描述
9	科学思维能力	数学解法	用数学方法来解决问题
10	科学思维能力	科学分析	用科学的原理和方法来解决问题
11	科学思维能力	批判性思维	运用逻辑推理来判定解决问题的建议、结论和方法的优缺点
12	管理能力	绩效监督	监督和评估自己、他人或组织的绩效以采取改进行动
13	管理能力	协调安排	根据他人的需要调整工作安排
14	管理能力	说服他人	说服他人改变想法或者行为
15	管理能力	谈判技能	与他人沟通并且达成一致
16	管理能力	指导他人	指导他人怎样去做一件事
17	管理能力	解决复杂的问题	识别复杂问题并查阅信息以发现和评估解决方案
18	管理能力	判断和决策	考虑各方案的成本和收益,决定最合适的方案
19	管理能力	时间管理	管理自己和他人的时间
20	管理能力	财务管理	决定怎样花钱以完成工作,并为这些开支记账核算
21	管理能力	物资管理	如何按照工作的特定需要获得设备、厂房和材料,以及监督其合理使用
22	管理能力	人力资源管理	在工作中激发、指导人们的工作,寻找适合各项工作的人
23	应用分析能力	新产品构思	分析需求和生产的可能性以开发出新产品
24	应用分析能力	技术设计	按要求设计和修改设备与技术
25	应用分析能力	设备选择	决定使用哪一种工具和设备来做一项工作
26	应用分析能力	质量控制分析	对产品、服务或工作程序进行测试和检查以评价其质量和绩效
27	应用分析能力	操作监控	监视仪表、控制器和其他指示器以保证机器正常运行
28	应用分析能力	操作和控制	控制设备和系统的运行
29	应用分析能力	设备维护	对设备进行日常维护并决定什么时候进行何种维护
30	应用分析能力	疑难排解	判断出操作错误的产生原因并决定纠错对策
31	应用分析能力	系统分析	判定变化对一个系统运行结果的影响
32	应用分析能力	系统评估	识别系统绩效的评估方法或指标,根据系统目标制订行动来改进系统表现
33	动手能力	安装能力	按照特定要求来安装设备、机器、管线或程序
34	动手能力	电脑编程	为各种目的编写电脑程序
35	动手能力	维修机器和系统	使用必要的工具来修理机器和系统

基本工作能力重要度:用于定义正在工作的大学毕业生所理解的35项基本工作能力在其岗位工作中的重要程度,分为"无法评估"、"不重要"、"有

些重要"、"重要"、"非常重要"和"极其重要"六个层次,数据处理时把重要性处理为百分比,0代表"不重要",25%代表"有些重要",50%代表"重要",75%代表"非常重要",100%代表"极其重要"。

工作岗位要求的工作能力水平:用于定义正在工作的大学毕业生所理解的工作对35项基本工作能力的要求级别,从低到高分为一级到七级。一级代表该能力的最低水平,取值1/7;七级代表该能力的最高水平,取值1,最高水平是初级和中级职业人员达不到的。为了帮助答题人自评级别,问卷在一到七级中分别举了三个例子,以帮助答题人理解能力差别。

毕业时掌握的基本工作能力水平:用于定义正在工作的大学毕业生所理解的对35项基本工作能力在刚毕业时实际掌握的级别,从低到高分为一级到七级。取值同上。

基本工作能力的能力满足度:毕业时掌握的基本工作能力水平满足社会初始岗位的工作要求水平的百分比,100%为完全满足。满足度计算公式的分子是毕业时掌握的基本工作能力水平,分母是工作要求的水平。

(二)基本工作能力重要度和满足度

图1-5-2、图1-5-3和图1-5-4分别显示了2010~2012届大学毕业生毕业时掌握的基本工作能力水平和工作岗位要求达到的水平,以及在此基础上计算出的能力满足度。可以看出,无论是本科毕业生还是高职高专毕业生,其毕业时对基本工作能力掌握的水平均低于工作岗位要求的水平。

图1-5-5和图1-5-6分别显示了2012届本科和高职高专毕业生35项基本工作能力的重要度和满足度。2012届本科毕业生在理解交流能力中最重要的是服务他人能力和有效的口头沟通能力(重要度均为76%),其满足度分别为82%和81%;科学思维能力中最重要的是针对性写作能力(重要度为72%),其满足度为82%;管理能力中最重要的是谈判技能(重要度为78%),其满足度为72%;应用分析能力中最重要的是新产品构思能力(重要度为78%),其满足度为76%;动手能力中最重要的是电脑编程能力(重要度为74%),其满足度为76%。

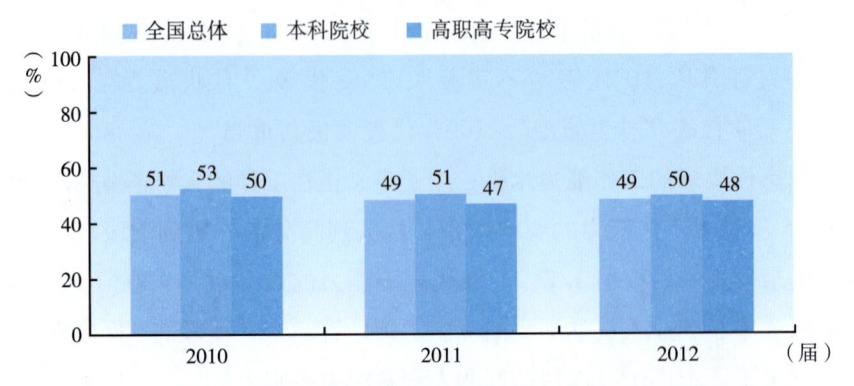

图1-5-2　2010~2012届大学毕业生毕业时掌握的基本工作能力水平＊

＊2011届和2012届关于能力的调查方式发生了变化，只问同职业中最重要的前五项能力，而往届数据问的是前十项能力，下同。

数据来源：麦可思-中国2010~2012届大学毕业生社会需求与培养质量调查。

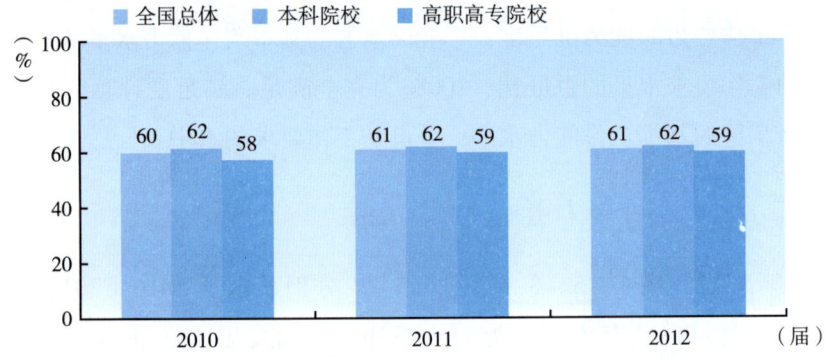

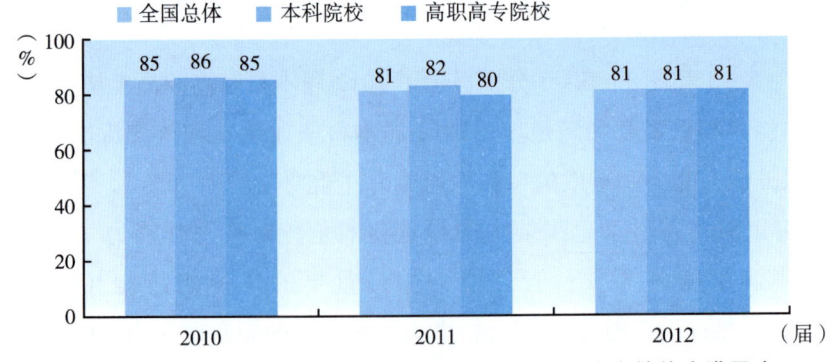

图1-5-3　2010~2012届大学毕业生在工作岗位上要求达到的基本工作能力水平

数据来源：麦可思-中国2010~2012届大学毕业生社会需求与培养质量调查。

图1-5-4　2010~2012届大学毕业生的基本工作能力的能力满足度

数据来源：麦可思-中国2010~2012届大学毕业生社会需求与培养质量调查。

分报告一·第五章 能力与知识培养质量

■ 满足度　■ 重要度

能力	满足度	重要度	分类
服务他人	82	76	
有效的口头沟通	81	76	
积极学习	81	75	
积极聆听	85	73	理解交流能力
学习方法	81	71	
理解他人	87	70	
理解性阅读	92	62	
针对性写作	82	72	
科学分析	80	68	科学思维能力
批判性思维	82	64	
谈判技能	72	78	
说服他人	69	77	
协调安排	85	71	
时间管理	82	71	
指导他人	87	70	
判断和决策	81	68	管理能力
财务管理	81	67	
人力资源管理	75	67	
解决复杂的问题	80	66	
物资管理	82	60	
绩效监督	82	55	
新产品构思	76	78	
疑难排解	75	75	
系统分析	70	73	
质量控制分析	79	69	
技术设计	75	69	应用分析能力
操作和控制	74	69	
操作监控	71	69	
设备维护	72	63	
系统评估	88	58	
设备选择	86	50	
电脑编程	76	74	
安装能力	75	69	动手能力
维修机器和系统	75	62	

图1-5-5　2012届本科毕业生的35项基本工作能力的重要度和满足度*

*数学解法能力因为样本不足，没有包括在内。
数据来源：麦可思-中国2012届大学毕业生社会需求与培养质量调查。

能力	满足度	重要度	分类
有效的口头沟通	80	74	理解交流能力
积极学习	81	72	
积极聆听	85	70	
服务他人	83	70	
理解他人	84	67	
学习方法	83	67	
理解性阅读	88	60	
科学分析	80	74	科学思维能力
批判性思维	81	63	
针对性写作	86	52	
数学解法	93	48	
谈判技能	73	75	管理能力
说服他人	70	74	
判断和决策	78	72	
时间管理	84	69	
协调安排	85	67	
解决复杂的问题	84	67	
人力资源管理	73	66	
指导他人	86	63	
财务管理	80	61	
绩效监督	86	54	
物资管理	81	52	
新产品构思	61	73	应用分析能力
疑难排解	79	71	
技术设计	78	70	
系统分析	75	70	
操作和控制	79	67	
操作监控	78	63	
质量控制分析	82	61	
设备维护	78	60	
系统评估	91	50	
设备选择	88	46	
电脑编程	70	79	动手能力
安装能力	81	63	
维修机器和系统	77	61	

图1-5-6　2012届高职高专毕业生的35项基本工作能力的重要度和满足度

数据来源：麦可思-中国2012届大学毕业生社会需求与培养质量调查。

2012届高职高专毕业生在理解交流能力中最重要的是有效的口头沟通能力（重要度为74%），其满足度为80%；科学思维能力中最重要的是科学分析能力（重要度为74%），其满足度为80%；管理能力中最重要的是谈判技能（重要度为75%），其满足度为73%；应用分析能力中最重要的是新产品构思能力（重要度为73%），其满足度为61%；动手能力中最重要的是电脑编程能力（重要度为79%），其满足度为70%。

（三）创新能力分析

创新能力：除了上述五大类别的能力，我们将35项基本工作能力中与创新能力相关的几项进行了归类分析，其中创新能力包括科学分析、批判性思维、积极学习、新产品构思四种能力。

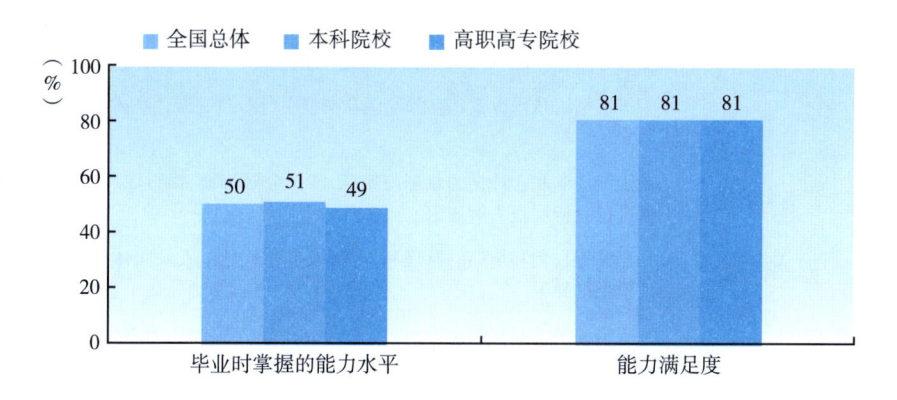

图1-5-7 2012届大学毕业生的创新能力指标

数据来源：麦可思-中国2012届大学毕业生社会需求与培养质量调查。

二 核心知识

（一）背景介绍

核心知识：指大学毕业生在校期间所掌握的28项知识，具体描述见表1-5-2。

表1-5-2 核心知识定义及序号

序号	名称	描述
1	行政与管理	关于战略规划、资源分配、人力资源、领导技巧、生产方法、人员与资源协调的商业管理原理
2	生物学	关于动植物有机体的组织、细胞、功能的知识,包括生物体的相互作用及其与环境的依赖和相互作用
3	化学	关于物质的化学组成、结构、性质、化学反应及变化的知识,包括掌握化学物品的危险特征、制备方法以及安全处理方法
4	文秘	关于行政和文书记录程序和系统的知识,例如:文字处理、文件记录归档、速记和誊写、表格设计等,还要掌握其他一些办公程序和专门用语
5	传播与媒体	关于传媒制作、交流、传播技术和方法的知识,包括通过书面、口头和可视媒体等方式来传达信息或娱乐受众
6	计算机与电子学	关于线路板、处理器、芯片、电子设备和电脑软硬件的知识,包括关于应用软件和编程方面的知识
7	消费者服务与个人服务	关于向顾客、个人提供服务的原理及过程的知识,包括评估顾客需求以达到服务质量标准,并确定顾客的满意程度
8	设计	关于在精密技术方案、蓝图、绘图和模型中所涉及的设计技术、工具和原理的知识
9	经济学与会计	关于经济学和会计学的原理与实践,涉及金融市场、银行业以及对金融数据进行分析和报告的知识
10	教育与培训	关于课程设置和培训的原理和方法,教授和指导个人及团体,以及评估培训效果的知识
11	工程与技术	关于工程科技的实际应用的知识,包括应用原理、技术、程序、设计、生产多种产品和服务所用的设备
12	中文语言	关于汉语语言结构和内容的知识,包括词的意义和书写、构成规则和语法
13	美术	关于音乐、舞蹈、视觉艺术、戏剧和雕塑等艺术作品的创作、制作和表现中所涉及的理论和技术知识
14	外国语	关于一门外语语言结构和内容的知识,包括单词的意义和拼写、构成规则、语法和发音
15	地理学	关于描述陆地、海洋、大气特征的原理和方法的知识,包括其物理特征、位置、相互关系,以及关于植物、动物和人类分布的知识
16	历史学与考古学	关于历史事件及其起因、标志,以及对文明和文化的影响的知识
17	法律与政府	关于法律、法规、法庭程序、判例、政府规定、行政指令、机构规则和民主政治进程的知识
18	数学	关于算术、代数、几何、微积分、统计及其应用的知识
19	机械	关于机械和工具的知识,包括其设计、使用、修理和保养
20	人事与人力资源	关于招聘、选拔、培训、薪酬福利、劳动关系和谈判、人事信息系统的知识

续表

序号	名称	描述
21	哲学	关于不同哲学系统和宗教流派的知识,包括基本原理、价值观、道德观、思考方式、习俗、惯例及其对人类文化的影响
22	物理学	关于物质世界的原理、定理和物质相互作用的知识和预测,以及通过实验手段去了解的关于物质、大气运动、机械、电子、原子和亚原子结构与过程的知识
23	生产与加工	关于原材料、生产过程、质量控制、成本和其他知识,并使有限物资有效和最大限度地应用到制造和分配货物中
24	心理学	关于人类行为和表现,能力、个性和兴趣的个体差异,学习与动机,心理研究方法,以及对行为和情感紊乱的评价和治疗的知识
25	销售与营销	关于展示、促销产品及服务的原则和方法的知识,包括营销策略、产品展示、销售技巧及销售控制体系
26	社会学和人类学	关于群体行为和动力学、社会趋势和影响、人类迁徙,以及种族、文化及其历史和起源的知识
27	电信学	关于电信体系中传输、播报、转换、控制和运营的知识
28	治疗与保健咨询	关于身体和精神功能紊乱的诊断、治疗、复健,以及职业咨询与指导的原则、方法和程序的知识

核心知识重要度:用于定义正在工作的大学毕业生所理解的各项知识在其岗位工作中的重要程度,分为"不重要"、"有些重要"、"重要"、"非常重要"和"极其重要"五个层次,数据处理时把重要性处理为百分比,0代表"不重要",25%代表"有些重要",50%代表"重要",75%代表"非常重要",100%代表"极其重要"。

工作要求的核心知识水平:用于定义正在工作的大学毕业生所理解的工作对各项知识的要求级别,从低到高分为一级到七级。一级代表该知识的最低水平,取值1/7;七级代表该知识的最高水平,取值1。为了帮助答题人自评级别,问卷在一到七级中分别举了三个例子,以帮助答题人理解知识水平差别。

毕业时掌握的核心知识水平:用于定义正在工作的大学毕业生所理解的对各项知识在刚毕业时实际掌握的级别,从低到高分为一级到七级。取值同上面的工作要求的核心知识水平。

核心知识满足度:毕业时掌握的核心知识水平满足社会初始岗位的工作要求水平的百分比,100%为完全满足。满足度计算公式的分子是毕业时掌握的核心知识水平,分母是工作要求的核心知识水平。

（二）核心知识重要度和满足度

表1-5-3显示了2012届大学毕业生各项核心知识的重要度和满足度。2012届大学毕业生最重要的核心知识是销售与营销知识，其满足度最低，本科和高职高专分别为75%和72%。

表1-5-3　2012届大学毕业生的各项核心知识指标*

单位：%

核心知识名称	本科院校		高职高专院校	
	重要度排名	知识满足度	重要度排名	知识满足度
销售与营销	1	75	1	72
心理学	2	83	2	80
经济学与会计	3	76	3	77
消费者服务与个人服务	4	77	5	75
工程与技术	5	79	4	76
法律与政府	6	76	16	79
人事与人力资源	7	75	7	74
生物学	8	85	15	84
化学	9	85	17	87
设计	10	78	6	77
生产与加工	11	76	20	78
教育与培训	12	79	9	76
计算机与电子学	13	90	13	88
机械	14	75	14	74
中文语言	15	96	11	89
行政与管理	16	82	12	78
文秘	17	86	19	80
传播与媒体	18	87	18	80
外国语	19	86	8	85
社会学和人类学	20	87	10	88
电信学	21	84	23	86
物理学	22	90	22	84
哲学	23	93	—	—
地理学	24	87	24	85
数学	25	95	21	88

*部分知识由于样本较少，没有包括在内。
数据来源：麦可思-中国2012届大学毕业生社会需求与培养质量调查。

B.8 第六章 自主创业

结论摘要

一 自主创业分布

1. 中国大学毕业生自主创业比例连续两届略有上升，2012届大学毕业生自主创业比例达到2.0%，比2011届（1.6%）高0.4个百分点，比2010届（1.5%）高0.5个百分点。2012届高职高专毕业生自主创业比例（2.9%）远远高于本科毕业生（1.2%）。

2. 2012届本科毕业生自主创业比例最高的就业经济区域为泛长江三角洲区域经济体（1.8%）。2012届高职高专毕业生自主创业比例最高的就业经济区域为泛长江三角洲区域经济体和中原区域经济体（均为3.6%）。

3. 2012届大学毕业生自主创业主要集中在销售职业。在本科毕业生中，比例占前两位的为"其他销售代表、服务商"（4.6%）和"销售经理"（4.4%）；在高职高专毕业生中，比例占前两位的为"其他销售代表、服务商"（4.0%）和"总经理和日常主管"（3.4%）。

4. 2012届本科毕业生自主创业集中的前两位行业是中小学教育机构（6.0%）及其他娱乐和休闲产业（3.3%）。2012届高职高专毕业生自主创业集中的前两位行业是其他个人服务业（4.0%）和其他零售业（3.3%）。

二 自主创业动机

创业理想是2012届大学毕业生自主创业最重要的动力（本科为51%，高职高专为48%），大学毕业生因为找不到合适的工作才创业的比例较小（本科为7%，高职高专为8%）。加强创业意识的培养才是提升大学毕业生自主创业的有效途径。与2011届相比，由于理想而创业的比例有所上升，而因为有好的创业项目才创业的比例有所下降。

三 自主创业资金来源

2012届大学毕业生自主创业的资金主要依靠父母/亲友投资或借贷和个人储蓄（本科为81%，高职高专为80%），而来自商业性风险投资（本科为1%，高职高专为2%）和政府资助（本科和高职高专均为1%）的比例较小。

一 自主创业分布

图1-6-1是2010~2012届大学毕业生自主创业的比例变化趋势。中国大学毕业生自主创业比例连续两届略有上升，2012届大学毕业生自主创业比例达到2.0%，比2011届（1.6%）高0.4个百分点，比2010届（1.5%）高0.5个百分点。2012届高职高专毕业生自主创业比例（2.9%）远远高于本科毕业生（1.2%）。

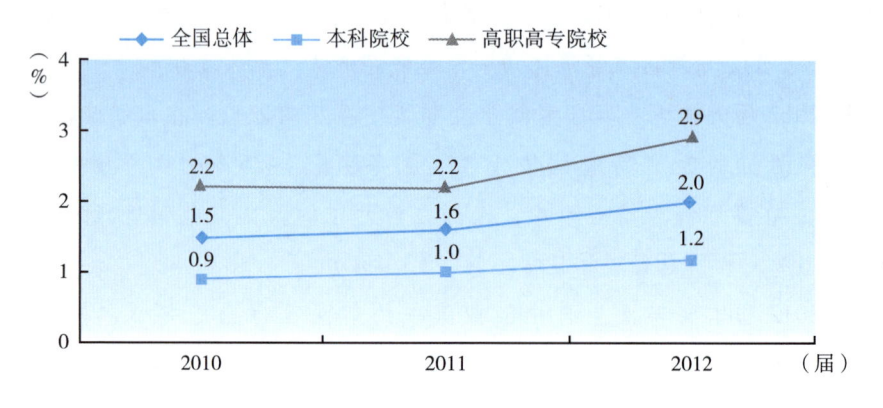

图1-6-1 2010~2012届大学毕业生自主创业的比例变化趋势

数据来源：麦可思-中国2010~2012届大学毕业生社会需求与培养质量调查。

就业经济区域自主创业比例 = 在本经济区域自主创业的2012届大学毕业生人数/在本经济区域就业的2012届大学毕业生人数。

图1-6-2和图1-6-3分别是在各经济区域就业的2012届本科和高职高专毕业生自主创业比例。2012届本科毕业生自主创业比例最高的就业经济

区域为泛长江三角洲区域经济体（1.8%）。2012届高职高专毕业生自主创业比例最高的就业经济区域为泛长江三角洲区域经济体和中原区域经济体（均为3.6%）。

图1-6-2 在各经济区域就业的2012届本科毕业生自主创业的比例*

泛长江三角洲区域经济体 1.8
陕甘宁青区域经济体 1.6
中原区域经济体 1.5
西南区域经济体 1.4
泛渤海湾区域经济体 1.0
泛珠江三角洲区域经济体 1.0
东北区域经济体 0.8

*西部生态经济区因为样本不足，没有包括在内。
数据来源：麦可思-中国2012届大学毕业生社会需求与培养质量调查。

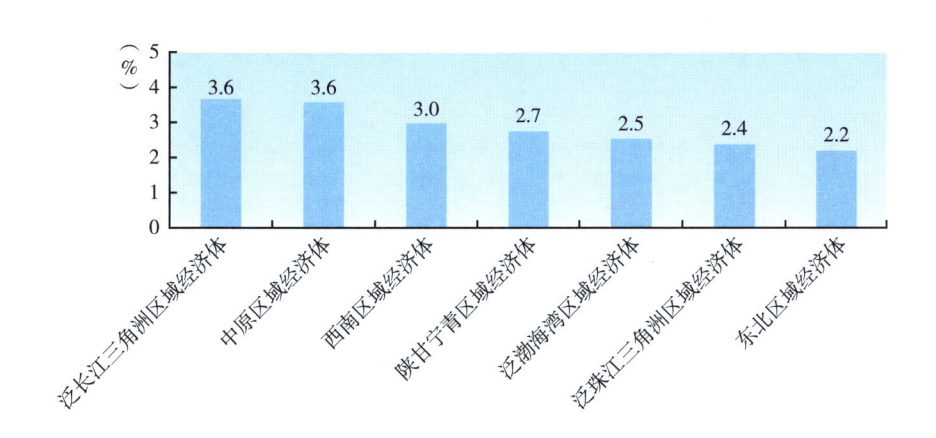

图1-6-3 在各经济区域就业的2012届高职高专毕业生自主创业的比例*

泛长江三角洲区域经济体 3.6
中原区域经济体 3.6
西南区域经济体 3.0
陕甘宁青区域经济体 2.7
泛渤海湾区域经济体 2.5
泛珠江三角洲区域经济体 2.4
东北区域经济体 2.2

*西部生态经济区因为样本不足，没有包括在内。
数据来源：麦可思-中国2012届大学毕业生社会需求与培养质量调查。

自主创业集中的职业的比例：2012届同学历层次自主创业人群中有多大比例的毕业生从事该职业。分子是2012届自主创业人群中从事该职业的毕业生人数，分母是2012届同学历层次毕业生自主创业的总人数。

2012届大学毕业生自主创业主要集中在销售职业。在本科毕业生中，比例占前两位的为"其他销售代表、服务商"（4.6%）和"销售经理"（4.4%）；在高职高专毕业生中，比例占前两位的为"其他销售代表、服务商"（4.0%）和"总经理和日常主管"（3.4%）。

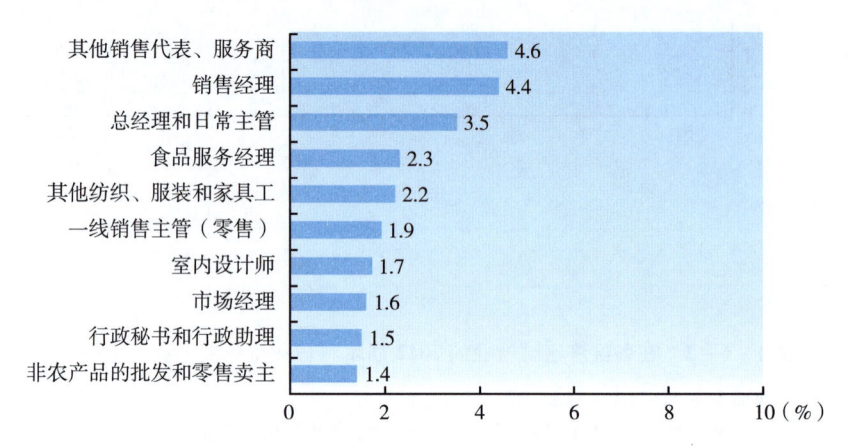

职业	比例(%)
其他销售代表、服务商	4.6
销售经理	4.4
总经理和日常主管	3.5
食品服务经理	2.3
其他纺织、服装和家具工	2.2
一线销售主管（零售）	1.9
室内设计师	1.7
市场经理	1.6
行政秘书和行政助理	1.5
非农产品的批发和零售卖主	1.4

图1-6-4　2012届本科毕业生自主创业最集中的前十位职业

数据来源：麦可思-中国2012届大学毕业生社会需求与培养质量调查。

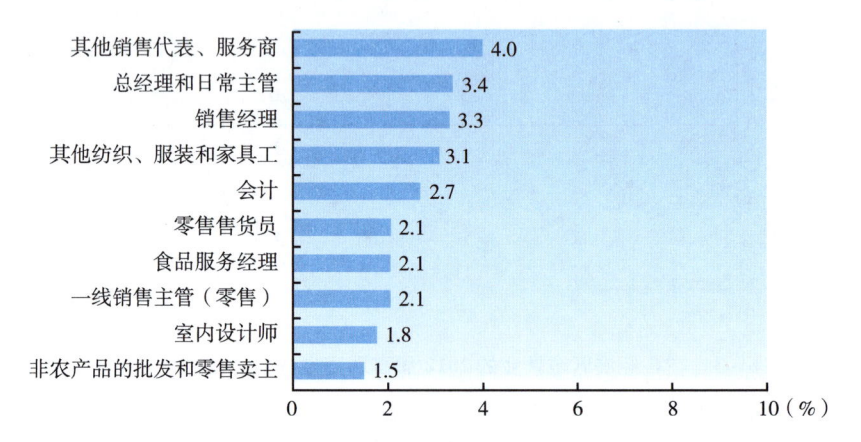

职业	比例(%)
其他销售代表、服务商	4.0
总经理和日常主管	3.4
销售经理	3.3
其他纺织、服装和家具工	3.1
会计	2.7
零售售货员	2.1
食品服务经理	2.1
一线销售主管（零售）	2.1
室内设计师	1.8
非农产品的批发和零售卖主	1.5

图1-6-5　2012届高职高专毕业生自主创业最集中的前十位职业

数据来源：麦可思-中国2012届大学毕业生社会需求与培养质量调查。

自主创业集中的行业的比例：2012届同学历层次自主创业人群中有多大比例毕业生在该行业就业，分子是2012届自主创业人群中在该行业就业的毕业生人数，分母是2012届同学历层次毕业生自主创业的总人数。

2012届本科毕业生自主创业集中的前两位行业是中小学教育机构（6.0%）及其他娱乐和休闲产业（3.3%）。2012届高职高专毕业生自主创业集中的前两位行业是其他个人服务业（4.0%）和其他零售业（3.3%）。

行业	比例(%)
中小学教育机构	6.0
其他娱乐和休闲产业	3.3
其他学院和培训机构	3.2
教育辅助服务业	2.9
其他金融投资业	2.6
广告及相关服务业	2.6
互联网运营与网络搜索引擎业	2.3
其他个人服务业	2.2
服装零售业	2.0
综合性餐饮业	1.9

图1-6-6　2012届本科毕业生自主创业最集中的前十位行业

数据来源：麦可思-中国2012届大学毕业生社会需求与培养质量调查。

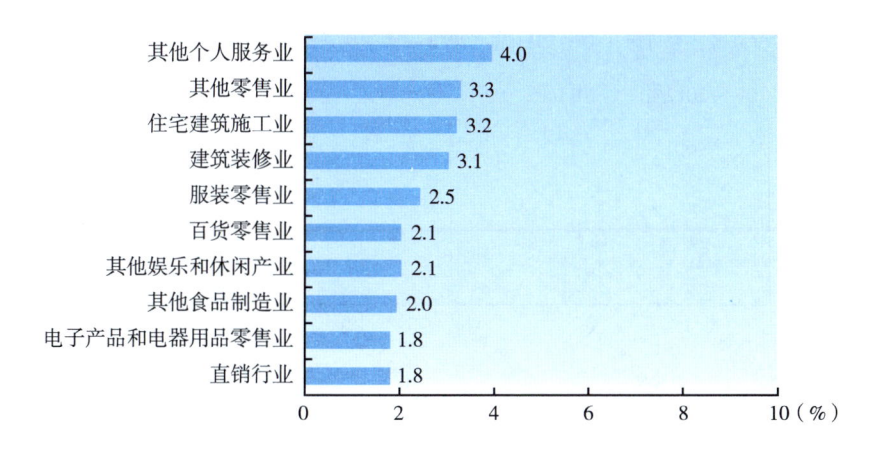

行业	比例(%)
其他个人服务业	4.0
其他零售业	3.3
住宅建筑施工业	3.2
建筑装修业	3.1
服装零售业	2.5
百货零售业	2.1
其他娱乐和休闲产业	2.1
其他食品制造业	2.0
电子产品和电器用品零售业	1.8
直销行业	1.8

图1-6-7　2012届高职高专毕业生自主创业最集中的前十位行业

数据来源：麦可思-中国2012届大学毕业生社会需求与培养质量调查。

二 自主创业动机

如图1-6-8和图1-6-9所示,创业理想是2012届大学毕业生自主创业最重要的动力(本科为51%,高职高专为48%),大学毕业生因为找不到合适的工作才创业的比例较小(本科为7%,高职高专为8%)。加强创业意识的培养才是提升大学毕业生自主创业的有效途径。与2011届相比,由于理想而创业的比例有所上升,而因为有好的创业项目才创业的比例有所下降。

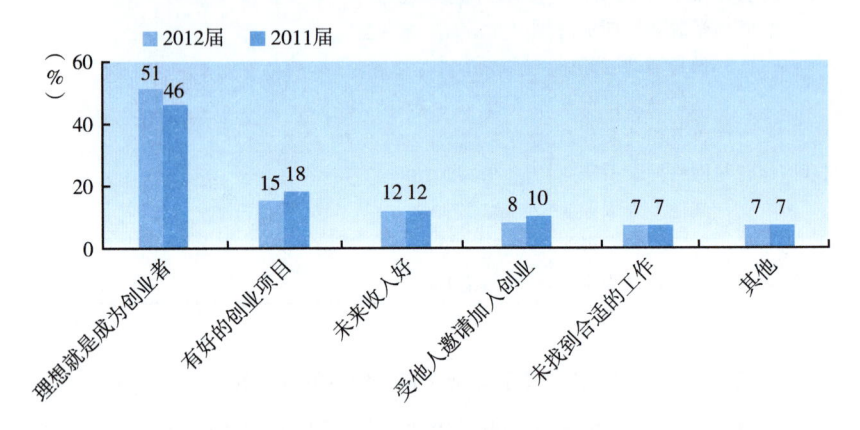

图1-6-8 2011届、2012届本科毕业生自主创业的动机分布

数据来源:麦可思-中国2011届、2012届大学毕业生社会需求与培养质量调查。

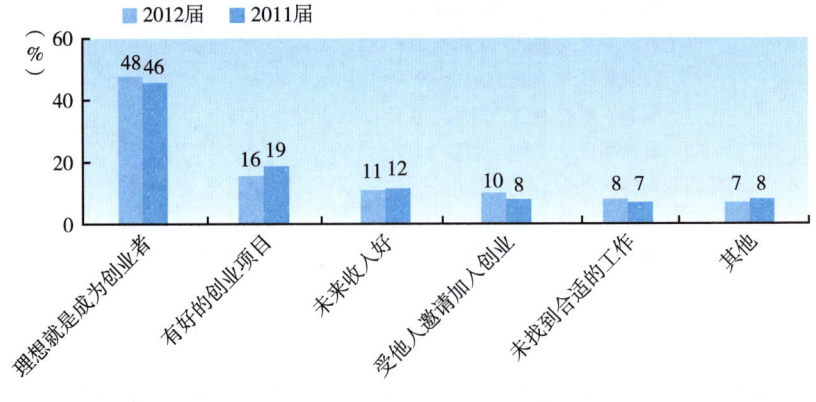

图1-6-9 2011届、2012届高职高专毕业生自主创业的动机分布

数据来源:麦可思-中国2011届、2012届大学毕业生社会需求与培养质量调查。

三 自主创业资金来源

2012届大学毕业生自主创业的资金主要依靠父母/亲友投资或借贷和个人储蓄（本科为81%，高职高专为80%），而来自商业性风险投资（本科为1%，高职高专为2%）和政府资助（本科和高职高专均为1%）的比例较小。

图1-6-10　2011届、2012届本科毕业生自主创业的资金来源

数据来源：麦可思-中国2011届、2012届大学毕业生社会需求与培养质量调查。

图1-6-11　2011届、2012届高职高专毕业生自主创业的资金来源

数据来源：麦可思-中国2011届、2012届大学毕业生社会需求与培养质量调查。

B.9
第七章
国内读研和专升本

结论摘要

一 国内读研

1. 2012届本科毕业生读研比例为9.5%，与2011届（9.2%）基本持平，比2010届（6.7%）高2.8个百分点。

2. 在2012届本科学科门类中，毕业生读研比例最高的是医学，为15.6%；读研比例最低的是管理学，为5.9%。

3. 在2012届本科毕业后就读研的毕业生中，有28%转换了专业。其中，读研转换专业比例最高的学科门类是管理学，有46%的读研学生转换了专业；读研转换专业比例最低的是医学和工学，均为18%。

4. 2012届本科毕业生读研最主要的动机是职业发展需要（34%）和就业前景好（24%），有5%的人因为就业难暂时读研。读研人群选择研究生院校时最关注的因素是所学专业的声誉（35%）和学校的牌子（24%）。

5. 2012届本科毕业生读研的人群认为，母校本科学术准备最需要改进的前三项分别是学术批判性思维能力（27%）、专业课程知识（21%）和研究方法（18%）。

二 专升本

2012届高职高专生毕业后有3.3%选择了专升本，专升本比例最高的高职高专专业大类是农林牧渔大类（7.0%），其次为文化教育大类（6.2%）。2012届高职高专毕业生选择读本科的最主要的原因是就业前景好和职业发展需要（均为27%）。

一 国内读研

（一）读研的比例

图1-7-1和图1-7-2分别是2010~2012届本科毕业生毕业就在国内读研的比例，以及2012届本科毕业生读研转换专业的比例。2012届本科毕业生读研比例为9.5%，与2011届（9.2%）基本持平，比2010届（6.7%）高2.8个百分点。在2012届本科毕业后就读研的毕业生中，有28%转换了专业。

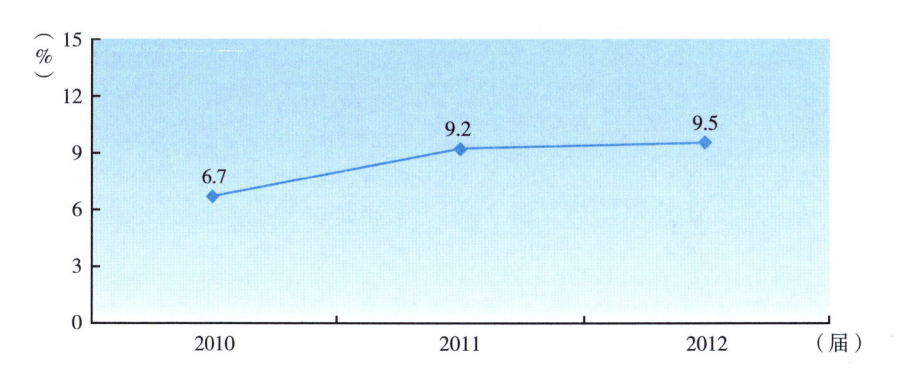

图1-7-1 2010~2012届本科毕业生毕业就在国内读研的比例

数据来源：麦可思-中国2010~2012届大学毕业生社会需求与培养质量调查。

本科各专业毕业生读研比例 = 各专业毕业生的读研人数/该专业毕业生总人数。

本科各专业毕业生读研转换专业的比例 = 各专业读研的毕业生转换专业的人数/该专业读研毕业生总人数。专业转换可以发生在同一个学科门类中。

在2012届本科学科门类中，毕业生读研比例最高的是医学，为15.6%；读研比例最低的是管理学，为5.9%。读研转换专业比例最高的学科门类是管理学，有46%的读研学生转换了专业；读研转换专业比例最低的是医学和工学，均为18%。

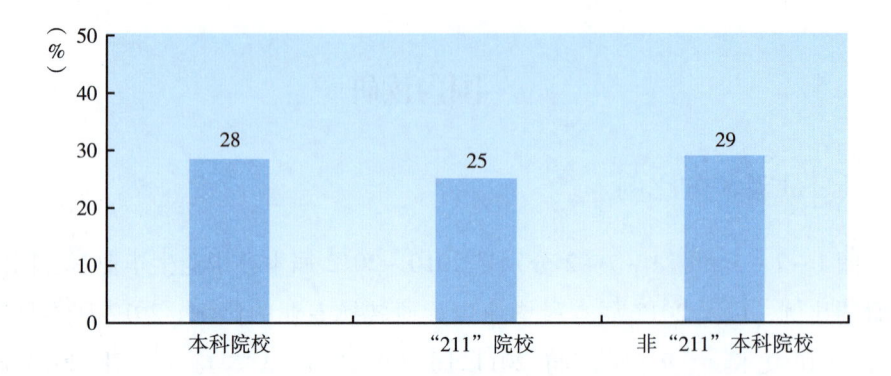

图 1-7-2　2012 届本科毕业生读研转换专业的比例

数据来源：麦可思-中国 2012 届大学毕业生社会需求与培养质量调查。

表 1-7-1　2012 届本科主要学科门类读研比例及转换专业比例*

单位：%

本科主要学科门类名称	读研比例	转换专业比例	本科主要学科门类名称	读研比例	转换专业比例
医　　学	15.6	18	教 育 学	10.8	19
理　　学	15.1	28	经 济 学	8.5	37
农　　学	14.4	31	文　　学	7.1	32
法　　学	13.0	22	管 理 学	5.9	46
工　　学	10.9	18			
全国本科	9.5	28	全国本科	9.5	28

*个别学科门类因为样本不足，没有包括在内。

数据来源：麦可思-中国 2012 届大学毕业生社会需求与培养质量调查。

表 1-7-2　2012 届本科生毕业就读研的主要研究生专业类分布*

单位：%

主要研究生专业类	分布比例	主要研究生专业类	分布比例
电气信息类	12.8	土建类	2.7
经济学类	8.8	公共管理类	2.4
机械类	6.9	管理科学与工程类	2.4
工商管理类	6.8	新闻传播学类	2.3
法学类	4.5	中国语言文学类	2.3
电子信息科学类	3.8	化学类	2.2
外国语言文学类	3.4	化工与制药类	2.0
材料类	3.1	教育学类	1.7

续表

主要研究生专业类	分布比例	主要研究生专业类	分布比例
交通运输类	1.6	植物生产类	0.9
药学类	1.6	地理科学类	0.8
艺术类	1.6	环境科学类	0.8
轻工纺织食品类	1.5	环境与安全类	0.8
能源动力类	1.4	体育学类	0.8
社会学类	1.4	物理学类	0.8
生物科学类	1.4	心理学类	0.8
数学类	1.3	政治学类	0.7
临床医学与医学技术类	1.0	历史学类	0.6
生物工程类	1.0	水利类	0.6
统计学类	1.0	地球物理学类	0.5
材料科学类	0.9	海洋工程类	0.5
地矿类	0.9	中医学类	0.5
仪器仪表类	0.9		

*个别专业类因为样本不足，没有包括在内。

数据来源：麦可思－中国2012届大学毕业生社会需求与培养质量调查。

（二）读研的动机

2012届本科毕业生读研最主要的动机是职业发展需要（34%）和就业前景好（24%），有5%的人因为就业难暂时读研。读研人群选择研究生院校时最关注的因素是所学专业的声誉（35%）和学校的牌子（24%）。

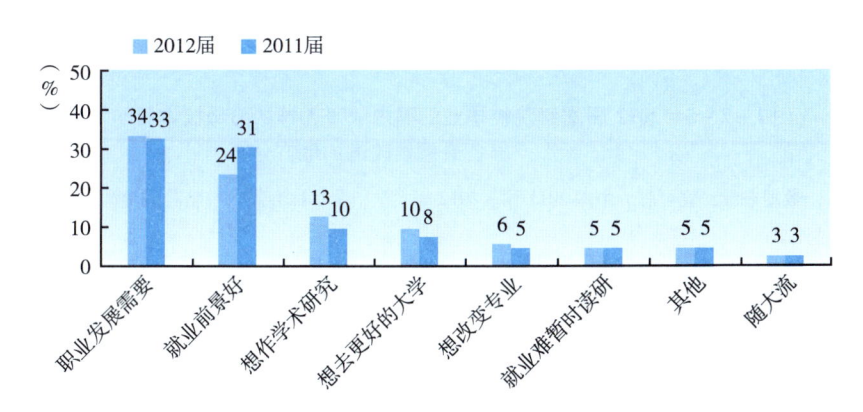

图1－7－3　2011届、2012届本科毕业生读研的动机分布

数据来源：麦可思－中国2011届、2012届大学毕业生社会需求与培养质量调查。

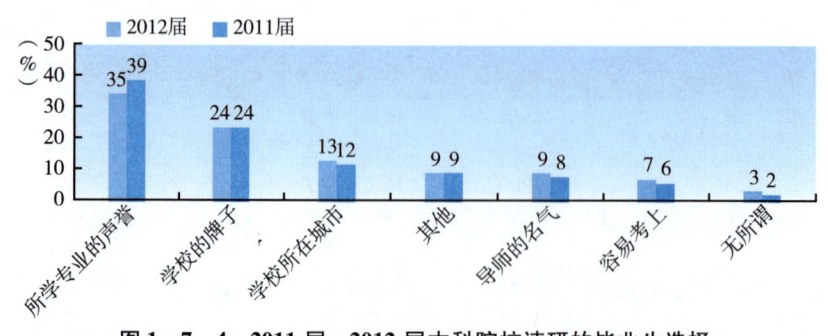

图 1-7-4 2011 届、2012 届本科院校读研的毕业生选择
研究生院校时最关注的因素分布

数据来源：麦可思-中国 2011 届、2012 届大学毕业生社会需求与培养质量调查。

（三）读研的本科学术准备

2012 届本科毕业生读研的人群认为，母校本科学术准备最需要改进的前三项分别是学术批判性思维能力（27%）、专业课程知识（21%）和研究方法（18%）。

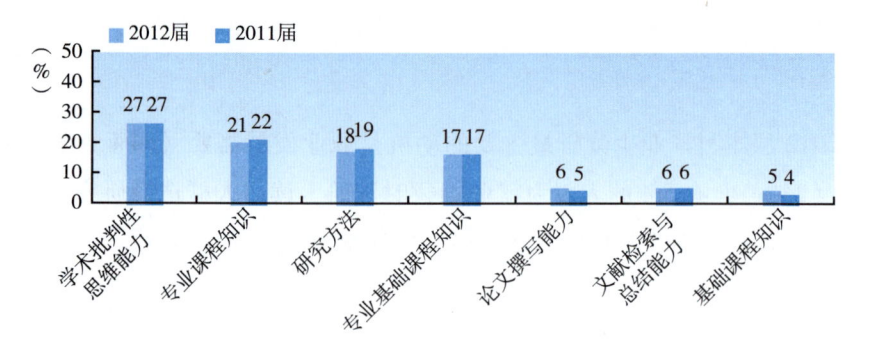

图 1-7-5 2012 届本科院校毕业的国内读研人群认为母校本科学术
准备最需要改进的地方分布

数据来源：麦可思-中国 2011 届、2012 届大学毕业生社会需求与培养质量调查。

二 专升本

（一）专升本的比例

专升本：指高职高专生毕业后继续就读本科。有专插本、专接本、专转本多种形式，本报告中统一称为"专升本"。

2012届高职高专生毕业后有3.3%选择了专升本，专升本比例最高的高职高专专业大类是农林牧渔大类（7.0%），其次为文化教育大类（6.2%）。2012届高职高专毕业生选择读本科的最主要的原因是就业前景好和职业发展需要（均为27%）。

表1-7-3 2012届高职高专主要专业大类专升本的比例*

单位：%

高职高专专业大类	2012届专升本比例	高职高专专业大类	2012届专升本比例
农林牧渔大类	7.0	材料与能源大类	2.9
文化教育大类	6.2	交通运输大类	2.7
医药卫生大类	4.0	旅游大类	2.6
电子信息大类	3.9	制造大类	2.6
艺术设计传媒大类	3.4	轻纺食品大类	2.2
财经大类	3.1	资源开发与测绘大类	2.0
土建大类	3.1	生化与药品大类	1.9

*个别专业大类因为样本不足，没有包括在内。
数据来源：麦可思-中国2012届大学毕业生社会需求与培养质量调查。

（二）专升本的原因

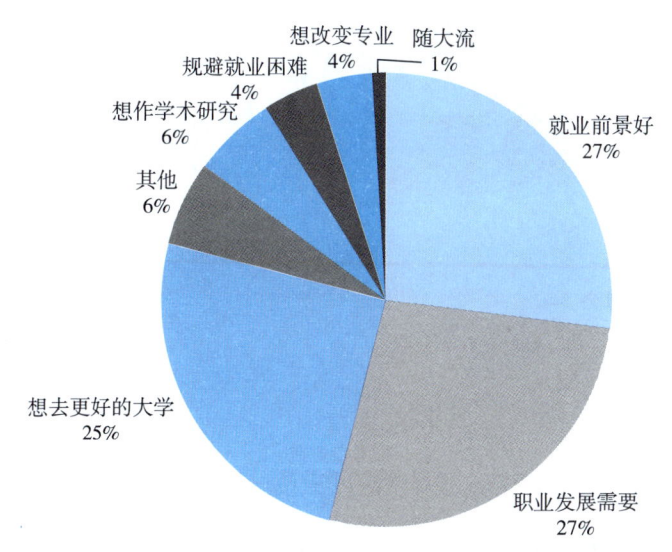

图1-7-6 2012届高职高专毕业生选择读本科的原因分布

- 就业前景好 27%
- 职业发展需要 27%
- 想去更好的大学 25%
- 其他 6%
- 想作学术研究 6%
- 规避就业困难 4%
- 想改变专业 4%
- 随大流 1%

数据来源：麦可思-中国2012届大学毕业生社会需求与培养质量调查。

₿.10
第八章
高考志愿填报

结论摘要

2012届大学毕业生填报高考志愿时,除高考分数外选择大学的首要理由是"该大学地点合适"(本科为39%,高职高专为36%),其次为"报考专业在该大学比较好"(本科为20%,高职高专为24%)。

高考时选择就读大学的首要理由:指毕业生高考时除考虑录取分数以外选择就读大学的最主要理由。

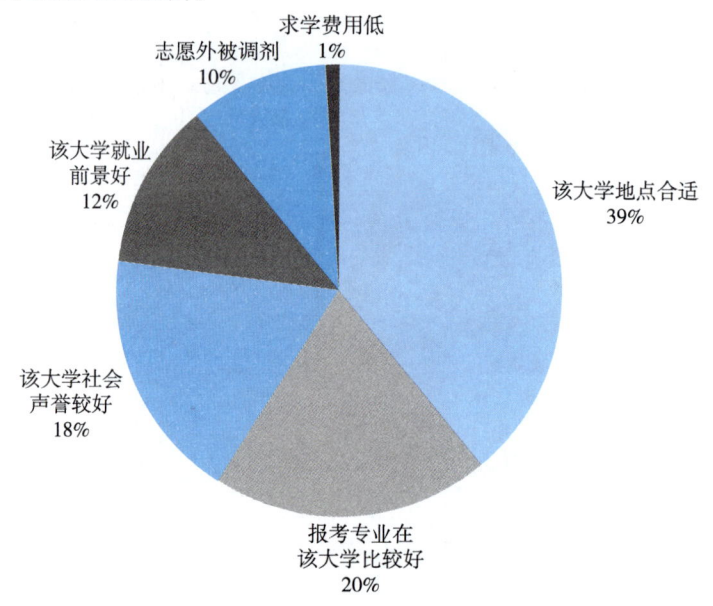

图1-8-1 2012届本科毕业生高考时选择就读大学的首要理由分布

数据来源:麦可思-中国2012届大学毕业生社会需求与培养质量调查。

2012届大学毕业生填报高考志愿时，除高考分数外选择大学的首要理由是"该大学地点合适"（本科为39%，高职高专为36%），其次为"报考专业在该大学比较好"（本科为20%，高职高专为24%）。

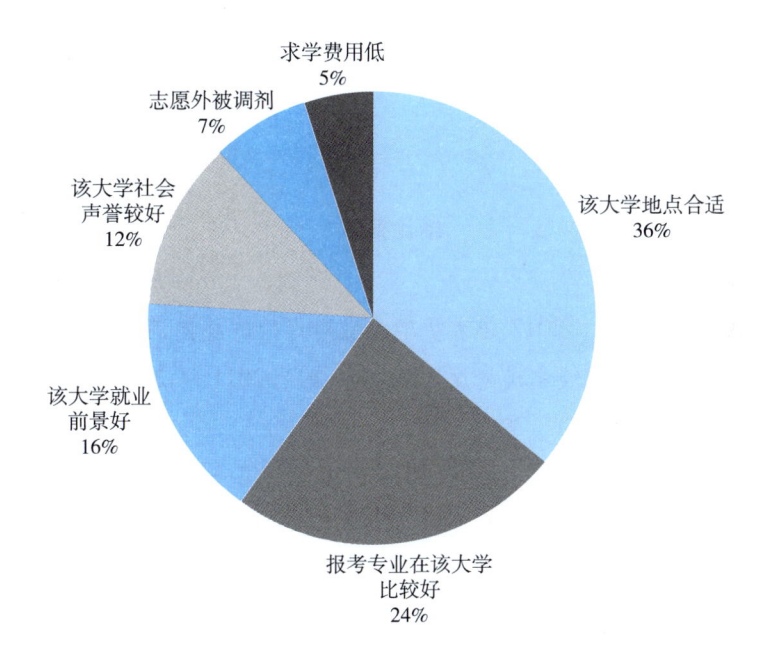

- 求学费用低 5%
- 志愿外被调剂 7%
- 该大学社会声誉较好 12%
- 该大学就业前景好 16%
- 报考专业在该大学比较好 24%
- 该大学地点合适 36%

图1-8-2　2012届高职高专毕业生高考时选择就读大学的首要理由分布

数据来源：麦可思-中国2012届大学毕业生社会需求与培养质量调查。

B.11
第九章
校友评价

结论摘要

一　校友满意度

1. 与2011届相比，2012届大学毕业生对母校的总体满意度上升了3个百分点。其中，本科院校校友满意度为86%，高于2011届2个百分点；高职高专院校校友满意度为83%，高于2011届3个百分点。

2. 泛长江三角洲区域经济体的2012届本科毕业生对母校的总体满意度最高（89%），东北区域经济体的2012届高职高专毕业生对母校的总体满意度最高（86%）。

二　校友推荐度

2012届本科院校毕业生对母校的推荐度为61%，与2011届（61%）持平；高职高专院校为57%，与2011届（56%）基本持平。

三　大学培养中最需要改进的地方

2012届大学毕业生认为专业教学中最需要改进的地方是"实习和实践环节不够"、"课程内容不实用或陈旧"及"无法调动学生学习兴趣"，其中本科毕业生认为实习和实践环节最需要加强的是专业实习，高职高专毕业生认为最需要加强的是专业技能相关实训。

一　校友满意度

校友满意度：由被调查的2012届大学毕业生回答对母校的总体满意度，选项有"非常满意"、"很满意"、"满意"、"不满意"、"很不满意"、"无法评估"共六项。其中,"满意"、"很满意"、"非常满意"属于满意的范围,"不满意"、"很不满意"属于不满意的范围,选择"无法评估"的人群比例相对较小,所以不在分析范围之内。

与2011届相比,2012届大学毕业生对母校的总体满意度上升了3个百分点。其中,本科院校校友满意度为86%,高于2011届2个百分点;高职高专院校校友满意度为83%,高于2011届3个百分点。

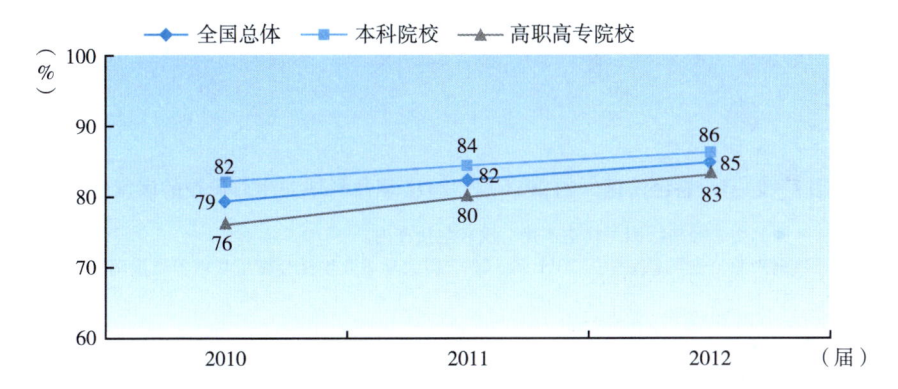

图1-9-1 2010~2012届大学生毕业半年后的总体校友满意度变化趋势

数据来源:麦可思-中国2010~2012届大学毕业生社会需求与培养质量调查。

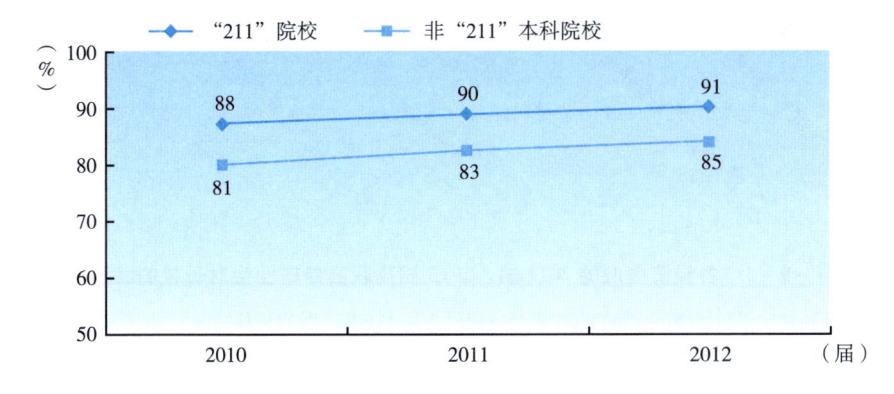

图1-9-2 2010~2012届本科生毕业半年后的总体校友满意度变化趋势

数据来源:麦可思-中国2010~2012届大学毕业生社会需求与培养质量调查。

泛长江三角洲区域经济体的2012届本科毕业生对母校的总体满意度最高(89%),东北区域经济体的2012届高职高专毕业生对母校的总体满意度最高(86%)。

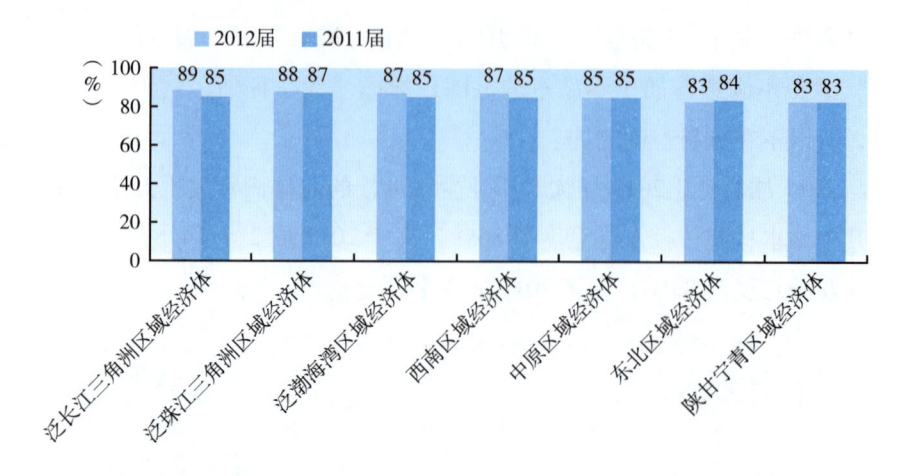

图 1-9-3 各经济区域的 2011 届、2012 届本科毕业生对母校的满意度*

*西部生态经济区因为样本不足，没有包括在内。
数据来源：麦可思-中国 2011 届、2012 届大学毕业生社会需求与培养质量调查。

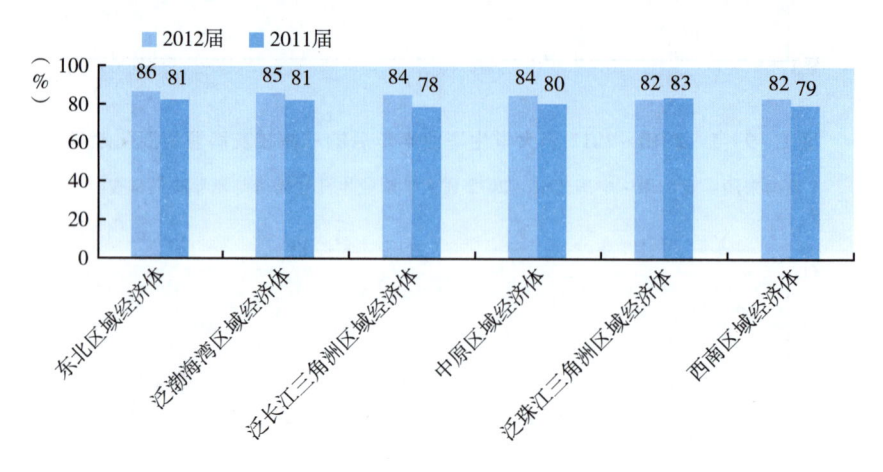

图 1-9-4 各经济区域的 2011 届、2012 届高职高专毕业生对母校的满意度*

*陕甘宁青区域经济体和西部生态经济区因为样本不足，没有包括在内。
数据来源：麦可思-中国 2011 届、2012 届大学毕业生社会需求与培养质量调查。

二 校友推荐度

校友推荐度：在同等分数、同类型学校条件下，2012 届大学毕业生是否愿意推荐母校给亲朋好友去就读的比例。推荐度计算公式的分子是回答"愿意推荐"的人数，分母是回答"愿意推荐"、"不愿意推荐"、"不确定"的总人数。

2012届本科院校毕业生对母校的推荐度为61%，与2011届（61%）持平；高职高专院校为57%，与2011届（56%）基本持平。

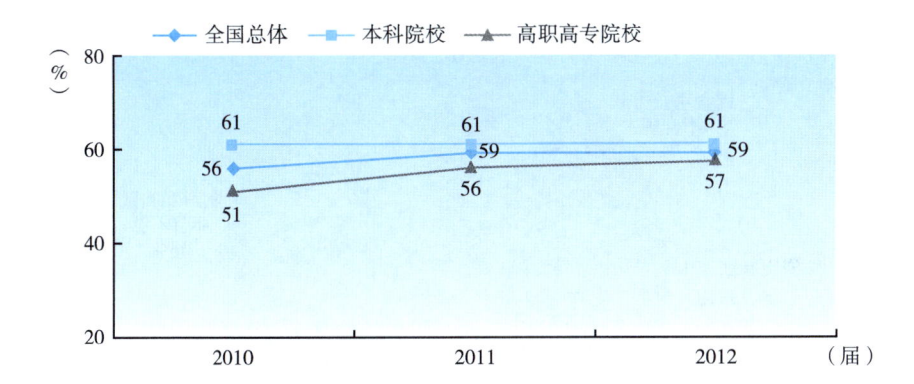

图1-9-5 2010~2012届大学生毕业半年后对母校的总体推荐度变化趋势

数据来源：麦可思-中国2010~2012届大学毕业生社会需求与培养质量调查。

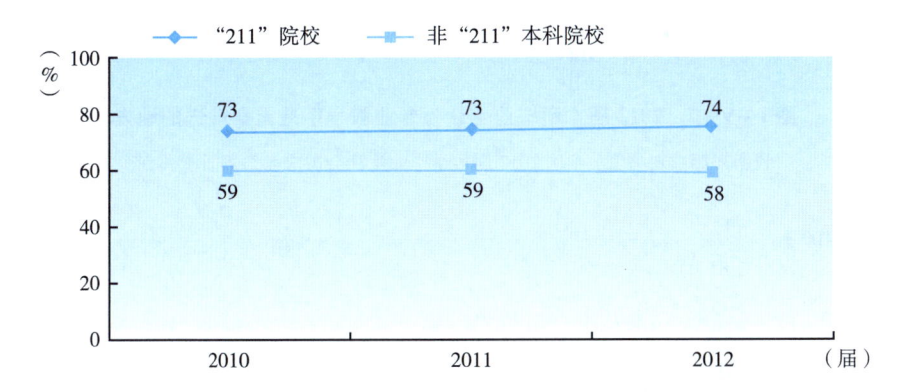

图1-9-6 2010~2012届本科生毕业半年后对母校的总体推荐度变化趋势

数据来源：麦可思-中国2010~2012届大学毕业生社会需求与培养质量调查。

三 大学培养中最需要改进的地方

2012届大学毕业生认为专业教学中最需要改进的地方是"实习和实践环

节不够"、"课程内容不实用或陈旧"及"无法调动学生学习兴趣",其中本科毕业生认为实习和实践环节最需要加强的是专业实习,高职高专毕业生认为最需要加强的是专业技能相关实训。

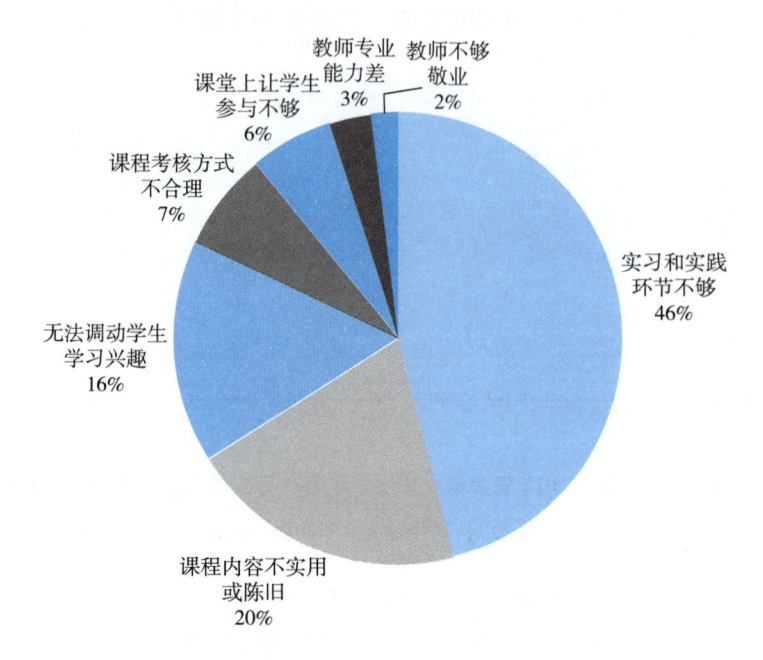

图1-9-7 2012届本科毕业生认为专业教学中最需要改进的地方

数据来源:麦可思-中国2012届大学毕业生社会需求与培养质量调查。

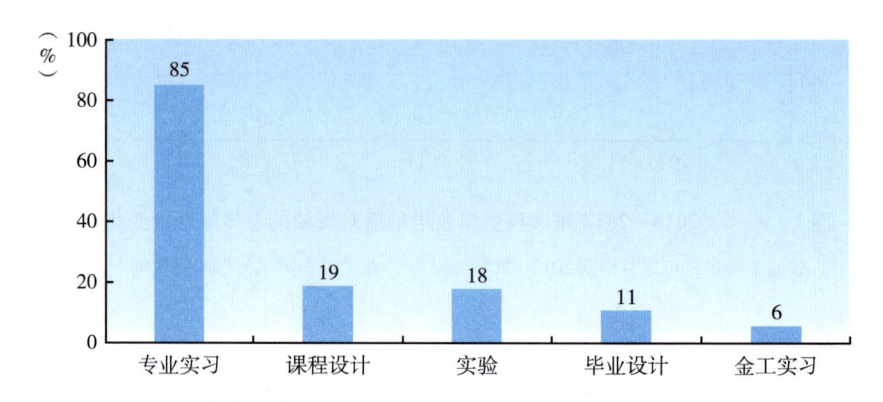

图1-9-8 2012届本科毕业生认为需要加强的实习和实践环节(多选)

数据来源:麦可思-中国2012届大学毕业生社会需求与培养质量调查。

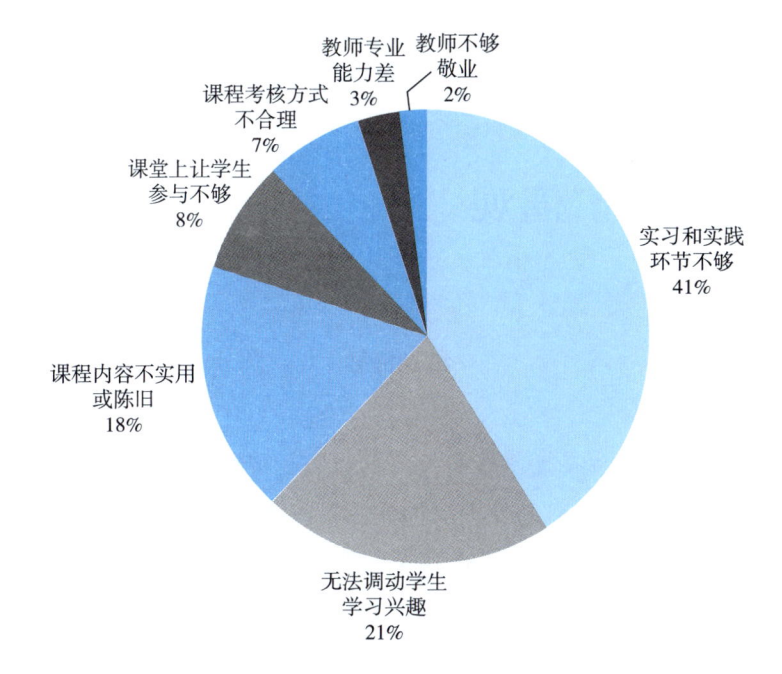

图 1–9–9　2012 届高职高专毕业生认为专业教学中最需要改进的地方

- 实习和实践环节不够　41%
- 无法调动学生学习兴趣　21%
- 课程内容不实用或陈旧　18%
- 课堂上让学生参与不够　8%
- 课程考核方式不合理　7%
- 教师专业能力差　3%
- 教师不够敬业　2%

数据来源：麦可思–中国 2012 届大学毕业生社会需求与培养质量调查。

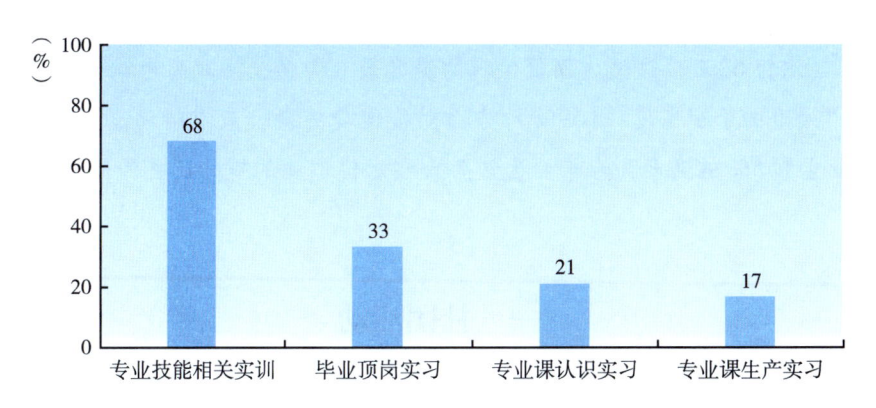

图 1–9–10　2012 届高职高专毕业生认为需要加强的实习和实践环节（多选）

- 专业技能相关实训　68%
- 毕业顶岗实习　33%
- 专业课认识实习　21%
- 专业课生产实习　17%

数据来源：麦可思–中国 2012 届大学毕业生社会需求与培养质量调查。

B.12
第十章
社团活动及价值观

结论摘要

一 社团活动

2012届大学毕业生在校期间参与度最高的社团活动为"社会实践及公益类"（本科为47%，高职高专为33%），其次为"体育户外类"（本科为24%，高职高专为22%）。有18%的本科毕业生和25%的高职高专毕业生没有参加过任何社团活动。在对参加的各类社团活动进行评价时，2012届本科和高职高专毕业生满意度最高的活动均为"体育户外类"（本科为88%，高职高专为86%）。

二 价值观

2012届本科毕业生认为大学对"人生的乐观态度"和"积极努力、追求上进"（均为62%）这两方面价值观的提升最有帮助，高职高专毕业生认为大学在"人生的乐观态度"（59%）方面对价值观的提升最有帮助。有4%的本科毕业生和5%的高职高专毕业生认为大学对价值观的提升没有任何帮助。

一 社团活动

社团活动：指被调查的毕业生在大学期间参加过的社团活动。社团活动包括："学术科技类"（如统计协会、哲学社等）、"社会实践及公益类"（如大学生创业协会、志愿者协会等）、"社交联谊类"（如国际交流协会、同乡会等）、"文化艺术类"（如文学社、书画协会等）、"表演艺术类"（如演讲与口才、歌舞戏剧、声乐器乐等方面的社团组织）、"体育户外类"（如登山协会等），一个毕业生可以选择参加多类社团活动，也可以选择"没参加任何社团活动"。

社团活动满意度：毕业生选择了参加某类社团活动后，会被要求评价对该类社团活动是否满意。社团活动满意度＝参加过该类社团活动并表示满意的人数/参加过该类社团活动的人数。

2012届大学毕业生在校期间参与度最高的社团活动为"社会实践及公益类"（本科为47%，高职高专为33%），其次为"体育户外类"（本科为24%，高职高专为22%）。有18%的本科毕业生和25%的高职高专毕业生没有参加过任何社团活动。在对参加的各类社团活动进行评价时，2012届本科和高职高专毕业生满意度最高的活动均为"体育户外类"（本科为88%，高职高专为86%）。

图1-10-1　2012届本科毕业生参加社团活动的比例及满意度（多选）

数据来源：麦可思-中国2012届大学毕业生社会需求与培养质量调查。

二　价值观

价值观提升：由被调查的毕业生选择大学对哪些方面价值观的提升有帮助。毕业生可选择多项，也可选择大学对价值观提升"没有任何帮助"。

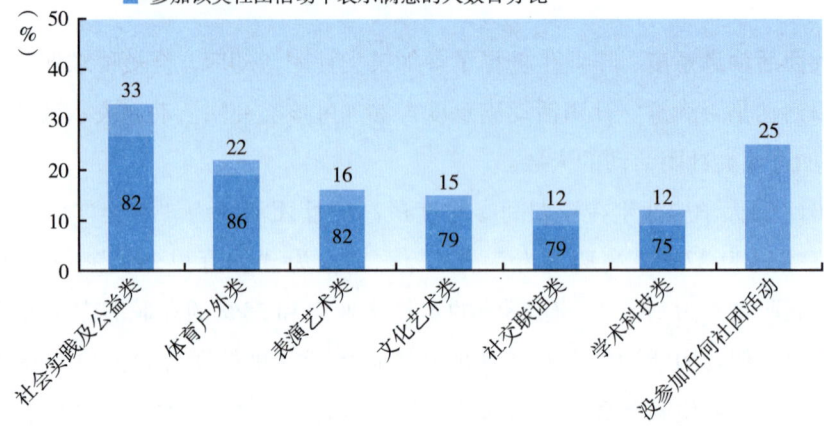

图1-10-2　2012届高职高专毕业生参加社团活动的比例及满意度（多选）

数据来源：麦可思－中国2012届大学毕业生社会需求与培养质量调查。

2012届本科毕业生认为大学对"人生的乐观态度"和"积极努力、追求上进"（均为62%）这两方面价值观的提升最有帮助，高职高专毕业生认为大学在"人生的乐观态度"（59%）方面对价值观的提升最有帮助。有4%的本科毕业生和5%的高职高专毕业生认为大学对价值观的提升没有任何帮助。

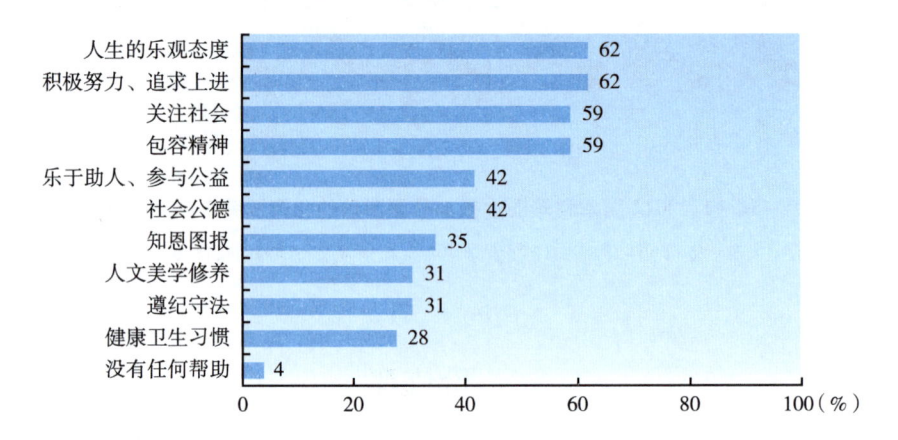

图1-10-3　2012届本科毕业生大学期间的价值观提升（多选）

数据来源：麦可思－中国2012届大学毕业生社会需求与培养质量调查。

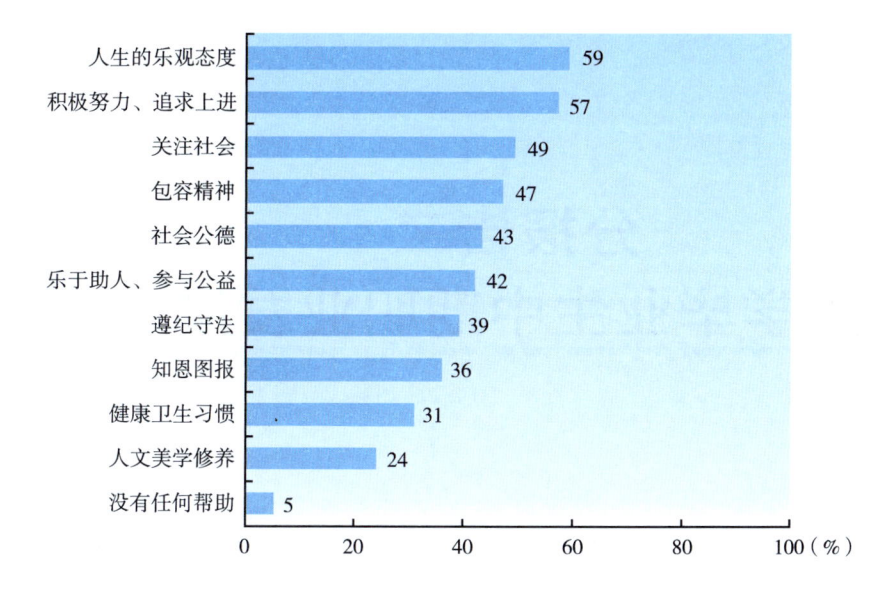

价值观	百分比
人生的乐观态度	59
积极努力、追求上进	57
关注社会	49
包容精神	47
社会公德	43
乐于助人、参与公益	42
遵纪守法	39
知恩图报	36
健康卫生习惯	31
人文美学修养	24
没有任何帮助	5

图 1-10-4　2012 届高职高专毕业生大学期间的价值观提升（多选）

数据来源：麦可思-中国 2012 届大学毕业生社会需求与培养质量调查。

分报告二
大学毕业生中期职业发展

B.13
第一章
三年后毕业去向

结论摘要

一 总体分布

2009届大学生毕业三年后有89.5%受雇全职工作（本科为91.1%，高职高专为87.9%），3.7%的人自主创业（本科为2.1%，高职高专为5.3%），2.2%的人"无工作，正在读研"（本科为4.0%，高职高专为0.5%），2.8%的人"无工作，继续寻找工作"（本科为1.8%，高职高专为3.8%），还有1.6%的人无工作，并且既没有求职也没有求学（本科为1.0%，高职高专为2.2%），有0.3%的高职高专毕业生"无工作，正在读本科"。

二 职业分布

1. 38%的2009届大学生毕业三年内转换了职业（本科为31%，高职高专为45%），与2008届三年内该指标（42%）相比下降了4个百分点。

2. 在2009届本科主要学科门类中，农学门类的本科生毕业三年内的职业转换率最高（40%），其后是文学（38%）和管理学（34%）等，医学门类的职业转换率最低（14%）。在高职高专主要专业大类中，农林牧渔大类的职业转换率最高（61%），其后是旅游大类（60%）和公共事业大类（58%）等，资源开发与测绘大类的职业转换率最低（23%）。

3. 在2009届本科生毕业三年内转换过的职业类中，被转入最多的是销售，有12.4%的人转换职业后从事销售，其次为行政/后勤（8.8%）；高职高专毕业生转换职业中被转入最多的职业也是销售（15.8%），其次是建筑工程（9.2%）。

三　行业分布

1. 43%的2009届大学生在毕业三年内转换了行业（本科为37%，高职高专为49%），比2008届三年内该指标（45%）下降了2个百分点。

2. 在2009届本科主要学科门类中，文学门类的毕业生三年内的行业转换率最高（43%），其后是农学和管理学（均为42%），医学门类的行业转换率最低（18%）。在2009届高职高专主要专业大类中，艺术设计传媒大类的毕业生三年内的行业转换率最高（59%），其次是电子信息大类（57%），交通运输大类的行业转换率最低（28%）。

3. 2009届本科生毕业三年内转换行业中被转入最多的行业类是电子电气仪器设备及电脑制造业（9.9%），其次为媒体、信息及通信产业（9.6%）。高职高专生毕业三年内转换行业中被转入最多的行业类是建筑业（11.4%），其次为电子电气仪器设备及电脑制造业（9.1%）。

一　总体分布

毕业三年后：麦可思于2012年对2009届大学毕业生进行了三年后调查跟踪（曾于2009年对这批大学毕业生进行过半年后调查），本报告涉及的三年内的变化分析即使用两次对同一批大学生的跟踪调查数据。

图2-1-1显示了2009届大学生毕业三年后的就业去向分布。2009届大学生毕业三年后有89.5%受雇全职工作（本科为91.1%，高职高专为87.9%），3.7%的人自主创业（本科为2.1%，高职高专为5.3%），2.2%的

人"无工作，正在读研"（本科为4.0%，高职高专为0.5%），2.8%的人"无工作，继续寻找工作"（本科为1.8%，高职高专为3.8%），还有1.6%的人无工作，并且既没有求职也没有求学（本科为1.0%，高职高专为2.2%），有0.3%的高职高专毕业生"无工作，正在读本科"。

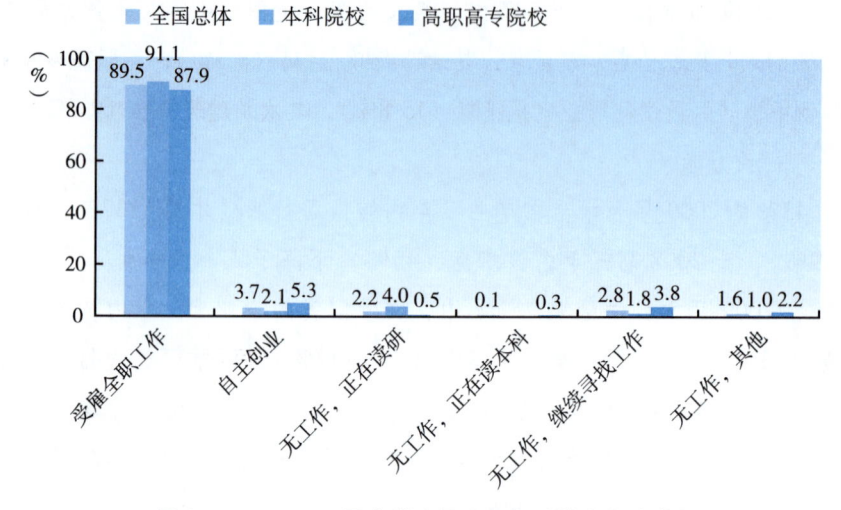

图2-1-1　2009届大学生毕业三年后的去向分布[*]

[*]图中显示数字均保留一位小数，因为四舍五入进位，加起来可能不等于100%。
数据来源：麦可思－中国2009届大学毕业生三年后职业发展调查。

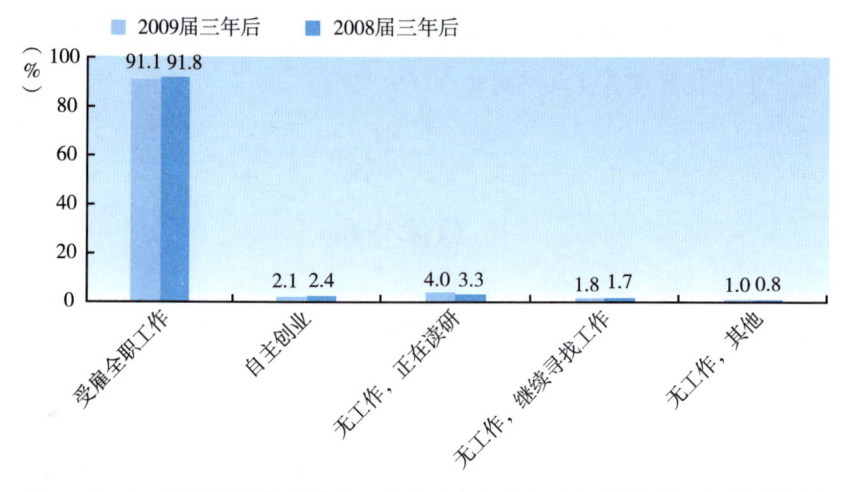

图2-1-2　2009届本科生毕业三年后的去向分布（与2008届三年后对比）[*]

[*]图中显示数字均保留一位小数，因为四舍五入进位，加起来可能不等于100%。
数据来源：麦可思－中国2008届、2009届大学毕业生三年后职业发展调查。

分报告二·第一章　三年后毕业去向

■ 2009届三年后　■ 2008届三年后

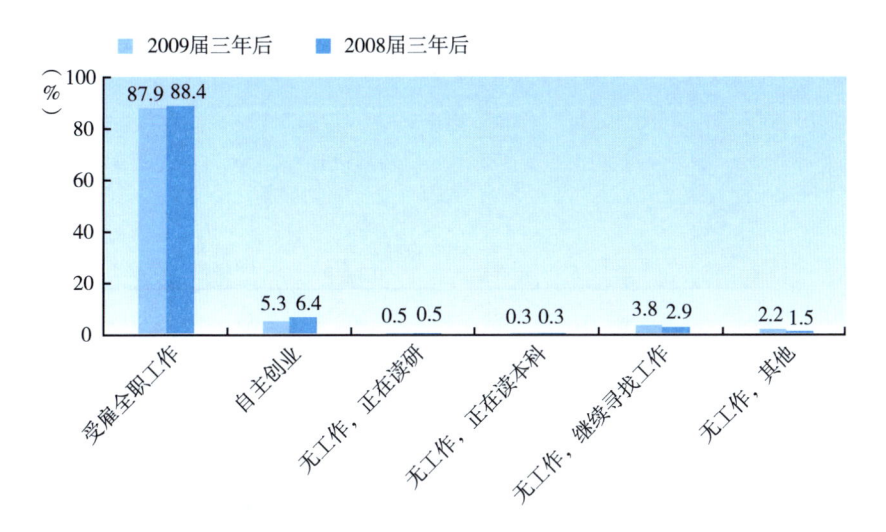

(%)
- 受雇全职工作：87.9　88.4
- 自主创业：5.3　6.4
- 无工作，正在读研：0.5　0.5
- 无工作，正在读本科：0.3　0.3
- 无工作，继续寻找工作：3.8　2.9
- 无工作，其他：2.2　1.5

图2-1-3　2009届高职高专生毕业三年后的去向分布（与2008届三年后对比）＊

＊图中显示数字均保留一位小数，因为四舍五入进位，加起来可能不等于100%。
数据来源：麦可思–中国2008届、2009届大学毕业生三年后职业发展调查。

■ 2009届三年后　■ 2009届半年后

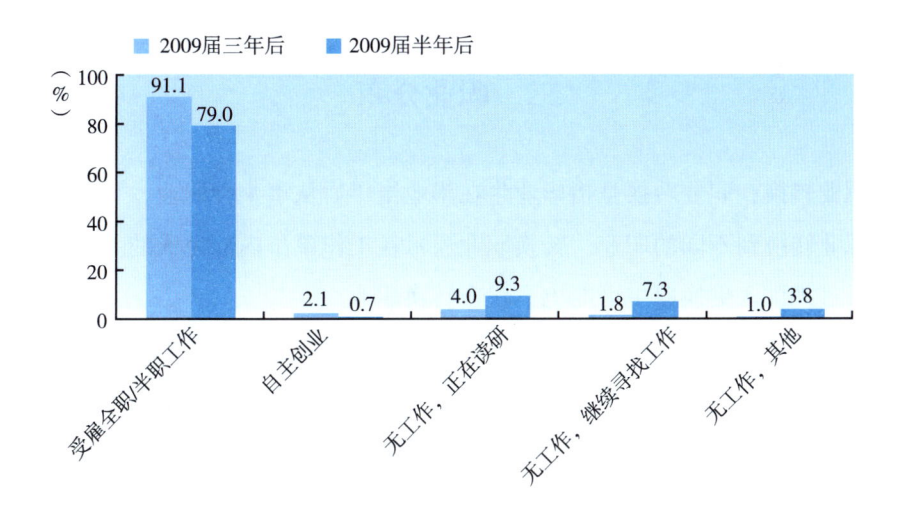

(%)
- 受雇全职/半职工作：91.1　79.0
- 自主创业：2.1　0.7
- 无工作，正在读研：4.0　9.3
- 无工作，继续寻找工作：1.8　7.3
- 无工作，其他：1.0　3.8

图2-1-4　2009届本科生毕业三年后的去向分布（与2009届半年后对比）＊

＊图中显示数字均保留一位小数，因为四舍五入进位，加起来可能不等于100%。
数据来源：麦可思–中国2009届大学毕业生三年后职业发展调查，2009届大学生毕业半年后社会需求与培养质量调查。

■ 2009届三年后　■ 2009届半年后

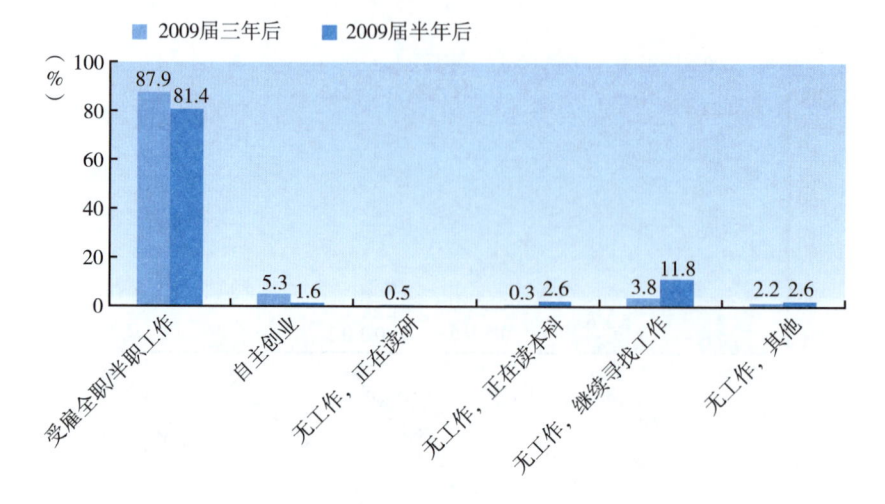

- 受雇全职/半职工作: 87.9 / 81.4
- 自主创业: 5.3 / 1.6
- 无工作，正在读研: 0.5
- 无工作，正在读本科: 0.3 / 2.6
- 无工作，继续寻找工作: 3.8 / 11.8
- 无工作，其他: 2.2 / 2.6

图 2-1-5　2009 届高职高专生毕业三年后的去向分布
（与 2009 届半年后对比）*

* 图中显示数字均保留一位小数，因为四舍五入进位，加起来可能不等于 100%。
数据来源：麦可思－中国 2009 届大学毕业生三年后职业发展调查，2009 届大学生毕业半年后社会需求与培养质量调查。

二　职业分布

职业转换：职业转换是指毕业生在毕业半年后从事某种职业，毕业三年后由原职业转换到不同的职业。转换职业通常在工作单位内部完成的并不代表离职；反过来讲，更换雇主可能也不代表转换职业。

职业转换率：职业转换率是指有多大比例的毕业生在毕业三年内转换了职业。其计算方法为：分母是毕业半年后有工作的毕业生数，分子是毕业三年后从事的职业与半年后从事的职业不同的毕业生数。

图 2-1-6 显示了 2009 届大学生毕业三年内的职业转换率（与 2008 届三年内对比）。可以看出，有 38% 的 2009 届大学生毕业三年内转换了职业（本科为 31%，高职高专为 45%），与 2008 届三年内该指标（42%）相比下降了 4 个百分点。

在 2009 届本科主要学科门类中，农学门类的本科生毕业三年内的职业转

分报告二·第一章 三年后毕业去向

```
　　■ 2009届三年内　　■ 2008届三年内
(%)
100
 80
 60        38  42           31  34           45  50
 40
 20
  0
     全国总体         本科院校         高职高专院校
```

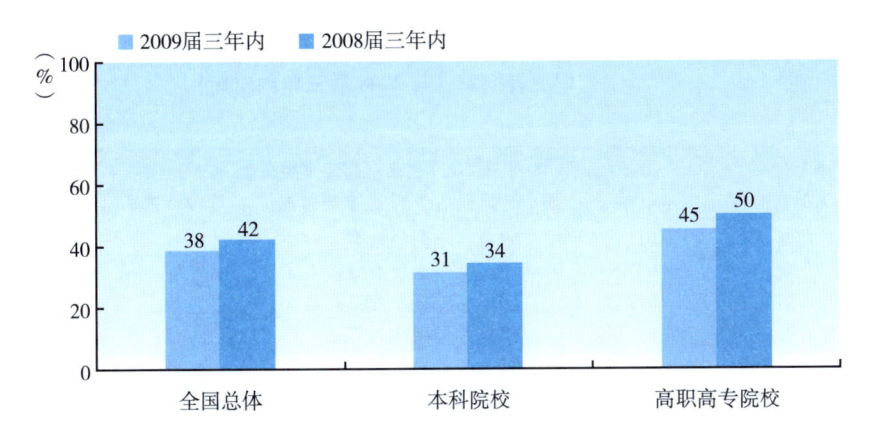

图2-1-6 2009届大学生毕业三年内的职业转换率
（与2008届三年内对比）

数据来源：麦可思-中国2008届、2009届大学毕业生三年后职业发展调查，2008届、2009届大学毕业生半年后社会需求与培养质量调查。

换率最高（40%），其后是文学（38%）和管理学（34%）等，医学门类的职业转换率最低（14%）。在高职高专主要专业大类中，农林牧渔大类的职业转换率最高（61%），其后是旅游大类（60%）和公共事业大类（58%）等，资源开发与测绘大类的职业转换率最低（23%）。

表2-1-1 2009届本科毕业生主要学科门类三年内的
职业转换率（与2008届三年内对比）*

单位：%

本科主要学科门类名称	2009届三年内职业转换率	2008届三年内职业转换率	本科主要学科门类名称	2009届三年内职业转换率	2008届三年内职业转换率
农　学	40	44	工　学	30	32
文　学	38	39	理　学	30	30
管理学	34	36	教育学	26	33
经济学	33	40	医　学	14	20
法　学	31	35			
全国本科	31	34	全国本科	31	34

*个别学科门类因为样本不足，没有包括在内。
数据来源：麦可思-中国2008届、2009届大学毕业生三年后职业发展调查，2008届、2009届大学毕业生半年后社会需求与培养质量调查。

表 2-1-2　2009 届高职高专毕业生主要专业大类三年内的
职业转换率（与 2008 届三年内对比）*

单位：%

高职高专主要专业大类名称	2009届三年内职业转换率	2008届三年内职业转换率	高职高专主要专业大类名称	2009届三年内职业转换率	2008届三年内职业转换率
农林牧渔大类	61	59	财经大类	47	50
旅游大类	60	70	土建大类	39	51
公共事业大类	58	50	轻纺食品大类	39	49
文化教育大类	52	48	生化与药品大类	35	50
艺术设计传媒大类	50	54	材料与能源大类	34	33
法律大类	48	53	医药卫生大类	33	37
制造大类	47	51	交通运输大类	25	37
电子信息大类	47	50	资源开发与测绘大类	23	33
全国高职高专	**45**	**50**	**全国高职高专**	**45**	**50**

＊个别专业大类因为样本不足，没有包括在内。
数据来源：麦可思－中国 2008 届、2009 届大学毕业生三年后职业发展调查，2008 届、2009 届大学毕业生半年后社会需求与培养质量调查。

2009 届本科生毕业三年内职业转换率最高的专业类是植物生产类（44%），职业转换率最低的专业类是地矿类和临床医学与医学技术类（均为 7%）。高职高专生毕业三年内职业转换率最高的专业类是公共管理类（64%），最低的是教育类（17%）。

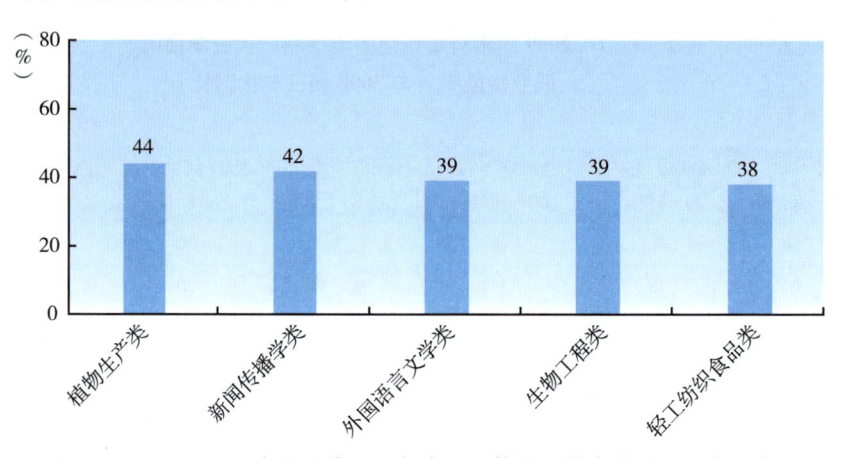

专业类	比例（%）
植物生产类	44
新闻传播学类	42
外国语言文学类	39
生物工程类	39
轻工纺织食品类	38

图 2-1-7　2009 届本科生毕业三年内职业转换率最高的前五位专业类*

＊毕业生规模过小的专业类不包括在此排序中。
数据来源：麦可思－中国 2009 届大学毕业生三年后职业发展调查，2009 届大学毕业生半年后社会需求与培养质量调查。

[图表：2009届本科生毕业三年内职业转换率最低的前五位专业类]
- 地矿类：7
- 临床医学与医学技术类：7
- 能源动力类：18
- 教育学类：25
- 体育学类：25

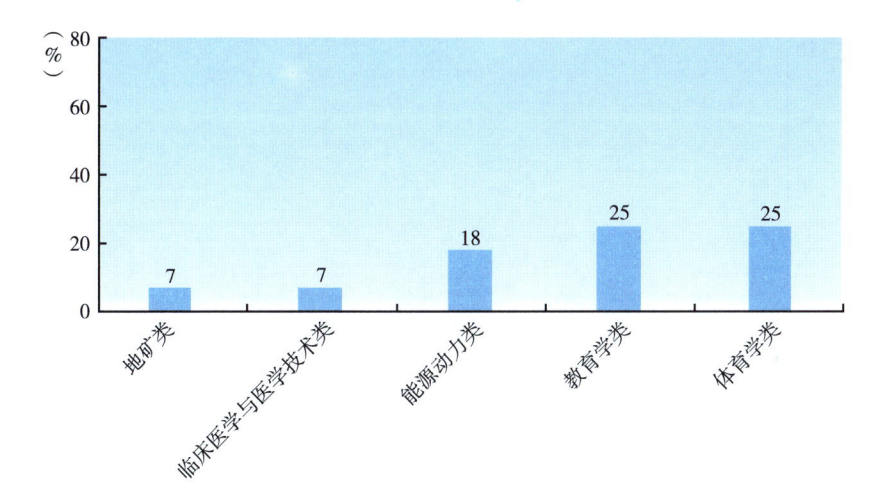

图2-1-8　2009届本科生毕业三年内职业转换率最低的前五位专业类*

*毕业生规模过小的专业类不包括在此排序中。

数据来源：麦可思-中国2009届大学毕业生三年后职业发展调查，2009届大学毕业生半年后社会需求与培养质量调查。

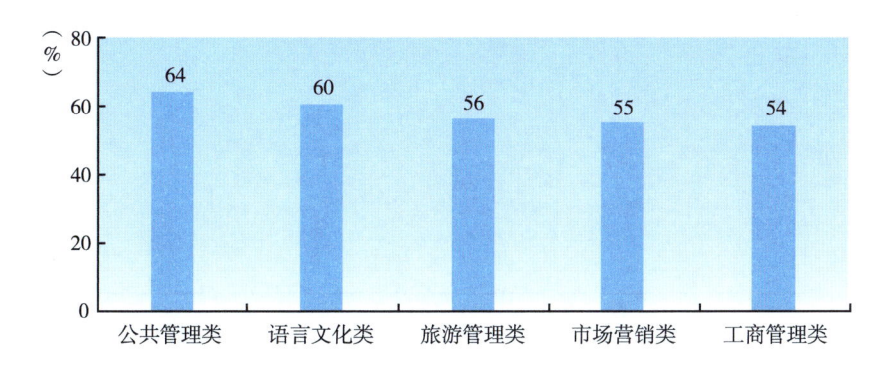

[图表：2009届高职高专生毕业三年内职业转换率最高的前五位专业类]
- 公共管理类：64
- 语言文化类：60
- 旅游管理类：56
- 市场营销类：55
- 工商管理类：54

图2-1-9　2009届高职高专生毕业三年内职业转换率最高的前五位专业类*

*毕业生规模过小的专业类不包括在此排序中。

数据来源：麦可思-中国2009届大学毕业生三年后职业发展调查，2009届大学毕业生半年后社会需求与培养质量调查。

图2-1-11和图2-1-12分别显示了2009届本科生和高职高专生毕业三年内转换职业中被转入最多的前十位职业类。在2009届本科生毕业三年内转换过的职业类中，被转入最多的是销售，有12.4%的人转换职业后从事销

[图表：2009届高职高专生毕业三年内职业转换率最低的前五位专业类]

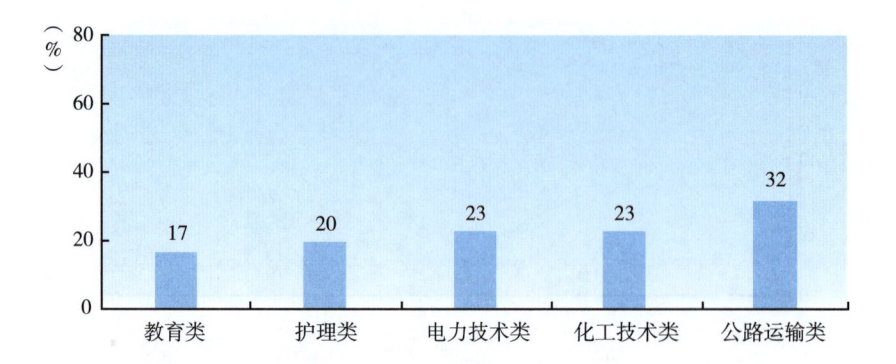

教育类 17
护理类 20
电力技术类 23
化工技术类 23
公路运输类 32

图2-1-10　2009届高职高专生毕业三年内职业转换率最低的前五位专业类*

*毕业生规模过小的专业类不包括在此排序中。

数据来源：麦可思-中国2009届大学毕业生三年后职业发展调查，2009届大学毕业生半年后社会需求与培养质量调查。

售，其次为行政/后勤（8.8%）；高职高专毕业生转换职业中被转入最多的职业也是销售（15.8%），其次是建筑工程（9.2%）。

[图表：2009届本科生毕业三年内转换职业中被转入最多的前十位职业类]

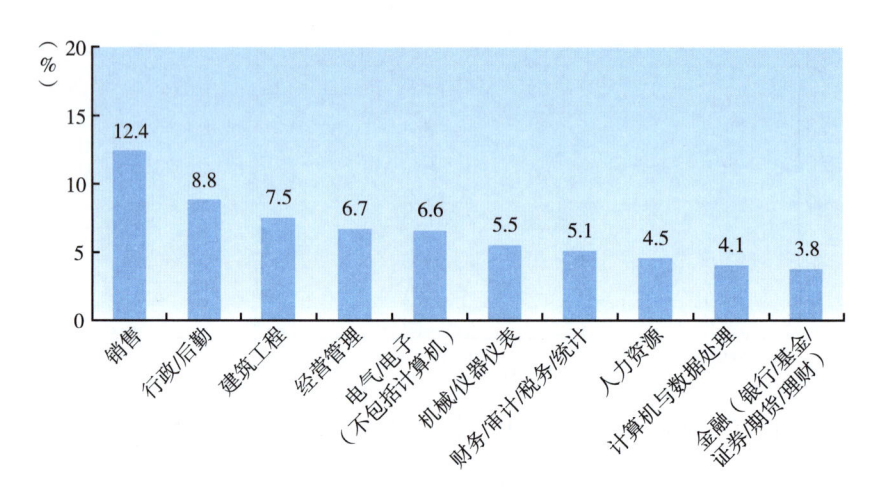

销售 12.4
行政/后勤 8.8
建筑工程 7.5
经营管理 6.7
电气/电子（不包括计算机）6.6
机械仪器仪表 5.5
财务/审计/税务/统计 5.1
人力资源 4.5
计算机与数据处理 4.1
金融（银行/基金/证券/期货/理财）3.8

图2-1-11　2009届本科生毕业三年内转换职业中被转入最多的前十位职业类*

*毕业生规模过小的职业类不包括在此排序中。

数据来源：麦可思-中国2009届大学毕业生三年后职业发展调查，2009届大学毕业生半年后社会需求与培养质量调查。

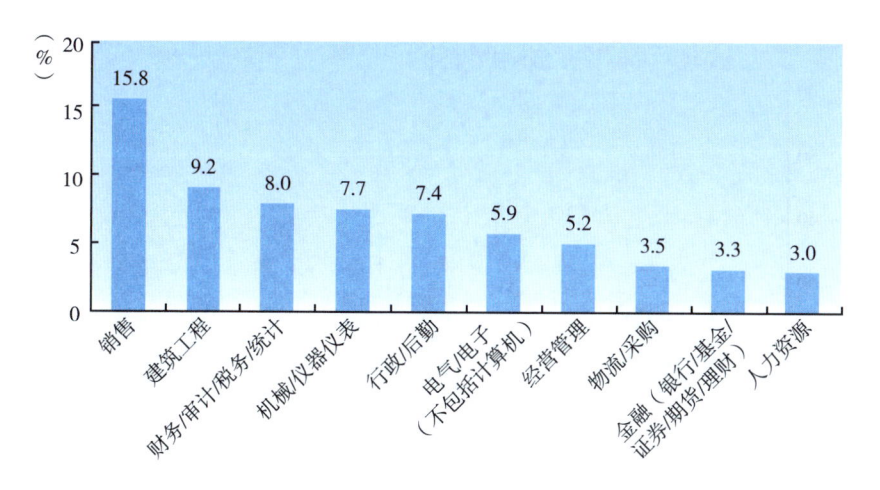

图2-1-12 2009届高职高专生毕业三年内转换职业中被转入
最多的前十位职业类*

*毕业生规模过小的职业类不包括在此排序中。
数据来源：麦可思-中国2009届大学毕业生三年后职业发展调查，2009届大学毕业生半年后社会需求与培养质量调查。

三 行业分布

行业转换率：行业转换是指毕业生在毕业半年后就业于某行业（小类），而毕业三年后进入不同的行业就业。行业转换率是指有多大比例的毕业生在毕业三年内转换了行业。其计算方法为：分母是毕业半年后有工作的毕业生数，分子是毕业三年后所在行业与半年后所在行业不同的毕业生数。

图2-1-13显示了2009届大学生毕业三年内的行业转换率（与2008届三年内对比）。可以看出，有43%的2009届大学生在毕业三年内转换了行业（本科为37%，高职高专为49%），比2008届三年内该指标（45%）下降了2个百分点。

表2-1-3和表2-1-4分别显示了2009届本科和高职高专毕业生主要学科门类/专业大类三年内的行业转换率（与2008届三年内对比）。可以看出，在2009届本科主要学科门类中，文学门类的毕业生三年内的行业转换率

■ 2009届三年内　■ 2008届三年内

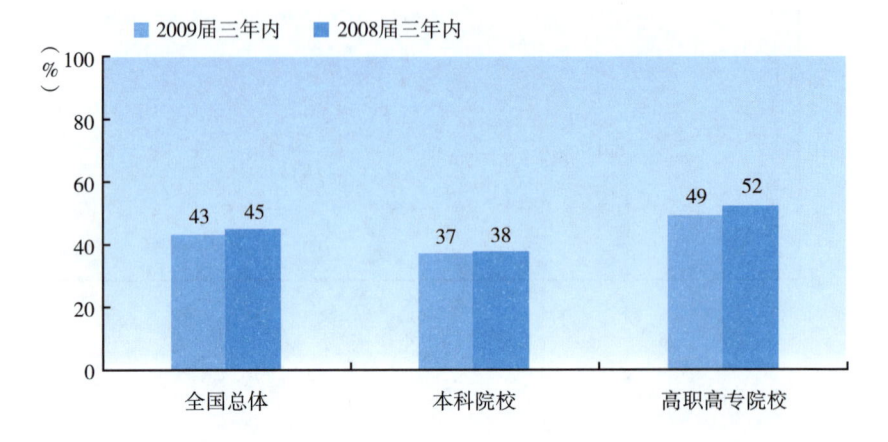

	全国总体	本科院校	高职高专院校
2009届三年内	43	37	49
2008届三年内	45	38	52

图 2-1-13　2009 届大学生毕业三年内的行业转换率（与 2008 届三年内对比）

数据来源：麦可思 - 中国 2008 届、2009 届大学毕业生三年后职业发展调查，2008 届、2009 届大学毕业生半年后社会需求与培养质量调查。

最高（43%），其后是农学和管理学（均为 42%），医学门类的行业转换率最低（18%）。在 2009 届高职高专主要专业大类中，艺术设计传媒大类的毕业生三年内的行业转换率最高（59%），其次是电子信息大类（57%），交通运输大类的行业转换率最低（28%）。

表 2-1-3　2009 届本科毕业生主要学科门类三年内的行业转换率（与 2008 届三年内对比）*

单位：%

本科主要学科门类名称	2009届三年内行业转换率	2008届三年内行业转换率	本科主要学科门类名称	2009届三年内行业转换率	2008届三年内行业转换率
文　学	43	41	理　学	36	32
农　学	42	45	法　学	34	37
管理学	42	44	教育学	23	29
经济学	37	44	医　学	18	18
工　学	36	35			
全国本科	37	38	全国本科	37	38

*个别学科门类因为样本不足，没有包括在内。

数据来源：麦可思 - 中国 2008 届、2009 届大学毕业生三年后职业发展调查，2008 届、2009 届大学毕业生半年后社会需求与培养质量调查。

表2-1-4　2009届高职高专毕业生主要专业大类三年内的行业转换率
（与2008届三年内对比）*

单位：%

高职高专主要专业大类名称	2009届三年内行业转换率	2008届三年内行业转换率	高职高专主要专业大类名称	2009届三年内行业转换率	2008届三年内行业转换率
艺术设计传媒大类	59	66	轻纺食品大类	45	43
电子信息大类	57	56	生化与药品大类	43	49
农林牧渔大类	56	53	土建大类	42	49
财经大类	55	60	医药卫生大类	35	25
旅游大类	54	62	材料与能源大类	30	38
制造大类	49	50	交通运输大类	28	35
文化教育大类	48	47			
全国高职高专	49	52	全国高职高专	49	52

*个别专业大类因为样本不足，没有包括在内。

数据来源：麦可思-中国2008届、2009届大学毕业生三年后职业发展调查，2008届、2009届大学毕业生半年后社会需求与培养质量调查。

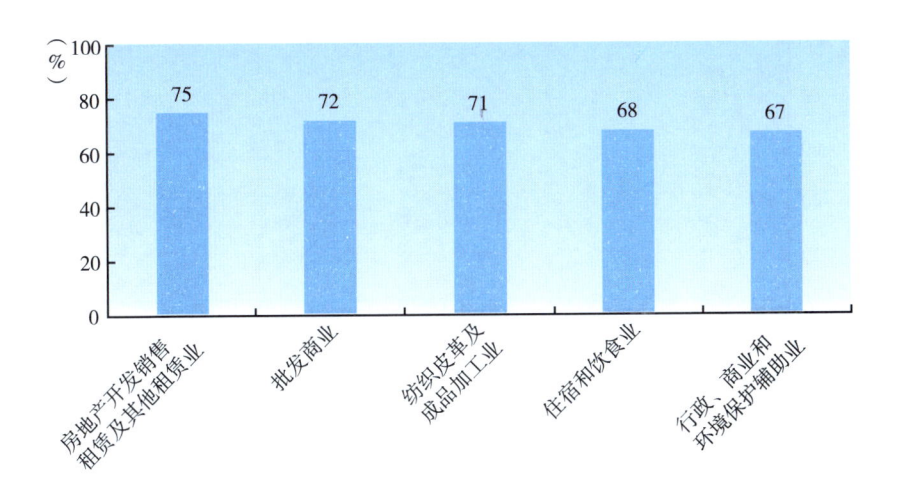

图2-1-14　2009届本科生毕业三年内行业转换率最高的前五位行业类*

行业类	比例(%)
房地产开发销售租赁及其他租赁业	75
批发商业	72
纺织皮革及成品加工业	71
住宿和饮食业	68
行政、商业和环境保护辅助业	67

*毕业生规模过小的行业类不包括在此排序中。

数据来源：麦可思-中国2009届大学毕业生三年后职业发展调查，2009届大学毕业生半年后社会需求与培养质量调查。

2009届本科生毕业三年内转换行业中被转入最多的行业类是电子电气仪器设备及电脑制造业（9.9%），其次为媒体、信息及通信产业（9.6%）。高

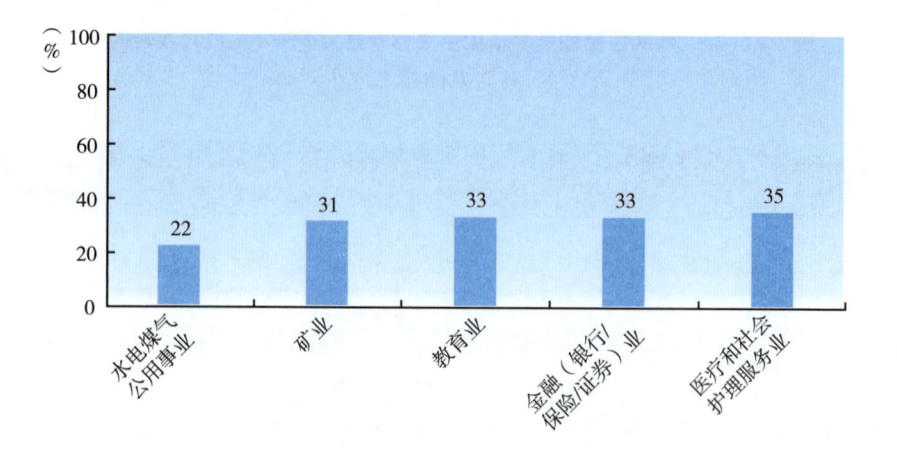

图 2-1-15　2009 届本科生毕业三年内行业转换率最低的前五位行业类*

水电煤气公用事业 22；矿业 31；教育业 33；金融（银行/保险/证券）业 33；医疗和社会护理服务业 35。

*毕业生规模过小的行业类不包括在此排序中。

数据来源：麦可思－中国 2009 届大学毕业生三年后职业发展调查，2009 届大学毕业生半年后社会需求与培养质量调查。

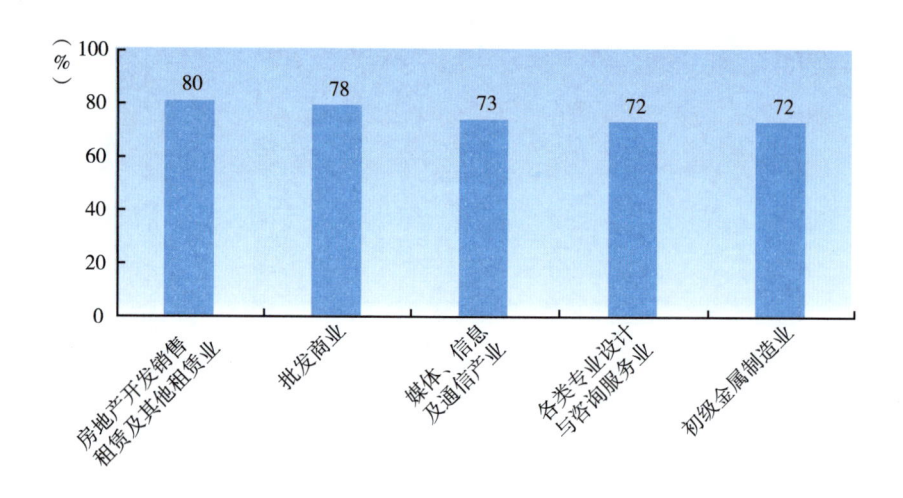

图 2-1-16　2009 届高职高专生毕业三年内行业转换率最高的前五位行业类*

房地产开发销售租赁及其他租赁业 80；批发商业 78；媒体、信息及通信产业 73；各类专业设计与咨询服务业 72；初级金属制造业 72。

*毕业生规模过小的行业类不包括在此排序中。

数据来源：麦可思－中国 2009 届大学毕业生三年后职业发展调查，2009 届大学毕业生半年后社会需求与培养质量调查。

职高专生毕业三年内转换行业中被转入最多的行业类是建筑业（11.4%），其次为电子电气仪器设备及电脑制造业（9.1%）。

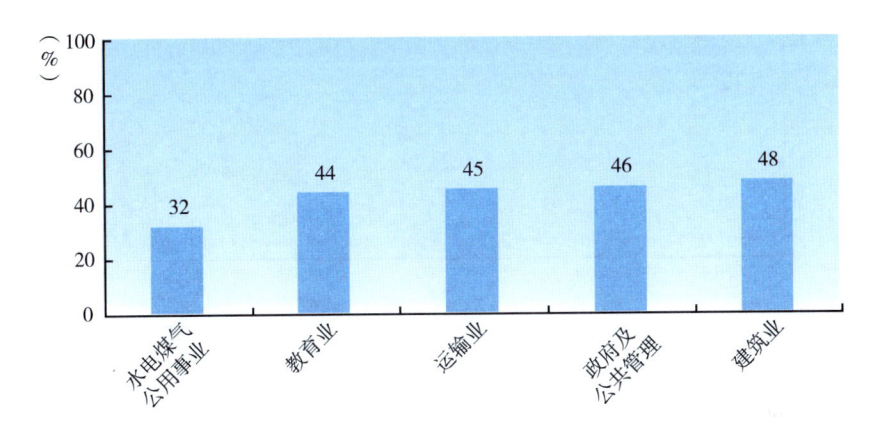

图 2-1-17　2009 届高职高专生毕业三年内行业转换率最低的前五位行业类*

水电煤气公用事业　32
教育业　44
运输业　45
政府及公共管理　46
建筑业　48

*毕业生规模过小的行业类不包括在此排序中。

数据来源：麦可思-中国 2009 届大学毕业生三年后职业发展调查，2009 届大学毕业生半年后社会需求与培养质量调查。

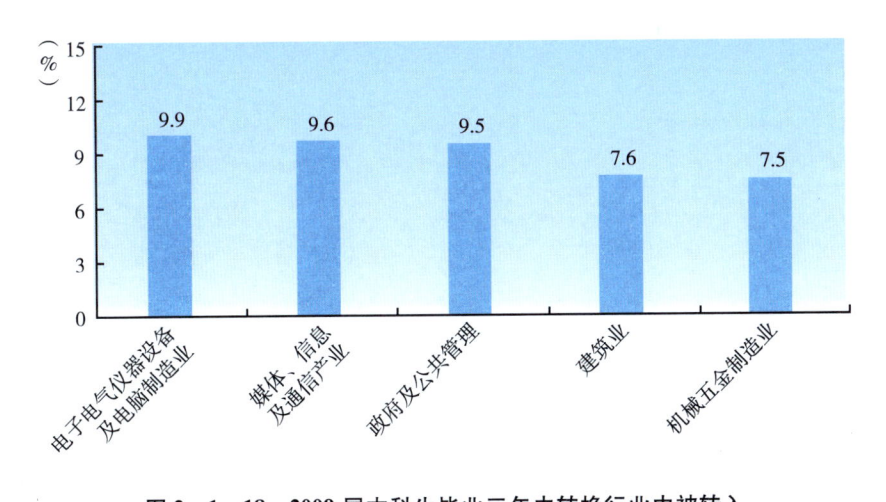

图 2-1-18　2009 届本科生毕业三年内转换行业中被转入最多的前五位行业类*

电子电气仪器设备及电脑制造业　9.9
媒体、信息及通信产业　9.6
政府及公共管理　9.5
建筑业　7.6
机械五金制造业　7.5

*毕业生规模过小的行业类不包括在此排序中。

数据来源：麦可思-中国 2009 届大学毕业生三年后职业发展调查，2009 届大学毕业生半年后社会需求与培养质量调查。

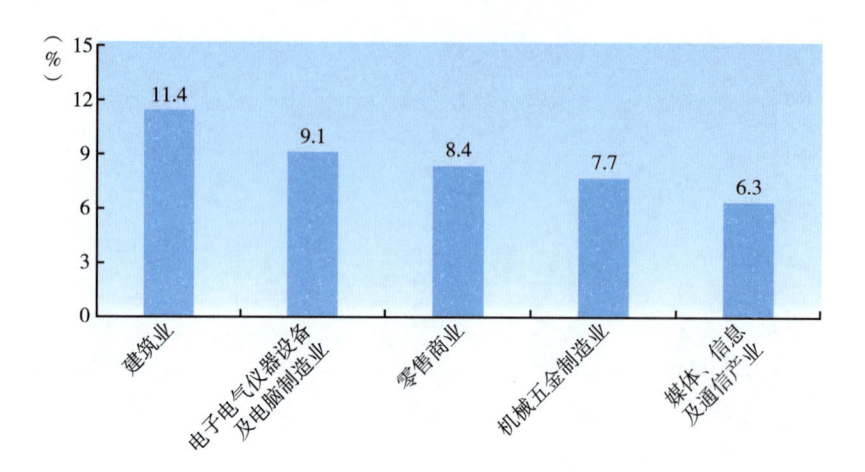

图2-1-19 2009届高职高专生毕业三年内转换行业中被转入最多的前五位行业类*

建筑业 11.4
电子电气仪器设备及电脑制造业 9.1
零售商业 8.4
机械五金制造业 7.7
媒体、信息及通信产业 6.3

*毕业生规模过小的行业类不包括在此排序中。

数据来源：麦可思－中国2009届大学毕业生三年后职业发展调查，2009届大学毕业生半年后社会需求与培养质量调查。

B.14
第二章
三年后就业质量

结论摘要

一 就业满意度

1. 2009届大学生毕业三年后的就业满意度为36%，即在就业的毕业生中，有36%对自己的就业现状表示满意（本科为40%，高职高专为33%）。与2008届该指标（35%）基本持平。

2. 2009届本科生毕业三年后就业满意度最高的学科门类是法学（45%）；就业满意度最低的学科门类是农学（37%）。高职高专生毕业三年后就业满意度最高的专业大类是法律大类（43%）；就业满意度最低的专业大类是农林牧渔大类（26%）。

3. 2009届本科生毕业三年后就业满意度最高的职业类是公安/检察/法院/经济执法（60%）；就业满意度最低的职业类是美术/设计/创意（25%）。高职高专生毕业三年后就业满意度最高的职业类是金融（银行/基金/证券/期货/理财）（50%）；就业满意度最低的职业类是美术/设计/创意（23%）。

4. 2009届本科生毕业三年后就业满意度最高的行业类是政府及公共管理（54%）；就业满意度最低的行业类是初级金属制造业（26%）。高职高专生毕业三年后就业满意度最高的行业类是金融（银行/保险/证券）业（47%）；就业满意度最低的行业类是邮递、物流及仓储业（21%）。

5. 2009届大学生毕业三年后就业满意度最高的用人单位类型是"政府机构/科研事业"（本科为53%，高职高专为46%）；就业满意度最低的用人单位类型是"民营企业/个体"（本科为32%，高职高专为29%）。

二 薪资分析

1. 2009届大学生毕业三年后平均月收入为4755元（本科为5350元，高

职高专为 4160 元）。2009 届毕业生半年后的月收入为 2130 元（本科为 2369 元，高职高专为 1890 元），三年来月收入涨幅平均达到 2625 元，涨幅超过了一倍。其中，本科涨幅达到 2981 元，涨幅比例为 126%；高职高专涨幅为 2270 元，涨幅比例为 120%。

2. 2009 届本科生毕业三年后有 8.9% 的人月收入达到了 10000 元以上，有 12.0% 的人月收入在 3000 元以下。高职高专生毕业三年后有 4.0% 的人月收入在 10000 元以上，有 26.1% 的人月收入在 3000 元以下。

3. 2009 届本科生毕业三年后学历提升为硕士的比例为 12.4%，高职高专生毕业三年后学历提升为本科的比例为 29.9%。

4. 2009 届大学毕业生在毕业三年后学历提升的人群月收入为 4803 元，与学历一直未提升的人群月收入（4748 元）基本持平。其中，本科毕业三年后学历为硕士研究生的人群月收入为 5460 元，学历仍然为本科的人群月收入为 5334 元。高职高专毕业三年后学历为本科的人群月收入为 4146 元，学历仍然为高职高专的人群月收入为 4162 元。提升学历所中断的就业并未给 2009 届大学毕业生带来收入劣势，可能是因为毕业时间短还不能展示学历提升带来的更大的教育回报。

5. 2009 届本科学科门类中三年后月收入最高的是经济学，为 5743 元，高于该学科门类半年后月收入（2498 元）3245 元；三年后月收入最低的是教育学（4475 元），三年内月收入涨幅在本科主要学科门类中也最小，高于该学科门类半年后月收入（2136 元）2339 元。2009 届高职高专专业大类中三年后月收入最高的是土建大类，为 4929 元，三年内月收入涨幅在高职高专主要专业大类中也最大，高于该专业大类半年后月收入（1926 元）3003 元；三年后月收入最低的是医药卫生大类，为 3136 元，三年内月收入涨幅在高职高专主要专业大类中也最小，高于该专业大类半年后月收入（1564 元）1572 元。

6. 2009 届本科生毕业三年后从事互联网开发及应用职业类的人群三年后月收入最高，为 7044 元，月收入涨幅也最大，高于半年后从事该职业类的本科毕业生月收入（2533 元）4511 元，涨幅比例为 178%。三年后月收入最低的是从事社区工作者的本科毕业生，为 3422 元，月收入涨幅也最小，高于半年后从事该职业类的本科毕业生月收入（1836 元）1586 元。2009 届高职高专生毕业三年后从事经营管理职业类的人群三年后月收入最高，为5322元，月收入涨幅也最大，高于半年后从事该职业类的高职高专毕业生月收入（2066元）3256元，涨幅比例为158%。三年后月收入最低的是从事医疗保健/紧急救助的高职高专毕业生，为2856元，高于半年后从事该职业类的高职高专毕业生月收入（1408元）1448元。

7. 2009届本科生毕业三年后在金融（银行/保险/证券）业就业的人群月收入最高，为6656元，高于半年后在该行业类就业的人群月收入（2889元）3767元；三年后月收入最低的是就业于政府及公共管理的本科毕业生，为4138元，月收入涨幅也最小，高于半年后在该行业类就业的人群月收入（2270元）1868元。2009届高职高专生毕业三年后在运输业就业的人群月收入最高，为4933元，高于半年后在该行业类就业的人群月收入（2242元）2691元；三年后月收入最低的是就业于医疗和社会护理服务业的高职高专毕业生，为2976元，月收入涨幅也是最小，高于半年后在该行业类就业的人群月收入（1568元）1408元。

8. 2009届本科毕业生在"中外合资/外资/独资"单位就业的三年后月收入最高，达到6250元，三年内月收入涨幅最大，比2009届半年后在该类型用人单位就业的毕业生月收入（2680元）高3570元，涨幅比例为133%。2009届高职高专生毕业三年后在"中外合资/外资/独资"单位就业的人群月收入最高（4325元）；而在"民营企业/个体"单位就业的高职高专生毕业三年内月收入涨幅比例最大，涨幅比例为134%。

9. 2009届大学毕业生在3001人以上的大型用人单位就业的人群三年后月收入都是最高，本科为6155元，高职高专为4618元。

10. 2009届本科生毕业三年后在泛长江三角洲区域经济体（包括上海、江苏、浙江、江西、安徽）就业的人群月收入最高，为5805元，涨幅为3213元，涨幅比例为124%；在东北区域经济体（包括黑龙江、吉林、辽宁）就业的本科生毕业三年后月收入最低，为4426元，涨幅为2429元，涨幅比例为122%。高职高专毕业生在泛长江三角洲区域经济体就业的人群三年后月收入最高（4502元），三年内涨幅最大（2436元），涨幅比例为118%；在中原区域经济体（包括河南、湖北、湖南）就业的人群月收入最低，为3872元，涨

幅为2255元，涨幅比例最大，为139%。

三 职位晋升

1. 2009届大学生毕业三年内有54%的人获得职位晋升。其中本科这一比例为52%，低于高职高专毕业生的晋升比例（56%）。

2. 2009届本科管理学门类毕业生三年内获得职位晋升的比例最高，为57%；医学门类获得职位晋升的比例最低，仅为34%。高职高专轻纺食品大类毕业生三年内获得职位晋升的比例最高，为67%；医药卫生大类最低，仅为38%。

3. 2009届大学生毕业三年内平均获得职位晋升0.9次，其中本科为0.8次，略低于高职高专毕业生（1.0次）。有31%的本科毕业生获得过1次晋升，高职高专这一比例为28%；有6%的本科毕业生获得过3次及以上的晋升，高职高专这一比例为9%。

4. 2009届本科农学、管理学门类的毕业生三年内获得职位晋升的次数最多，均为0.9次；医学门类的本科生毕业三年内获得职位晋升的次数最少，为0.4次。2009届高职高专轻纺食品大类、旅游大类毕业生三年内获得职位晋升的次数最多，均为1.1次；医药卫生大类高职高专生毕业三年内获得职位晋升的次数最少，为0.6次。

5. 2009届本科从事酒店/旅游/会展、房地产经营、经营管理职业类的大学生毕业三年内获得职位晋升的次数最多，均为1.3次；从事医疗保健/紧急救助、公安/检察/法院/经济执法职业类的大学毕业生职位晋升次数最少，均为0.4次。2009届高职高专从事经营管理职业类的大学生毕业三年内获得职位晋升的次数最多，为1.7次；从事中小学教育职业类的大学毕业生职位晋升次数最少，为0.3次。

6. 2009届在"住宿和饮食业"就业的大学生毕业三年内获得职位晋升的次数最多，本科为1.5次，高职高专为1.6次。2009届本科在"医疗和社会护理服务业"、"政府及公共管理"就业的大学毕业生获得职位晋升的次数最少，均为0.5次；高职高专在"政府及公共管理"就业的大学毕业生获得职位晋升的次数最少，为0.4次。

7. 2009届本科毕业生认为对职位晋升有帮助的大学活动主要是课外自学

的知识和技能（含培训）（48%）、扩大社会人脉关系（38%）；高职高专毕业生认为对职位晋升有帮助的大学活动主要是扩大社会人脉关系（45%）、课外自学的知识和技能（含培训）（39%）。

四 工作与专业相关度

1. 2009届大学生毕业三年后工作与专业相关度为61%，与2009届半年后（62%）和2008届三年后（62%）基本持平。其中，本科三年后工作与专业相关度为67%，与半年后（67%）持平；高职高专三年后工作与专业相关度为54%，比半年后（57%）低3个百分点。

2. 在本科学科门类中，三年后工作与专业相关度最高的是医学（91%），其次是工学（73%），农学门类三年后工作与专业相关度最低，为55%，工作与专业相关度下降也最多，下降了7个百分点（2009届半年后为62%）。法学门类三年后工作与专业相关度（57%）比半年后（47%）提高了10个百分点，这可能是因为有更多的法学专业毕业生在三年内通过了司法考试，获得了从事与法学相关工作的资格。在高职高专专业大类中，三年后工作与专业相关度最高的是材料与能源大类（82%），最低的是旅游大类（35%），其中旅游大类工作与专业相关度三年内下降最多，下降了20个百分点。

五 雇主数

1. 2009届大学毕业生毕业三年内平均为2.3个雇主工作过，其中本科毕业生的平均雇主数为2.0个，低于高职高专毕业生的平均雇主数（2.6个）。高职高专毕业生的工作稳定性较差。

2. 2009届本科的艺术类和新闻传播学类毕业生三年内更换雇主最为频繁，平均雇主数均为2.4个；本科地矿类毕业生平均雇主数最少（1.3个），工作最为稳定。高职高专的生物技术类毕业生平均雇主数最多，为3.0个；高职高专医学技术类、民航运输类、机电设备类、护理类和化工技术类毕业生平均雇主数最少（均为2.2个）。

3. 有37%的本科生毕业三年内仅为1个雇主工作过，33%有2个雇主，9%有4个及以上雇主。而高职高专毕业生更换雇主更为频繁，仅有21%的高职高专生毕业三年内一直为1个雇主工作，而雇主数为4个及以上的高职高专毕业生达到了20%。

4. 更换雇主的行为与月收入相关。在 2009 届本科毕业生中，毕业三年内一直为 1 个雇主工作的毕业生月收入最高，为 5567 元。工作过的雇主数越多，其月收入反而越低；为 5 个及以上雇主工作的本科生毕业三年后月收入最低，仅为 4853 元。高职高专毕业生的月收入呈现类似的趋势。雇主数为 1 个的高职高专生毕业三年后月收入最高，为 4599 元；为 5 个及以上雇主工作的高职高专生毕业三年后月收入最低，为 3893 元。

一 就业满意度

（一）总体就业满意度

三年后就业满意度：在被调查的毕业生中，由就业人群对自己目前的就业现状进行主观判断，选项有"非常满意"、"很满意"、"满意"、"不满意"、"很不满意"、"无法评估"共六项。其中选择"满意"、"很满意"或"非常满意"的人属于对就业现状满意，选择"不满意"或"很不满意"的人属于对就业现状不满意，就业人群包括："受雇全职工作"、"自主创业"。

图 2－2－1 显示了 2009 届大学生毕业三年后的就业满意度。可以看出，2009 届大学生毕业三年后的就业满意度为 36%，即在就业的毕业生中，有 36% 对自己的就业现状表示满意（本科为 40%，高职高专为 33%）。与 2008 届该指标（35%）基本持平。

（二）主要专业的就业满意度

表 2－2－1 显示了 2009 届本科和高职高专主要学科门类/专业大类毕业生三年后的就业满意度。可以看出，2009 届本科生毕业三年后就业满意度最高的学科门类是法学（45%）；就业满意度最低的学科门类是农学（37%）。高职高专生毕业三年后就业满意度最高的专业大类是法律大类（43%）；就业满意度最低的专业大类是农林牧渔大类（26%）。

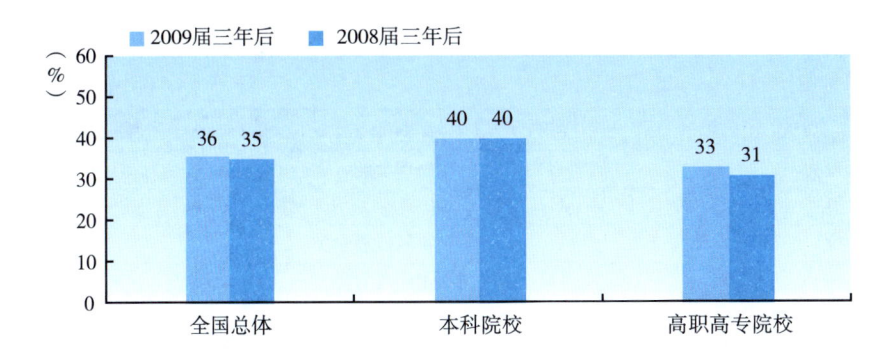

图 2-2-1　2009 届大学生毕业三年后的就业满意度（与 2008 届三年后对比）

数据来源：麦可思－中国 2008 届、2009 届大学毕业生三年后职业发展调查。

表 2-2-1　2009 届主要学科门类/专业大类毕业生三年后的就业满意度*

单位：%

本科主要学科门类名称	就业满意度	高职高专主要专业大类名称	就业满意度
法　学	45	法律大类	43
医　学	44	水利大类	40
经济学	43	公共事业大类	37
文　学	42	材料与能源大类	37
管理学	41	文化教育大类	37
教育学	40	轻纺食品大类	36
理　学	39	旅游大类	35
工　学	38	财经大类	35
农　学	37	医药卫生大类	34
		土建大类	34
		生化与药品大类	33
		交通运输大类	32
		艺术设计传媒大类	32
		电子信息大类	29
		制造大类	29
		农林牧渔大类	26
全国本科	40	全国高职高专	33

*个别学科门类/专业大类因为样本不足，没有包括在内。

数据来源：麦可思－中国 2009 届大学毕业生三年后职业发展调查。

表2-2-2　2009届本科主要专业类毕业生三年后的就业满意度*

单位：%

本科主要专业类名称	就业满意度	本科主要专业类名称	就业满意度
公共管理类	48	物理学类	40
统计学类	48	护理学类	40
教育学类	47	新闻传播学类	39
社会学类	47	能源动力类	39
中国语言文学类	46	心理学类	39
水利类	46	管理科学与工程类	38
外国语言文学类	45	轻工纺织食品类	38
临床医学与医学技术类	45	化工与制药类	37
经济学类	44	艺术类	36
法学类	44	环境与安全类	36
生物工程类	44	体育学类	36
政治学类	43	环境生态类	36
化学类	42	材料类	35
电子信息科学类	42	生物科学类	35
电气信息类	41	交通运输类	35
工商管理类	41	地理科学类	34
土建类	41	植物生产类	34
材料科学类	41	中医学类	34
数学类	40	机械类	32
仪器仪表类	40	环境科学类	28
全国本科	**40**	全国本科	**40**

*个别专业类因为样本不足，没有包括在内。

数据来源：麦可思－中国2009届大学毕业生三年后职业发展调查。

（三）主要职业的就业满意度

图2-2-2、图2-2-3、图2-2-4和图2-2-5分别显示了2009届本科生和高职高专生毕业三年后就业满意度最高和最低的前五位职业类。可以看出，2009届本科生毕业三年后就业满意度最高的职业类是公安/检察/法院/经济执法（60%）；就业满意度最低的职业类是美术/设计/创意（25%）。高职高专生毕业三年后就业满意度最高的职业类是金融（银行/基金/证券/期货/理财）（50%）；就业满意度最低的职业类是美术/设计/创意（23%）。

表2-2-3 2009届高职高专主要专业类毕业生三年后的就业满意度*

单位：%

高职高专主要专业类名称	就业满意度	高职高专主要专业类名称	就业满意度
财政金融类	46	土建施工类	32
民航运输类	44	临床医学类	32
教育类	43	林业技术类	32
经济贸易类	42	计算机类	31
旅游管理类	42	化工技术类	31
纺织服装类	40	房地产类	31
电力技术类	40	环保类	31
广播影视类	40	自动化类	30
建筑设计类	39	工商管理类	30
水利工程与管理类	39	艺术设计类	30
护理类	37	工程管理类	29
公共管理类	37	公路运输类	29
医学技术类	37	汽车类	28
财务会计类	36	通信类	28
畜牧兽医类	36	食品类	28
法律实务类	36	电子信息类	26
市场营销类	35	农业技术类	26
港口运输类	35	制药技术类	26
语言文化类	33	机械设计制造类	25
全国高职高专	**33**	**全国高职高专**	**33**

*个别专业类因为样本不足，没有包括在内。
数据来源：麦可思-中国2009届大学毕业生三年后职业发展调查。

（四）主要行业的就业满意度

图2-2-6、图2-2-7、图2-2-8和图2-2-9分别显示了2009届本科生、高职高专生毕业三年后就业满意度最高和最低的前五位行业类。可以看出，2009届本科生毕业三年后就业满意度最高的行业类是政府及公共管理（54%）；就业满意度最低的行业类是初级金属制造业（26%）。高职高专生毕业三年后就业满意度最高的行业类是金融（银行/保险/证券）业（47%）；就业满意度最低的行业类是邮递、物流及仓储业（21%）。

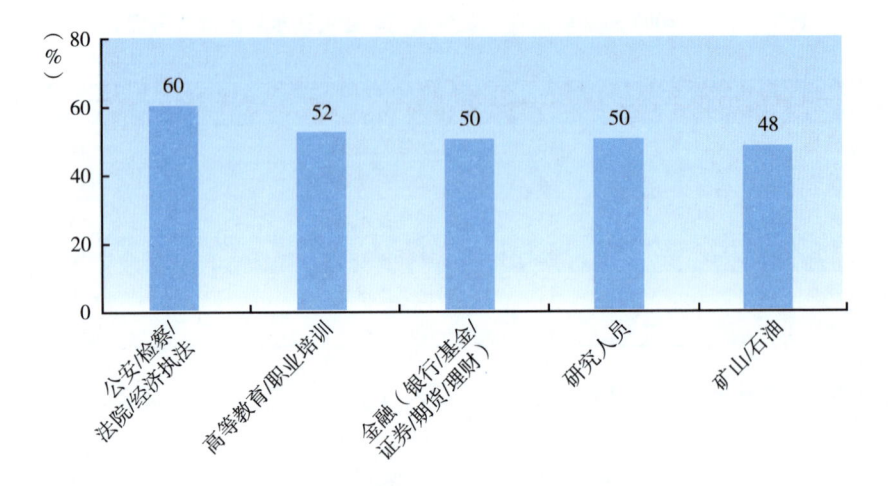

图 2-2-2　2009 届本科生毕业三年后就业满意度最高的前五位职业类*

*毕业生规模过小的职业类不包括在此排序中。
数据来源：麦可思－中国 2009 届大学毕业生三年后职业发展调查。

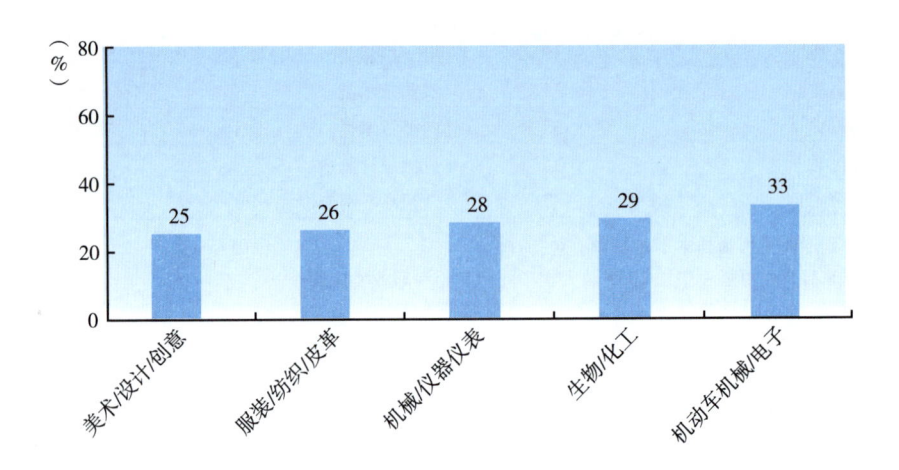

图 2-2-3　2009 届本科生毕业三年后就业满意度最低的前五位职业类*

*毕业生规模过小的职业类不包括在此排序中。
数据来源：麦可思－中国 2009 届大学毕业生三年后职业发展调查。

（五）各用人单位类型的就业满意度

图 2-2-10 显示了 2009 届大学生毕业三年后在各用人单位类型的就业满

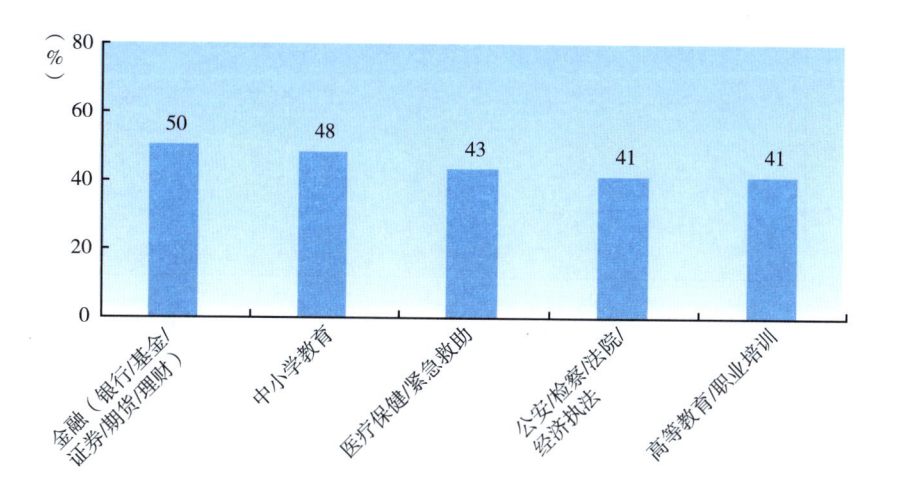

图 2-2-4　2009届高职高专生毕业三年后就业满意度最高的前五位职业类*

金融（银行/基金/证券/期货/理财）：50%
中小学教育：48%
医疗保健/紧急救助：43%
公安/检察/法院/经济执法：41%
高等教育/职业培训：41%

*毕业生规模过小的职业类不包括在此排序中。
数据来源：麦可思-中国2009届大学毕业生三年后职业发展调查。

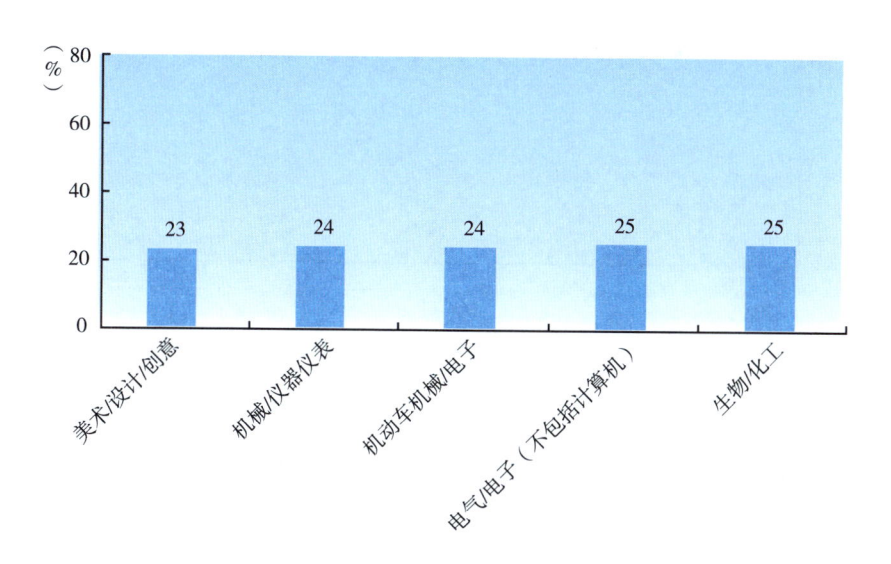

图 2-2-5　2009届高职高专生毕业三年后就业满意度最低的前五位职业类*

美术/设计/创意：23%
机械/仪器仪表：24%
机动车机械/电子：24%
电气/电子（不包括计算机）：25%
生物/化工：25%

*毕业生规模过小的职业类不包括在此排序中。
数据来源：麦可思-中国2009届大学毕业生三年后职业发展调查。

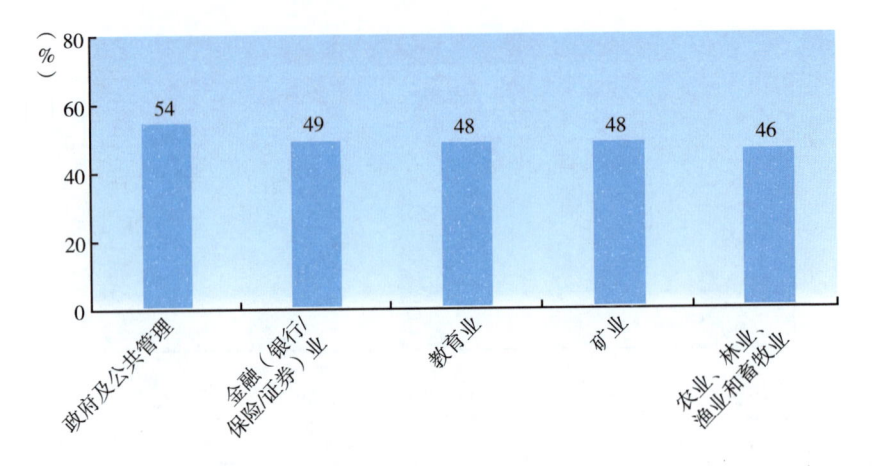

图 2-2-6　2009 届本科生毕业三年后就业满意度最高的前五位行业类＊

（政府及公共管理 54；金融（银行／保险／证券）业 49；教育业 48；矿业 48；农业、林业、渔业和畜牧业 46）

＊毕业生规模过小的行业类不包括在此排序中。
数据来源：麦可思-中国 2009 届大学毕业生三年后职业发展调查。

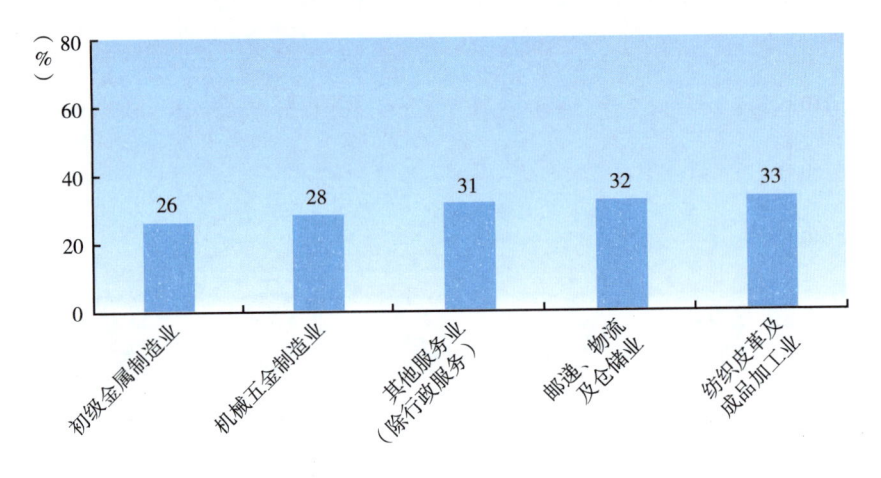

图 2-2-7　2009 届本科生毕业三年后就业满意度最低的前五位行业类＊

（初级金属制造业 26；机械五金制造业 28；其他服务业（除行政服务）31；邮递、物流及仓储业 32；纺织皮革及成品加工业 33）

＊毕业生规模过小的行业类不包括在此排序中。
数据来源：麦可思-中国 2009 届大学毕业生三年后职业发展调查。

意度。可以看出，2009 届大学生毕业三年后就业满意度最高的用人单位类型是"政府机构/科研事业"（本科为 53%，高职高专为 46%）；就业满意度最低的用人单位类型是"民营企业/个体"（本科为 32%，高职高专为 29%）。

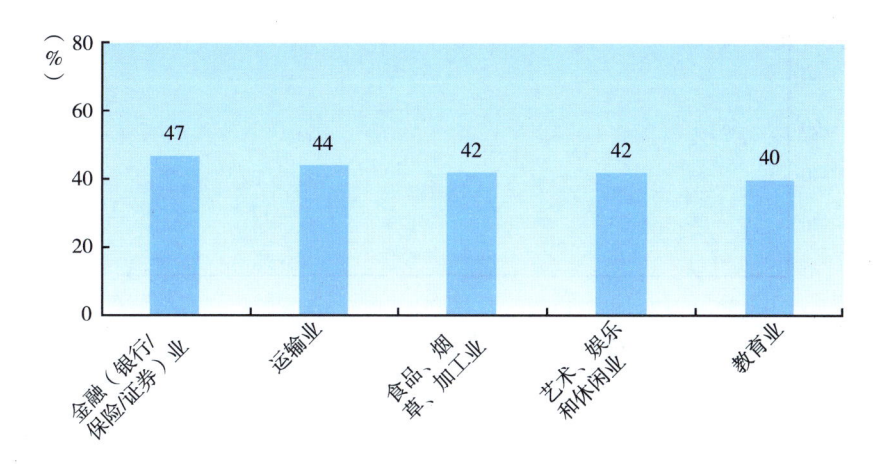

图 2-2-8　2009 届高职高专生毕业三年后就业满意度最高的前五位行业类*

* 毕业生规模过小的行业类不包括在此排序中。
数据来源：麦可思 - 中国 2009 届大学毕业生三年后职业发展调查。

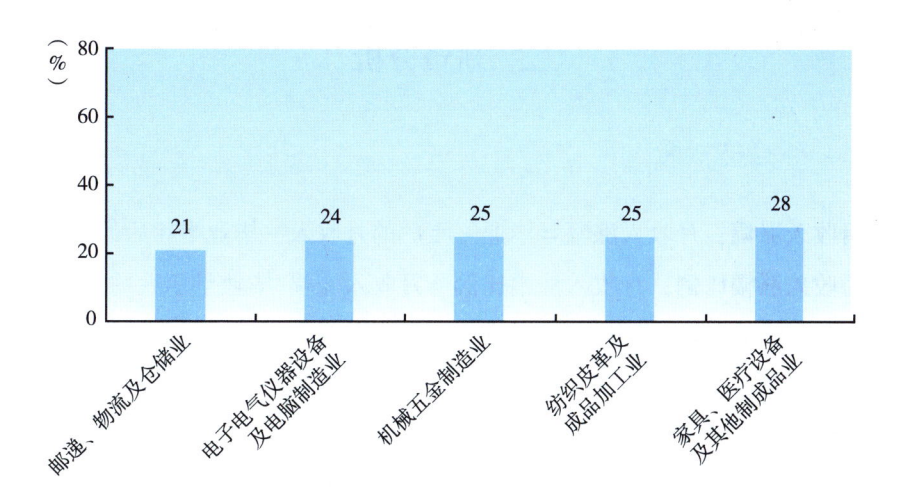

金融（银行/保险/证券）业：47
运输业：44
食品、烟草、加工业：42
艺术、娱乐和休闲业：42
教育业：40

图 2-2-9　2009 届高职高专生毕业三年后就业满意度最低的前五位行业类*

* 毕业生规模过小的行业类不包括在此排序中。
数据来源：麦可思 - 中国 2009 届大学毕业生三年后职业发展调查。

邮递、物流及仓储业：21
电子电气仪器设备及电脑制造业：24
机械五金制造业：25
纺织皮革及成品加工业：25
家具、医疗设备及其他制成品业：28

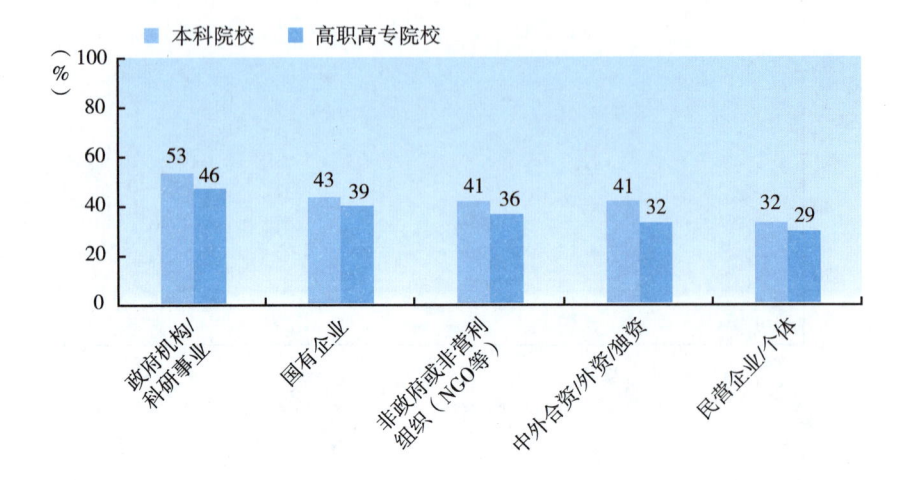

图 2-2-10　2009 届大学生毕业三年后在各用人单位类型的就业满意度

数据来源：麦可思-中国 2009 届大学毕业生三年后职业发展调查。

二　薪资分析

（一）总体月收入

月收入涨幅：月收入涨幅＝毕业三年后的月收入－毕业半年后的月收入。

月收入涨幅比例：月收入涨幅比例＝月收入涨幅/毕业半年后的月收入。

图 2-2-11 显示了 2009 届大学生毕业三年后的月收入变化。可以看出，2009 届大学生毕业三年后平均月收入为 4755 元（本科为 5350 元，高职高专为 4160 元）。2009 届毕业生半年后的月收入为 2130 元（本科为 2369 元，高职高专为 1890 元），三年来月收入涨幅平均达到 2625 元，涨幅超过了一倍。其中，本科涨幅达到 2981 元，涨幅比例为 126%；高职高专涨幅为 2270 元，涨幅比例为 120%。

图 2-2-13 和图 2-2-14 分别显示了 2009 届本科生和高职高专生毕业三年后的月收入分布（与 2008 届三年后对比）。可以看出，2009 届本科生毕业三年后有 8.9% 的人月收入达到了 10000 元以上，有 12.0% 的人月收入在

图 2-2-11　2009 届大学生毕业三年后的月收入变化

数据来源：麦可思 – 中国 2009 届大学毕业生三年后职业发展调查，2009 届大学毕业生半年后社会需求与培养质量调查。

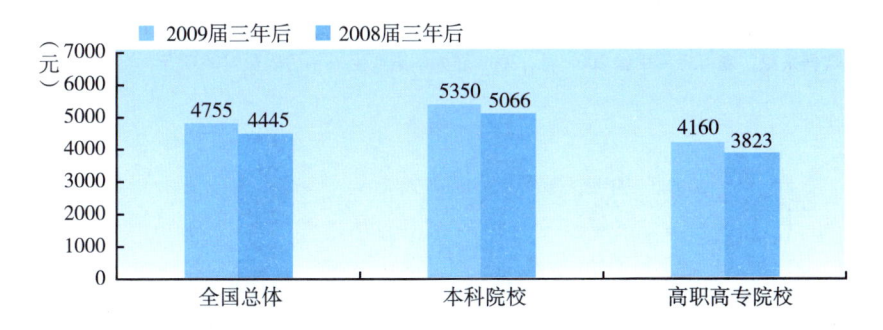

图 2-2-12　2009 届大学生毕业三年后的月收入变化（与 2008 届三年后对比）

数据来源：麦可思 – 中国 2008 届、2009 届大学毕业生三年后职业发展调查。

3000 元以下。高职高专生毕业三年后有 4.0% 的人月收入在 10000 元以上，有 26.1% 的人月收入在 3000 元以下。

图 2-2-15 显示了 2009 届大学生毕业三年后提升学历人群的比例。2009 届本科生毕业三年后学历提升为硕士的比例为 12.4%，高职高专生毕业三年后学历提升为本科的比例为 29.9%。

图 2-2-16 显示了 2009 届大学生毕业三年后提升学历人群和未提升学历人群的月收入对比。2009 届大学毕业生在毕业三年后学历提升的人群月收入为 4803 元，与学历一直未提升的人群月收入（4748 元）基本持平。其中，本

图 2-2-13　2009 届本科生毕业三年后的月收入分布（与 2008 届三年后对比）*

*图中显示数字均保留一位小数，因为四舍五入进位，加起来可能不等于100%。
数据来源：麦可思－中国 2008 届、2009 届大学毕业生三年后职业发展调查。

图 2-2-14　2009 届高职高专生毕业三年后的月收入分布（与 2008 届三年后对比）*

*图中显示数字均保留一位小数，因为四舍五入进位，加起来可能不等于100%。
数据来源：麦可思－中国 2008 届、2009 届大学毕业生三年后职业发展调查。

科毕业三年后学历为硕士研究生的人群月收入为5460元，学历仍然为本科的人群月收入为5334元。高职高专毕业三年后学历为本科的人群月收入为4146

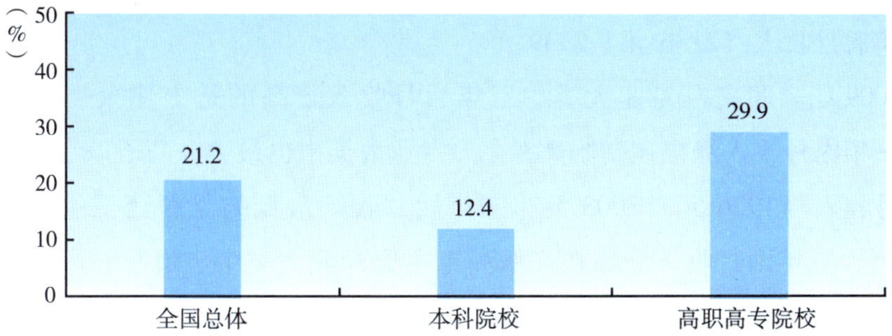

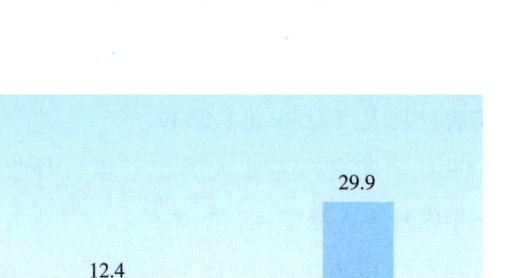

图 2-2-15　2009 届大学生毕业三年后提升学历人群的比例

数据来源：麦可思-中国 2009 届大学毕业生三年后职业发展调查，2009 届大学毕业生半年后社会需求与培养质量调查。

元，学历仍然为高职高专的人群月收入为 4162 元。提升学历所中断的就业并未给 2009 届大学毕业生带来收入劣势，可能是因为毕业时间短还不能展示学历提升带来的更大的教育回报。

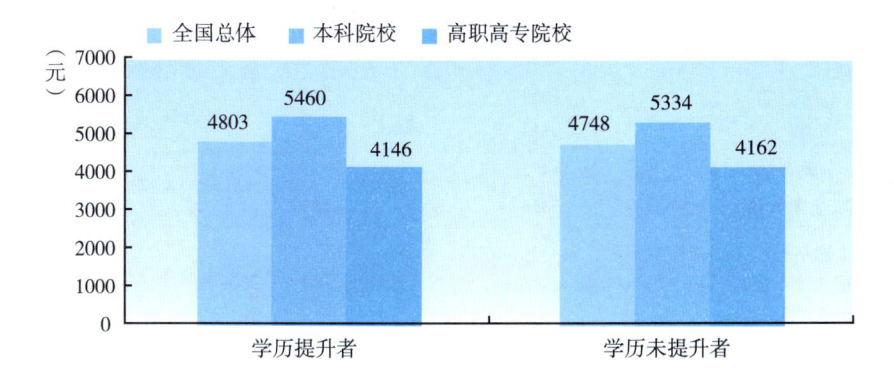

图 2-2-16　2009 届大学生毕业三年后提升学历人群和未提升学历人群的月收入对比

数据来源：麦可思-中国 2009 届大学毕业生三年后职业发展调查，2009 届大学毕业生半年后社会需求与培养质量调查。

（二）主要专业的月收入与涨幅

2009 届本科学科门类中三年后月收入最高的是经济学，为 5743 元，高于该学科门类半年后月收入（2498 元）3245 元；三年后月收入最低的是教育学

(4475元)，三年内月收入涨幅在本科主要学科门类中也最小，高于该学科门类半年后月收入（2136元）2339元。

2009届高职高专专业大类中三年后月收入最高的是土建大类，为4929元，三年内月收入涨幅在高职高专主要专业大类中也最大，高于该专业大类半年后月收入（1926元）3003元；三年后月收入最低的是医药卫生大类，为3136元，三年内月收入涨幅在高职高专主要专业大类中也最小，高于该专业大类半年后月收入（1564元）1572元。

表2-2-4　2009届本科主要学科门类毕业生三年后的月收入与涨幅*

单位：元

本科主要 学科门类名称	毕业三年后的 平均月收入	毕业半年后的 平均月收入	月收入涨幅
经济学	5743	2498	3245
工　学	5678	2431	3247
医　学	5351	2124	3227
管理学	5253	2343	2910
理　学	5226	2301	2925
文　学	5216	2336	2880
法　学	5063	2323	2740
农　学	4834	2125	2709
教育学	4475	2136	2339
全国本科	**5350**	**2369**	**2981**

*个别学科门类因为样本不足，没有包括在内。
数据来源：麦可思－中国2009届大学毕业生三年后职业发展调查，2009届大学毕业生半年后社会需求与培养质量调查。

表2-2-5　2009届高职高专主要专业大类毕业生三年后的月收入与涨幅*

单位：元

高职高专主要 专业大类名称	毕业三年后的 平均月收入	毕业半年后的 平均月收入	月收入涨幅
土建大类	4929	1926	3003
交通运输大类	4841	2269	2572
电子信息大类	4352	1864	2488
财经大类	4121	1874	2247
制造大类	4117	1902	2215

续表

高职高专主要专业大类名称	毕业三年后的平均月收入	毕业半年后的平均月收入	月收入涨幅
生化与药品大类	4032	1892	2140
农林牧渔大类	3954	1757	2197
艺术设计传媒大类	3917	1970	1947
文化教育大类	3786	1830	1956
医药卫生大类	3136	1564	1572
全国高职高专	**4160**	**1890**	**2270**

* 个别专业大类因为样本不足，没有包括在内。

数据来源：麦可思－中国2009届大学毕业生三年后职业发展调查，2009届大学毕业生半年后社会需求与培养质量调查。

表2－2－6　2009届本科主要专业类毕业生三年后的月收入与涨幅*

单位：元

本科主要专业类名称	毕业三年后的平均月收入	毕业半年后的平均月收入	月收入涨幅
能源动力类	6054	2556	3498
土建类	6054	2480	3574
电子信息科学类	6019	2565	3454
电气信息类	5993	2515	3478
数学类	5684	2279	3405
管理科学与工程类	5683	2442	3241
经济学类	5679	2498	3181
交通运输类	5490	2503	2987
生物工程类	5429	2177	3252
环境与安全类	5381	2280	3101
统计学类	5343	2468	2875
外国语言文学类	5259	2457	2802
环境生态类	5255	2218	3037
艺术类	5249	2194	3055
仪器仪表类	5237	2520	2717
新闻传播学类	5209	2302	2907
工商管理类	5206	2343	2863
物理学类	5174	2233	2941
教育学类	5166	2226	2940
法学类	5118	2331	2787
机械类	5081	2273	2808

续表

本科主要专业类名称	毕业三年后的平均月收入	毕业半年后的平均月收入	月收入涨幅
材料类	5052	2360	2692
化工与制药类	4989	2290	2699
轻工纺织食品类	4982	2107	2875
生物科学类	4888	2107	2781
地理科学类	4824	2272	2552
社会学类	4802	2286	2516
政治学类	4787	2278	2509
化学类	4761	2264	2497
材料科学类	4747	2236	2511
中国语言文学类	4584	2257	2327
临床医学与医学技术类	4572	1852	2720
植物生产类	4423	2025	2398
公共管理类	4380	2213	2167
体育学类	4229	2108	2121
全国本科	**5350**	**2369**	**2981**

* 个别专业类因为样本不足，没有包括在内。

数据来源：麦可思－中国2009届大学毕业生三年后职业发展调查，2009届大学毕业生半年后社会需求与培养质量调查。

表2－2－7 2009届高职高专主要专业类毕业生三年后的月收入与涨幅*

单位：元

高职高专主要专业类名称	毕业三年后的平均月收入	毕业半年后的平均月收入	月收入涨幅
民航运输类	5343	2716	2627
建筑设计类	5157	1871	3286
财政金融类	4705	1868	2837
土建施工类	4646	2058	2588
电力技术类	4620	1734	2886
计算机类	4449	1829	2620
公路运输类	4411	2243	2168
纺织服装类	4384	1766	2618
通信类	4342	1861	2481
市场营销类	4304	2014	2290
畜牧兽医类	4281	1759	2522
工商管理类	4260	1925	2335

续表

高职高专主要专业类名称	毕业三年后的平均月收入	毕业半年后的平均月收入	月收入涨幅
旅游管理类	4239	1912	2327
工程管理类	4236	1889	2347
经济贸易类	4187	1988	2199
电子信息类	4127	1954	2173
房地产类	4093	1881	2212
公共管理类	4073	1795	2278
自动化类	4071	1888	2183
生物技术类	4029	1819	2210
机械设计制造类	3967	1907	2060
艺术设计类	3964	1988	1976
化工技术类	3909	1995	1914
汽车类	3877	1923	1954
语言文化类	3830	1890	1940
港口运输类	3806	1874	1932
水利工程与管理类	3519	2128	1391
财务会计类	3485	1715	1770
护理类	3266	1386	1880
教育类	3163	1548	1615
临床医学类	2641	1263	1378
全国高职高专	**4160**	**1890**	**2270**

*个别专业类因为样本不足，没有包括在内。

数据来源：麦可思－中国2009届大学毕业生三年后职业发展调查，2009届大学毕业生半年后社会需求与培养质量调查。

（三）主要职业的月收入与涨幅

2009届本科生毕业三年后从事互联网开发及应用职业类的人群三年后月收入最高，为7044元，月收入涨幅也最大，高于半年后从事该职业类的本科毕业生月收入（2533元）4511元，涨幅比例为178%。三年后月收入最低的是从事社区工作者的本科毕业生，为3422元，月收入涨幅也最小，高于半年后从事该职业类的本科毕业生月收入（1836元）1586元。

2009届高职高专生毕业三年后从事经营管理职业类的人群三年后月收入

最高，为 5322 元，月收入涨幅也最大，高于半年后从事该职业类的高职高专毕业生月收入（2066 元）3256 元，涨幅比例为 158%。三年后月收入最低的是从事医疗保健/紧急救助的高职高专毕业生，为 2856 元，高于半年后从事该职业类的高职高专毕业生月收入（1408 元）1448 元。

表 2-2-8　2009 届本科生毕业三年后从事的主要职业类的月收入及涨幅*

单位：元

本科主要职业类名称	毕业三年后的平均月收入	毕业半年后的平均月收入	月收入涨幅
互联网开发及应用	7044	2533	4511
计算机与数据处理	6821	2663	4158
金融(银行/基金/证券/期货/理财)	6806	2891	3915
销售	6579	2462	4117
矿山/石油	6558	3124	3434
电力/能源	6279	2884	3395
美术/设计/创意	6017	2235	3782
建筑工程	5859	2502	3357
房地产经营	5796	2727	3069
电气/电子(不包括计算机)	5672	2502	3170
工业安全与质量	5620	2264	3356
研究人员	5532	2432	3100
经营管理	5427	2535	2892
机动车机械/电子	5347	2267	3080
翻译	5273	2800	2473
媒体/出版	5244	2381	2863
酒店/旅游/会展	5128	2126	3002
生产/运营	5108	2240	2868
交通运输/邮电	5055	2428	2627
物流/采购	5012	2281	2731
环境保护	4967	2172	2795
人力资源	4917	2282	2635
财务/审计/税务/统计	4877	2308	2569
医疗保健/紧急救助	4851	1997	2854
机械/仪器仪表	4846	2168	2678
保险	4806	2495	2311
公安/检察/法院/经济执法	4648	2583	2065
生物/化工	4458	2075	2383

续表

本科主要职业类名称	毕业三年后的平均月收入	毕业半年后的平均月收入	月收入涨幅
农/林/牧/渔类	4134	2043	2091
高等教育/职业培训	4111	2240	1871
行政/后勤	3904	2035	1869
中小学教育	3865	2203	1662
社区工作者	3422	1836	1586
全国本科	**5350**	**2369**	**2981**

* 个别职业类因为样本不足，没有包括在内。

数据来源：麦可思-中国2009届大学毕业生三年后职业发展调查，2009届大学毕业生半年后社会需求与培养质量调查。

表2-2-9　2009届高职高专生毕业三年后从事的主要职业类的月收入及涨幅*

单位：元

高职高专主要职业类名称	毕业三年后的平均月收入	毕业半年后的平均月收入	月收入涨幅
经营管理	5322	2066	3256
金融(银行/基金/证券/期货/理财)	5090	2225	2865
计算机与数据处理	4923	1922	3001
互联网开发及应用	4908	2036	2872
销售	4897	2042	2855
房地产经营	4749	2252	2497
建筑工程	4680	2082	2598
媒体/出版	4489	1753	2736
交通运输/邮电	4463	2183	2280
电力/能源	4407	1940	2467
酒店/旅游/会展	4275	1832	2443
餐饮/娱乐	4224	1719	2505
美术/设计/创意	4100	1867	2233
电气/电子(不包括计算机)	4041	1883	2158
生产/运营	3997	1919	2078
机动车机械/电子	3955	1829	2126
机械/仪器仪表	3909	1842	2067
物流/采购	3859	1835	2024
生物/化工	3570	1799	1771
人力资源	3563	1887	1676
公安/检察/法院/经济执法	3450	1970	1480

续表

高职高专主要职业类名称	毕业三年后的平均月收入	毕业半年后的平均月收入	月收入涨幅
财务/审计/税务/统计	3446	1663	1783
中小学教育	3153	1607	1546
行政/后勤	3070	1637	1433
医疗保健/紧急救助	2856	1408	1448
全国高职高专	**4160**	**1890**	**2270**

* 个别职业类因为样本不足,没有包括在内。

数据来源:麦可思-中国2009届大学毕业生三年后职业发展调查,2009届大学毕业生半年后社会需求与培养质量调查。

(四)主要行业的月收入与涨幅

2009届本科生毕业三年后在金融(银行/保险/证券)业就业的人群月收入最高,为6656元,高于半年后在该行业类就业的人群月收入(2889元)3767元;三年后月收入最低的是就业于政府及公共管理的本科毕业生,为4138元,月收入涨幅也最小,高于半年后在该行业类就业的人群月收入(2270元)1868元。

2009届高职高专生毕业三年后在运输业就业的人群月收入最高,为4933元,高于半年后在该行业类就业的人群月收入(2242元)2691元;三年后月收入最低的是就业于医疗和社会护理服务业的高职高专毕业生,为2976元,月收入涨幅也是最小,高于半年后在该行业类就业的人群月收入(1568元)1408元。

表2-2-10　2009届本科生毕业三年后在各主要行业类的月收入及涨幅*

单位:元

本科主要行业类名称	毕业三年后的平均月收入	毕业半年后的平均月收入	月收入涨幅
金融(银行/保险/证券)业	6656	2889	3767
媒体、信息及通信产业	6525	2563	3962
各类专业设计与咨询服务业	6335	2390	3945
家具、医疗设备及其他制成品业	6268	2273	3995

续表

本科主要行业类名称	毕业三年后的平均月收入	毕业半年后的平均月收入	月收入涨幅
矿业	6135	2791	3344
水电煤气公用事业	6041	2780	3261
房地产开发销售租赁及其他租赁业	5911	2531	3380
建筑业	5763	2486	3277
运输业	5747	2587	3160
交通工具制造业	5723	2348	3375
电子电气仪器设备及电脑制造业	5715	2452	3263
零售商业	5332	2266	3066
批发商业	5162	2216	2946
食品、烟草、加工业	5156	2302	2854
医疗和社会护理服务业	5100	2122	2978
纺织皮革及成品加工业	5024	2069	2955
邮递、物流及仓储业	4982	2215	2767
其他服务业（除行政服务）	4964	2033	2931
机械五金制造业	4887	2137	2750
化学品、化工、塑胶业	4826	2277	2549
初级金属制造业	4778	2232	2546
农业、林业、渔业和畜牧业	4775	2098	2677
行政、商业和环境保护辅助业	4714	2136	2578
教育业	4182	2182	2000
政府及公共管理	4138	2270	1868
全国本科	**5350**	**2369**	**2981**

*个别行业类因为样本不足，没有包括在内。

数据来源：麦可思－中国2009届大学毕业生三年后职业发展调查，2009届大学毕业生半年后社会需求与培养质量调查。

表2-2-11　2009届高职高专生毕业三年后在各主要行业类的月收入及涨幅*

单位：元

高职高专主要行业类名称	毕业三年后的平均月收入	毕业半年后的平均月收入	月收入涨幅
运输业	4933	2242	2691
金融（银行/保险/证券）业	4860	2250	2610
房地产开发销售租赁及其他租赁业	4700	2197	2503
各类专业设计与咨询服务业	4542	1838	2704
建筑业	4539	2091	2448

续表

高职高专主要行业类名称	毕业三年后的平均月收入	毕业半年后的平均月收入	月收入涨幅
媒体、信息及通信产业	4473	1957	2516
批发商业	4351	1862	2489
交通工具制造业	4345	2020	2325
电子电气仪器设备及电脑制造业	4301	1890	2411
纺织皮革及成品加工业	4184	1837	2347
其他服务业（除行政服务）	4155	1823	2332
邮递、物流及仓储业	4133	1909	2224
零售商业	4091	1845	2246
机械五金制造业	4090	1744	2346
家具、医疗设备及其他制成品业	4039	2037	2002
化学品、化工、塑胶业	3898	1803	2095
住宿和饮食业	3850	1727	2123
食品、烟草、加工业	3807	1903	1904
教育业	3321	1604	1717
政府及公共管理	3238	1643	1595
医疗和社会护理服务业	2976	1568	1408
全国高职高专	**4160**	**1890**	**2270**

* 个别行业类因为样本不足，没有包括在内。

数据来源：麦可思－中国2009届大学毕业生三年后职业发展调查，2009届大学毕业生半年后社会需求与培养质量调查。

（五）各用人单位的月收入与涨幅

图2－2－17和图2－2－18显示了2009届本科生和高职高专生毕业三年后在各类型用人单位就业的月收入及涨幅。2009届本科毕业生在"中外合资/外资/独资"单位就业的三年后月收入最高，达到6250元，三年内月收入涨幅最大，比2009届半年后在该类型用人单位就业的毕业生月收入（2680元）高3570元，涨幅比例为133%。2009届高职高专生毕业三年后在"中外合资/外资/独资"单位就业的人群月收入最高（4325元）；而在"民营企业/个体"单位就业的高职高专生毕业三年内月收入涨幅比例最大，涨幅比例为134%。

图2－2－19和图2－2－20显示了2009届本科生和高职高专生毕业三年后在各规模用人单位的月收入及涨幅。可以看出，2009届大学毕业生在3001

图 2−2−17　2009 届本科生毕业三年后在各类型用人单位的月收入

数据来源：麦可思－中国 2009 届大学毕业生三年后职业发展调查，2009 届大学毕业生半年后社会需求与培养质量调查。

图 2−2−18　2009 届高职高专生毕业三年后在各类型用人单位的月收入 *

＊非政府或非营利组织（NGO）因为样本不足，没有包括在内。

数据来源：麦可思－中国 2009 届大学毕业生三年后职业发展调查，2009 届大学毕业生半年后社会需求与培养质量调查。

人以上的大型用人单位就业的人群三年后月收入都是最高，本科为 6155 元，高职高专为 4618 元。

图 2-2-19　2009 届本科生毕业三年后在各规模用人单位的月收入

数据来源：麦可思－中国 2009 届大学毕业生三年后职业发展调查，2009 届大学毕业生半年后社会需求与培养质量调查。

3001人以上：2009届三年后 6155，2009届半年后 2798
1001~3000人：5553，2465
501~1000人：5541，2374
301~500人：5260，2349
51~300人：4853，2218
50人以下：4818，2031

图 2-2-20　2009 届高职高专生毕业三年后在各规模用人单位的月收入

数据来源：麦可思－中国 2009 届大学毕业生三年后职业发展调查，2009 届大学毕业生半年后社会需求与培养质量调查。

3001人以上：4618，2273
1001~3000人：4147，2012
501~1000人：4231，1929
301~500人：4083，1916
51~300人：3926，1735
50人以下：4174，1811

（六）经济区域的月收入与涨幅

图 2-2-21 和图 2-2-22 分别显示了 2009 届本科生和高职高专生毕业三年后在各类经济区域就业的月收入及涨幅。2009 届本科生毕业三年后在泛长江三角洲区域经济体（包括上海、江苏、浙江、江西、安徽）就业的人群月收入最高，为 5805 元，涨幅为 3213 元，涨幅比例为 124%；在东北区域经济体（包括黑龙江、吉林、辽宁）就业的本科生毕业三年后月收入最低，为 4426 元，涨

幅为2429元，涨幅比例为122%。高职高专毕业生在泛长江三角洲区域经济体就业的人群三年后月收入最高（4502元），三年内涨幅最大（2436元），涨幅比例为118%；在中原区域经济体（包括河南、湖北、湖南）就业的人群月收入最低，为3872元，涨幅为2255元，涨幅比例最大，为139%。

图2-2-21 2009届本科生毕业三年后在各类经济区域就业的月收入*

*西部生态经济区因为样本不足，没有包括在内。

数据来源：麦可思-中国2009届大学毕业生三年后职业发展调查，2009届大学毕业生半年后社会需求与培养质量调查。

三　职位晋升

（一）职位晋升比例

职位晋升：由已经工作的毕业生回答是否获得职位晋升以及获得晋升的次数。职位晋升是指享有比之前一个职位更多的职权并承担更多的责任，由毕业生主观判断。这既包括不换雇主的内部提升，也包括通过更换雇主实现的晋升。

图2-2-23显示了2009届大学生毕业三年内平均获得职位晋升的比例（与2008届三年内对比）。可以看出，2009届大学生毕业三年内有54%的人获得职

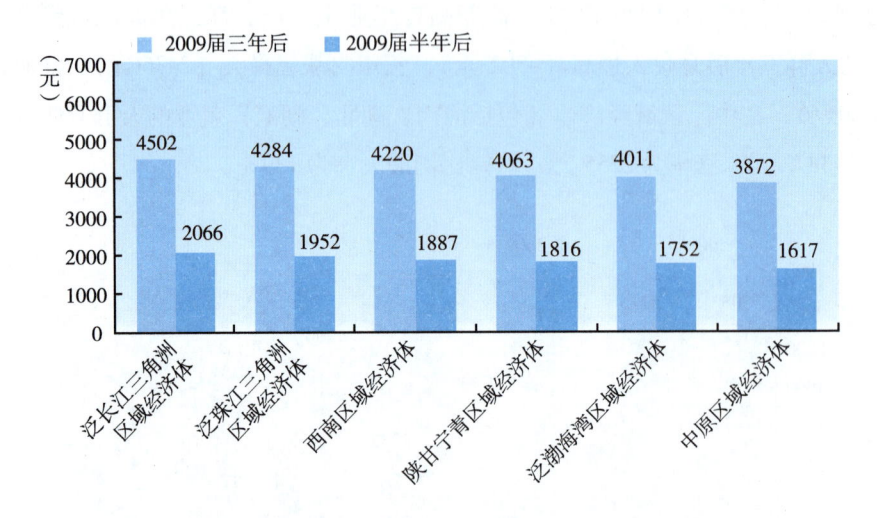

图 2-2-22　2009 届高职高专生毕业三年后在各类经济区域就业的月收入 *

* 东北区域经济体和西部生态经济区因为样本不足，没有包括在内。

数据来源：麦可思 - 中国 2009 届大学毕业生三年后职业发展调查，2009 届大学毕业生半年后社会需求与培养质量调查。

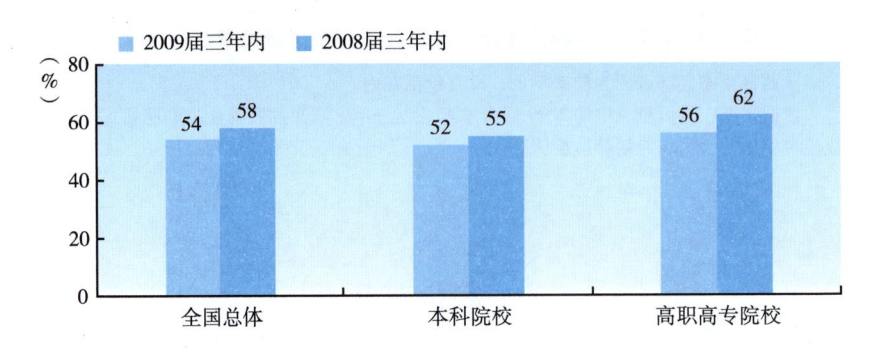

图 2-2-23　2009 届大学生毕业三年内平均获得职位晋升的比例
（与 2008 届三年内对比）

数据来源：麦可思 - 中国 2008 届、2009 届大学毕业生三年后职业发展调查。

位晋升。其中本科这一比例为 52%，低于高职高专毕业生的晋升比例（56%）。

2009 届本科管理学门类毕业生三年内获得职位晋升的比例最高，为 57%；医学门类获得职位晋升的比例最低，仅为 34%。高职高专轻纺食品大类毕业生三年内获得职位晋升的比例最高，为 67%；医药卫生大类最低，仅为 38%。

表2-2-12　2009届主要学科门类/专业大类毕业生三年内平均获得职位晋升的比例*

单位：%

本科主要学科门类名称	获得职位晋升的比例	高职高专主要专业大类名称	获得职位晋升的比例
管理学	57	轻纺食品大类	67
农学	56	旅游大类	64
经济学	53	生化与药品大类	61
工学	53	财经大类	58
文学	51	艺术设计传媒大类	57
教育学	50	制造大类	56
理学	50	电子信息大类	56
法学	48	交通运输大类	55
医学	34	土建大类	54
		文化教育大类	54
		医药卫生大类	38
全国本科	52	全国高职高专	56

*个别学科门类/专业大类因为样本不足，没有包括在内。
数据来源：麦可思-中国2009届大学毕业生三年后职业发展调查。

表2-2-13　2009届本科主要职业类毕业生三年内平均获得职位晋升的比例*

单位：%

本科主要职业类名称	获得职位晋升的比例	本科主要职业类名称	获得职位晋升的比例
经营管理	74	建筑工程	53
酒店/旅游/会展	74	财务/审计/税务/统计	53
生产/运营	69	媒体/出版	53
房地产经营	67	交通运输/邮电	53
人力资源	65	农/林/牧/渔类	53
销售	62	电气/电子(不包括计算机)	51
互联网开发及应用	60	计算机与数据处理	50
美术/设计/创意	59	机械/仪器仪表	46
生物/化工	58	高等教育/职业培训	45
保险	58	翻译	45
工业安全与质量	57	行政/后勤	43
矿山/石油	57	机动车机械/电子	41
金融(银行/基金/证券/期货/理财)	56	中小学教育	39
电力/能源	56	公安/检察/法院/经济执法	33
环境保护	56	医疗保健/紧急救助	33
物流/采购	55		
全国本科	52	全国本科	52

*个别职业类因为样本不足，没有包括在内。
数据来源：麦可思-中国2009届大学毕业生三年后职业发展调查。

表2-2-14　2009届高职高专主要职业类毕业生三年内平均获得职位晋升的比例*

单位：%

高职高专主要职业类名称	获得职位晋升的比例	高职高专主要职业类名称	获得职位晋升的比例
经营管理	82	金融(银行/基金/证券/期货/理财)	57
餐饮/娱乐	75	机械/仪器仪表	55
酒店/旅游/会展	73	房地产经营	55
电气/电子(不包括计算机)	68	财务/审计/税务/统计	53
互联网开发及应用	65	生物/化工	51
销售	64	行政/后勤	49
生产/运营	63	机动车机械/电子	48
物流/采购	62	计算机与数据处理	47
人力资源	59	交通运输/邮电	40
美术/设计/创意	58	医疗保健/紧急救助	31
建筑工程	57		
全国高职高专	**56**	**全国高职高专**	**56**

*个别职业类因为样本不足，没有包括在内。

数据来源：麦可思-中国2009届大学毕业生三年后职业发展调查。

表2-2-15　2009届本科主要行业类毕业生三年内平均获得职位晋升的比例*

单位：%

本科主要行业类名称	获得职位晋升的比例	本科主要行业类名称	获得职位晋升的比例
住宿和饮食业	80	金融(银行/保险/证券)业	56
纺织皮革及成品加工业	69	媒体、信息及通信产业	56
零售商业	68	运输业	55
食品、烟草、加工业	66	电子电气仪器设备及电脑制造业	55
农业、林业、渔业和畜牧业	63	初级金属制造业	55
房地产开发销售租赁及其他租赁业	63	建筑业	55
邮递、物流及仓储业	62	行政、商业和环境保护辅助业	52
艺术、娱乐和休闲业	62	水电煤气公用事业	50
家具、医疗设备及其他制成品业	61	交通工具制造业	50
批发商业	59	机械五金制造业	46
矿业	59	教育业	43
化学品、化工、塑胶业	58	医疗和社会护理服务业	36
其他服务业(除行政服务)	57	政府及公共管理	35
各类专业设计与咨询服务业	56		
全国本科	**52**	**全国本科**	**52**

*个别行业类因为样本不足，没有包括在内。

数据来源：麦可思-中国2009届大学毕业生三年后职业发展调查。

分报告二·第二章　三年后就业质量

表2-2-16　2009届高职高专主要行业类毕业生三年内平均获得职位晋升的比例[*]

单位：%

高职高专主要行业类名称	获得职位晋升的比例	高职高专主要行业类名称	获得职位晋升的比例
住宿和饮食业	76	家具、医疗设备及其他制成品业	56
媒体、信息及通信产业	65	机械五金制造业	56
纺织皮革及成品加工业	65	金融(银行/保险/证券)业	55
食品、烟草、加工业	65	房地产开发销售租赁及其他租赁业	54
零售商业	64	交通工具制造业	53
邮递、物流及仓储业	63	水电煤气公用事业	52
化学品、化工、塑胶业	61	初级金属制造业	49
电子电气仪器设备及电脑制造业	60	运输业	43
批发商业	60	教育业	42
建筑业	58	医疗和社会护理服务业	39
各类专业设计与咨询服务业	58	政府及公共管理	30
其他服务业(除行政服务)	57		
全国高职高专	56	全国高职高专	56

[*]个别行业类因为样本不足，没有包括在内。
数据来源：麦可思-中国2009届大学毕业生三年后职业发展调查。

(二)职位晋升次数

职位晋升次数：由毕业生自己回答获得职位晋升的次数，计算公式的分子是所有大学毕业生获得职位晋升次数之和，没有获得职位晋升的人记为0次，分母是三年内就业和就业过的大学毕业生数。

图2-2-24、图2-2-25和图2-2-26分别显示了2009届大学生毕业三年内平均获得职位晋升的次数和频度（与2008届三年内对比）。可以看出，2009届大学生毕业三年内平均获得职位晋升0.9次，其中本科为0.8次，略低于高职高专毕业生（1.0次）。有31%的本科毕业生获得过1次晋升，高职高专这一比例为28%；有6%的本科毕业生获得过3次及以上的晋升，高职高专这一比例为9%。

2009届本科农学、管理学门类的毕业生三年内获得职位晋升的次数最多，均为0.9次；医学门类的本科生毕业三年内获得职位晋升的次数最少，为0.4

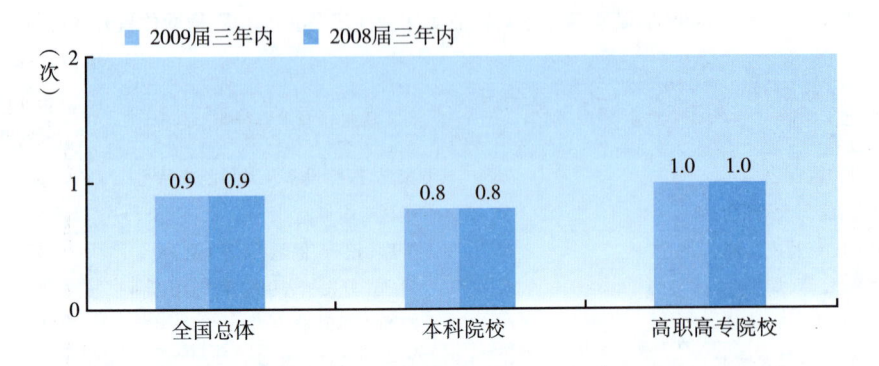

图2-2-24 2009届大学生毕业三年内平均获得职位晋升的次数
（与2008届三年内对比）

数据来源：麦可思-中国2008届、2009届大学毕业生三年后职业发展调查。

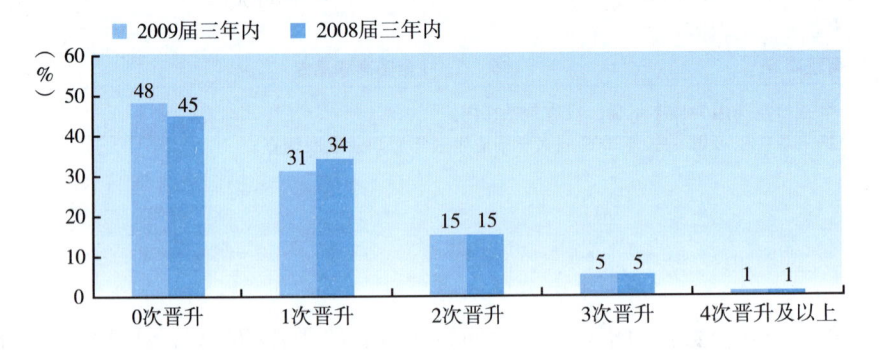

图2-2-25 2009届本科生毕业三年内平均获得职位晋升的频度
（与2008届三年内对比）

数据来源：麦可思-中国2008届、2009届大学毕业生三年后职业发展调查。

次。2009届高职高专轻纺食品大类、旅游大类毕业生三年内获得职位晋升的次数最多，均为1.1次；医药卫生大类高职高专生毕业三年内获得职位晋升的次数最少，为0.6次。

2009届本科从事酒店/旅游/会展、房地产经营、经营管理职业类的大学生毕业三年内获得职位晋升的次数最多，均为1.3次；从事医疗保健/紧急救助、公安/检察/法院/经济执法职业类的大学毕业生职位晋升次数最少，均为0.4次。2009届高职高专从事经营管理职业类的大学生毕业三年内获得职位晋

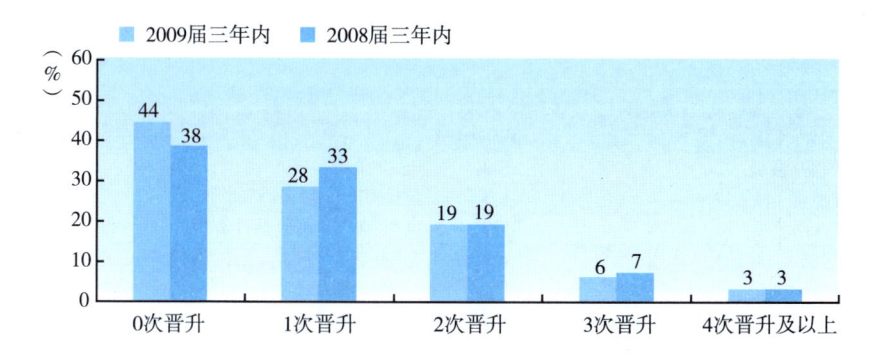

图 2-2-26　2009 届高职高专生毕业三年内平均获得职位晋升的频度（与 2008 届三年内对比）

数据来源：麦可思-中国 2008 届、2009 届大学毕业生三年后职业发展调查。

升的次数最多，为 1.7 次；从事中小学教育职业类的大学毕业生职位晋升次数最少，为 0.3 次。

表 2-2-17　2009 届主要学科门类/专业大类毕业生三年内平均获得职位晋升的次数*

单位：次

本科主要学科门类名称	获得职位晋升的次数	高职高专主要专业大类名称	获得职位晋升的次数
农学	0.9	轻纺食品大类	1.1
管理学	0.9	旅游大类	1.1
经济学	0.8	农林牧渔大类	1.0
文学	0.8	生化与药品大类	1.0
理学	0.8	土建大类	1.0
工学	0.8	制造大类	1.0
法学	0.7	电子信息大类	1.0
教育学	0.7	财经大类	1.0
医学	0.4	艺术设计传媒大类	1.0
		交通运输大类	0.9
		文化教育大类	0.9
		医药卫生大类	0.6
全国本科	0.8	全国高职高专	1.0

*个别学科门类/专业大类因为样本不足，没有包括在内。
数据来源：麦可思-中国 2009 届大学毕业生三年后职业发展调查。

表2-2-18 2009届本科主要职业类毕业生三年内平均获得职位晋升的次数*

单位：次

本科主要职业类名称	获得职位晋升的次数	本科主要职业类名称	获得职位晋升的次数
酒店/旅游/会展	1.3	电力/能源	0.8
房地产经营	1.3	财务/审计/税务/统计	0.8
经营管理	1.3	电气/电子(不包括计算机)	0.8
生产/运营	1.1	金融(银行/基金/证券/期货/理财)	0.8
美术/设计/创意	1.1	媒体/出版	0.8
互联网开发及应用	1.1	矿山/石油	0.8
人力资源	1.1	农/林/牧/渔类	0.8
销售	1.0	翻译	0.8
保险	1.0	高等教育/职业培训	0.7
生物/化工	0.9	机械/仪器仪表	0.6
工业安全与质量	0.9	行政/后勤	0.6
物流/采购	0.9	机动车机械/电子	0.5
环境保护	0.9	中小学教育	0.5
交通运输/邮电	0.9	公安/检察/法院/经济执法	0.4
建筑工程	0.8	医疗保健/紧急救助	0.4
计算机与数据处理	0.8		
全国本科	**0.8**	**全国本科**	**0.8**

＊个别职业类因为样本不足，没有包括在内。
数据来源：麦可思-中国2009届大学毕业生三年后职业发展调查。

表2-2-19 2009届高职高专主要职业类毕业生三年内平均获得职位晋升的次数*

单位：次

高职高专主要职业类名称	获得职位晋升的次数	高职高专主要职业类名称	获得职位晋升的次数
经营管理	1.7	美术/设计/创意	0.9
餐饮/娱乐	1.5	人力资源	0.9
酒店/旅游/会展	1.4	机械/仪器仪表	0.9
生产/运营	1.2	机动车机械/电子	0.9
互联网开发及应用	1.2	财务/审计/税务/统计	0.8
电气/电子(不包括计算机)	1.2	生物/化工	0.8
媒体/出版	1.1	服装/纺织/皮革	0.8
销售	1.1	计算机与数据处理	0.8
物流/采购	1.0	行政/后勤	0.7
建筑工程	1.0	交通运输/邮电	0.7
金融(银行/基金/证券/期货/理财)	1.0	医疗保健/紧急救助	0.4
电力/能源	1.0	中小学教育	0.3
房地产经营	1.0		
全国高职高专	**1.0**	**全国高职高专**	**1.0**

＊个别职业类因为样本不足，没有包括在内。
数据来源：麦可思-中国2009届大学毕业生三年后职业发展调查。

2009届在"住宿和饮食业"就业的大学生毕业三年内获得职位晋升的次数最多,本科为1.5次,高职高专为1.6次。

2009届本科在"医疗和社会护理服务业"、"政府及公共管理"就业的大学毕业生获得职位晋升的次数最少,均为0.5次;高职高专在"政府及公共管理"就业的大学毕业生获得职位晋升的次数最少,为0.4次。

表2-2-20　2009届本科主要行业类毕业生三年内平均获得职位晋升的次数*

单位:次

本科主要行业类名称	获得职位晋升的次数	本科主要行业类名称	获得职位晋升的次数
住宿和饮食业	1.5	运输业	0.9
玻璃黏土、石灰水泥制品业	1.2	电子电气仪器设备及电脑制造业	0.9
零售商业	1.2	建筑业	0.9
房地产开发销售租赁及其他租赁业	1.2	其他服务业(除行政服务)	0.8
艺术、娱乐和休闲业	1.2	金融(银行/保险/证券)业	0.8
食品、烟草、加工业	1.1	矿业	0.8
纺织皮革及成品加工业	1.1	初级金属制造业	0.8
农业、林业、渔业和畜牧业	1.1	行政、商业和环境保护辅助业	0.7
邮递、物流及仓储业	1.1	水电煤气公用事业	0.7
家具、医疗设备及其他制成品业	1.0	交通工具制造业	0.7
各类专业设计与咨询服务业	1.0	机械五金制造业	0.7
批发商业	1.0	教育业	0.6
媒体、信息及通信产业	0.9	政府及公共管理	0.5
化学品、化工、塑胶业	0.9	医疗和社会护理服务业	0.5
全国本科	0.8	全国本科	0.8

* 个别行业类因为样本不足,没有包括在内。
数据来源:麦可思-中国2009届大学毕业生三年后职业发展调查。

(三)对职位晋升有帮助的大学活动

图2-2-27和图2-2-28显示了2009届本科和高职高专毕业生认为对职位晋升有帮助的大学活动(与2008届三年后对比)。2009届本科毕业生认为对职位晋升有帮助的大学活动主要是课外自学的知识和技能(含培训)(48%)、扩大社会人脉关系(38%);高职高专毕业生认为对职位晋升有帮助的大学活动主要是扩大社会人脉关系(45%)、课外自学的知识和技能(含培训)(39%)。

表2-2-21 2009届高职高专主要行业类毕业生三年内平均获得职位晋升的次数*

单位：次

高职高专主要行业类名称	获得职位晋升的次数	高职高专主要行业类名称	获得职位晋升的次数
住宿和饮食业	1.6	房地产开发销售租赁及其他租赁业	0.9
食品、烟草、加工业	1.3	各类专业设计与咨询服务业	0.9
邮递、物流及仓储业	1.2	家具、医疗设备及其他制成品业	0.9
媒体、信息及通信产业	1.1	水电煤气公用事业	0.9
零售商业	1.1	交通工具制造业	0.9
批发商业	1.1	金融(银行/保险/证券)业	0.9
纺织皮革及成品加工业	1.1	初级金属制造业	0.8
电子电气仪器设备及电脑制造业	1.0	运输业	0.7
建筑业	1.0	教育业	0.7
其他服务业(除行政服务)	1.0	医疗和社会护理服务业	0.6
化学品、化工、塑胶业	1.0	政府及公共管理	0.4
机械五金制造业	1.0		
全国高职高专	**1.0**	**全国高职高专**	**1.0**

*个别行业类因为样本不足，没有包括在内。

数据来源：麦可思-中国2009届大学毕业生三年后职业发展调查。

四 工作与专业相关度

图2-2-29和图2-2-30显示了2009届大学生毕业三年后的工作与专业相关度（与2009届半年后、2008届三年后对比）。可以看出，2009届大学生毕业三年后工作与专业相关度为61%，与2009届半年后（62%）和2008届三年后（62%）基本持平。其中，本科三年后工作与专业相关度为67%，与半年后（67%）持平；高职高专三年后工作与专业相关度为54%，比半年后（57%）低3个百分点。

在本科学科门类中，三年后工作与专业相关度最高的是医学（91%），其次是工学（73%），农学门类三年后工作与专业相关度最低，为55%，工作与专业相关度下降也最多，下降了7个百分点（2009届半年后为62%）。法学门类三年后工作与专业相关度（57%）比半年后（47%）提

■ 2009届三年后　　■ 2008届三年后

大学活动	2009届三年后	2008届三年后
课外自学的知识和技能（含培训）	48	44
扩大社会人脉关系	38	34
课堂上所学的知识和技能	37	33
假期实习／课外兼职	26	28
大学的社团活动	23	25
没有帮助	17	21

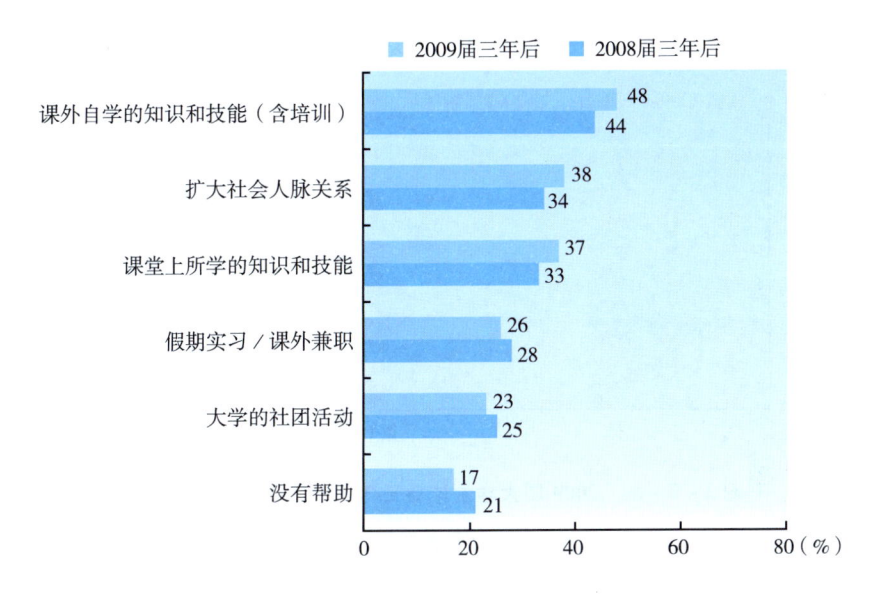

图 2－2－27　2009 届本科生毕业三年后认为对职位晋升有帮助的大学活动（多选）（与 2008 届三年后对比）

数据来源：麦可思－中国 2008 届、2009 届大学毕业生三年后职业发展调查。

■ 2009届三年后　　■ 2008届三年后

大学活动	2009届三年后	2008届三年后
扩大社会人脉关系	45	35
课外自学的知识和技能（含培训）	39	36
假期实习/课外兼职	25	30
课堂上所学的知识和技能	25	25
大学的社团活动	20	23
没有帮助	20	25

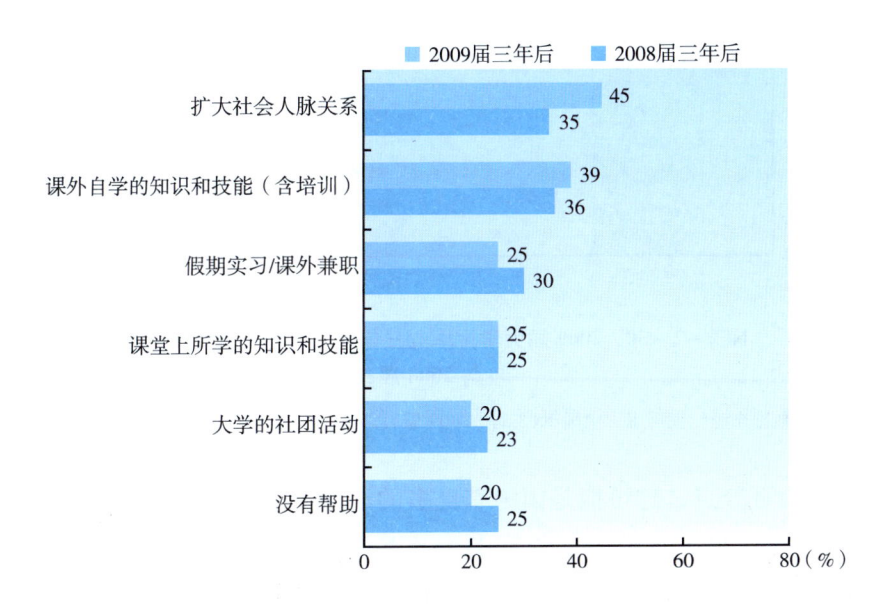

图 2－2－28　2009 届高职高专生毕业三年后认为对职位晋升有帮助的大学活动（多选）（与 2008 届三年后对比）

数据来源：麦可思－中国 2008 届、2009 届大学毕业生三年后职业发展调查。

■ 2009届三年后　■ 2009届半年后

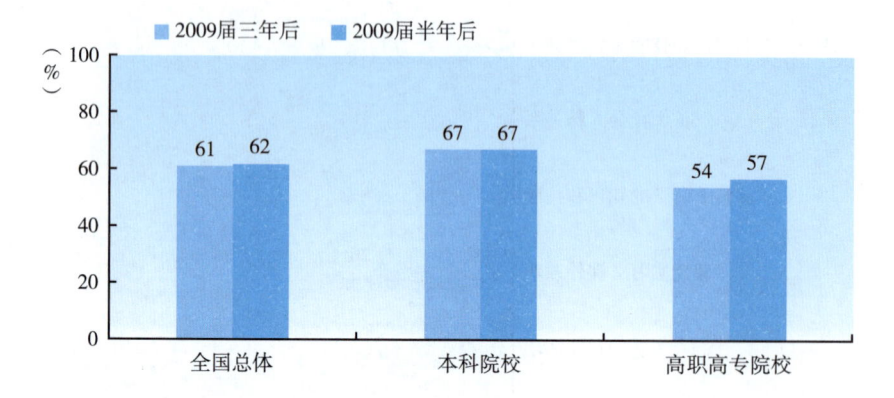

	全国总体	本科院校	高职高专院校
2009届三年后	61	67	54
2009届半年后	62	67	57

图 2-2-29　2009 届大学生毕业三年后的工作与专业相关度

数据来源：麦可思－中国 2009 届大学毕业生三年后职业发展调查，2009 届大学毕业生半年后社会需求与培养质量调查。

■ 2009届三年后　■ 2008届三年后

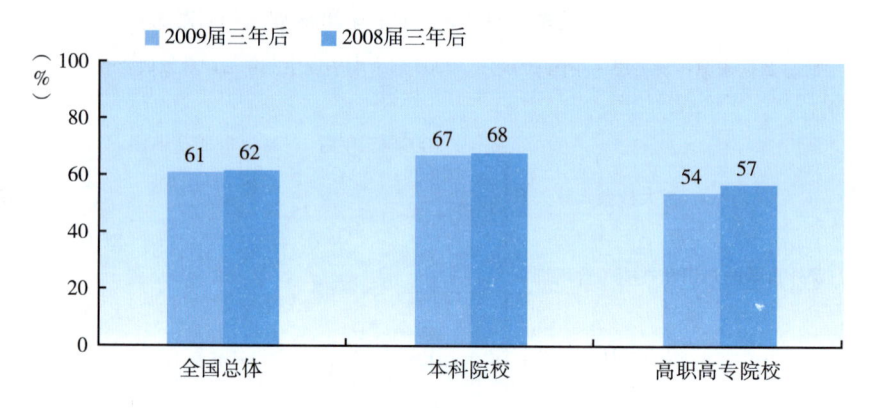

	全国总体	本科院校	高职高专院校
2009届三年后	61	67	54
2008届三年后	62	68	57

**图 2-2-30　2009 届大学生毕业三年后的工作与专业相关度
（与 2008 届三年后对比）**

数据来源：麦可思－中国 2008 届、2009 届大学毕业生三年后职业发展调查。

高了 10 个百分点，这可能是因为有更多的法学专业毕业生在三年内通过了司法考试，获得了从事与法学相关工作的资格。在高职高专专业大类中，三年后工作与专业相关度最高的是材料与能源大类（82%），最低的是旅游大类（35%），其中旅游大类工作与专业相关度三年内下降最多，下降了 20 个百分点。

表 2-2-22 2009 届本科主要学科门类毕业生三年内的工作与专业相关度变化（与 2008 届三年后对比）*

单位：%

本科主要学科门类名称	2009 届毕业三年后的专业相关度	2009 届毕业半年后的专业相关度	2008 届毕业三年后的专业相关度
医学	91	88	89
工学	73	73	73
文学	65	68	68
管理学	64	64	66
经济学	61	61	62
教育学	60	65	62
理学	60	59	62
法学	57	47	56
农学	55	62	56
全国本科	**67**	**67**	**68**

*个别学科门类因为样本不足，没有包括在内。

数据来源：麦可思-中国 2008 届、2009 届大学毕业生三年后职业发展调查，2009 届大学毕业生半年后社会需求与培养质量调查。

表 2-2-23 2009 届高职高专主要专业大类毕业生三年内的工作与专业相关度变化（与 2008 届三年后对比）*

单位：%

高职高专主要专业大类名称	2009 届毕业三年后的专业相关度	2009 届毕业半年后的专业相关度	2008 届毕业三年后的专业相关度
材料与能源大类	82	77	75
医药卫生大类	77	81	78
土建大类	72	75	78
交通运输大类	64	70	70
生化与药品大类	55	66	56
制造大类	55	57	58
艺术设计传媒大类	55	57	50
财经大类	54	55	54
农林牧渔大类	51	58	53
电子信息大类	46	47	50
轻纺食品大类	45	60	52
文化教育大类	45	51	51
公共事业大类	40	44	42
旅游大类	35	55	40
全国高职高专	**54**	**57**	**57**

*个别专业大类因为样本不足，没有包括在内。

数据来源：麦可思-中国 2008 届、2009 届大学毕业生三年后职业发展调查，2009 届大学毕业生半年后社会需求与培养质量调查。

五 雇主数

(一) 平均雇主数

雇主数：指毕业生从第一份工作到三年后的调查时点，一共为多少个雇主工作过。雇主数越多，则工作转换得越频繁；雇主数可以代表毕业生工作稳定的程度。

图2-2-31显示了2009届大学生毕业三年内的平均雇主数（与2008届三年内对比）。可以看出，2009届大学毕业生毕业三年内平均为2.3个雇主工作过，其中本科毕业生的平均雇主数为2.0个，低于高职高专毕业生的平均雇主数（2.6个）。高职高专毕业生的工作稳定性较差。

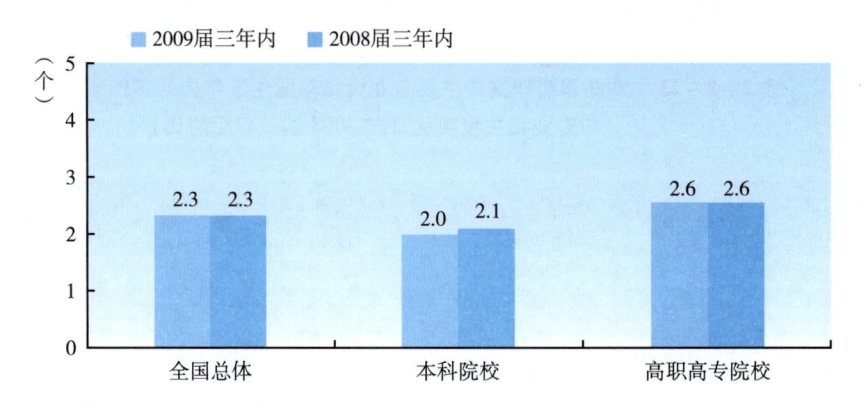

图2-2-31　2009届大学生毕业三年内的平均雇主数（与2008届三年内对比）

数据来源：麦可思－中国2008届、2009届大学毕业生三年后职业发展调查。

表2-2-24和表2-2-25显示了2009届本科和高职高专主要专业类毕业三年内的平均雇主数。2009届本科的艺术类和新闻传播学类毕业生三年内更换雇主最为频繁，平均雇主数均为2.4个；本科地矿类毕业生平均雇主数最少（1.3个），工作最为稳定。高职高专的生物技术类毕业生平均雇主数最多，为3.0个；高职高专医学技术类、民航运输类、机电设备类、护理类和化工技术类毕业生平均雇主数最少（均为2.2个）。

表 2-2-24　2009 届本科主要专业类毕业三年内的平均雇主数*

单位：个

本科主要 专业类名称	毕业三年内 平均雇主数	本科主要 专业类名称	毕业三年内 平均雇主数
艺术类	2.4	中国语言文学类	2.0
新闻传播学类	2.4	化学类	2.0
轻工纺织食品类	2.3	电子信息科学类	2.0
植物生产类	2.3	环境与安全类	2.0
环境生态类	2.3	仪器仪表类	2.0
心理学类	2.3	地理科学类	2.0
外国语言文学类	2.2	药学类	2.0
数学类	2.2	材料科学类	2.0
生物工程类	2.2	政治学类	2.0
管理科学与工程类	2.1	土建类	1.9
公共管理类	2.1	材料类	1.9
生物科学类	2.1	化工与制药类	1.9
体育学类	2.1	物理学类	1.9
社会学类	2.1	交通运输类	1.8
统计学类	2.1	教育学类	1.7
环境科学类	2.1	水利类	1.7
电气信息类	2.0	能源动力类	1.5
工商管理类	2.0	临床医学与医学技术类	1.5
机械类	2.0	测绘类	1.5
经济学类	2.0	护理学类	1.4
法学类	2.0	地矿类	1.3
全国本科	**2.0**	全国本科	**2.0**

*个别专业类因为样本不足，没有包括在内。

数据来源：麦可思-中国 2009 届大学毕业生三年后职业发展调查。

（二）雇主数频度与月收入

图 2-2-32 和图 2-2-33 分别显示了 2009 届本科生和高职高专生毕业三年内工作过的不同雇主数的人群比例（与 2008 届三年内对比）。可以看出，有 37% 的本科生毕业三年内仅为 1 个雇主工作过，33% 有 2 个雇主，9% 有 4 个及以上雇主。而高职高专毕业生更换雇主更为频繁，仅有 21% 的高职高专生毕业三年内一直为 1 个雇主工作，而雇主数为 4 个及以上的高职高专毕业生达到了 20%。

表2-2-25 2009届高职高专主要专业类毕业三年内的平均雇主数*

单位：个

高职高专主要专业类名称	毕业三年内平均雇主数	高职高专主要专业类名称	毕业三年内平均雇主数
生物技术类	3.0	广播影视类	2.5
艺术设计类	2.9	公共管理类	2.5
计算机类	2.8	食品类	2.5
旅游管理类	2.8	建筑设备类	2.5
建筑设计类	2.8	财务会计类	2.4
市场营销类	2.7	电子信息类	2.4
汽车类	2.7	工程管理类	2.4
财政金融类	2.7	教育类	2.4
机械设计制造类	2.6	公路运输类	2.4
自动化类	2.6	港口运输类	2.4
语言文化类	2.6	农业技术类	2.4
经济贸易类	2.6	通信类	2.3
土建施工类	2.6	制药技术类	2.3
纺织服装类	2.6	化工技术类	2.2
畜牧兽医类	2.6	护理类	2.2
临床医学类	2.6	机电设备类	2.2
法律实务类	2.6	民航运输类	2.2
房地产类	2.6	医学技术类	2.2
工商管理类	2.5		
全国高职高专	**2.6**	**全国高职高专**	**2.6**

*个别专业类因为样本不足，没有包括在内。

数据来源：麦可思-中国2009届大学毕业生三年后职业发展调查。

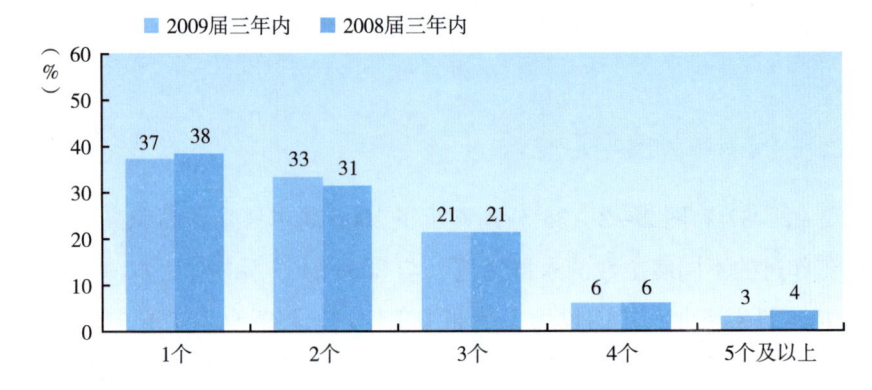

图2-2-32 2009届本科生毕业三年内工作过的雇主数频度（与2008届三年内对比）

数据来源：麦可思-中国2008届、2009届大学毕业生三年后职业发展调查。

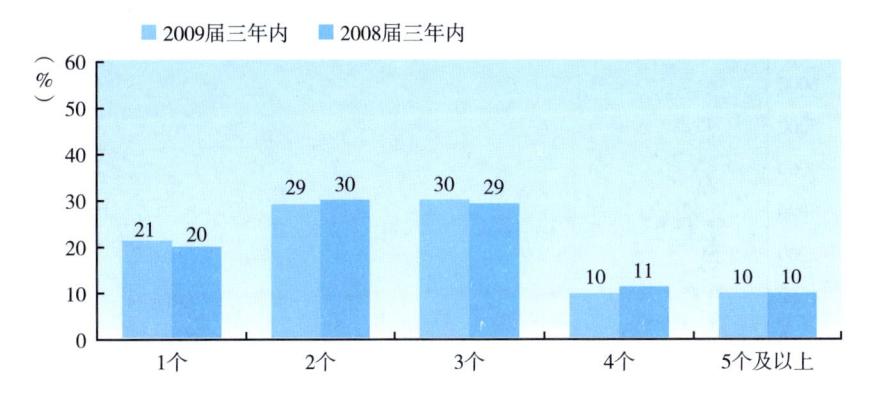

图 2-2-33 2009 届高职高专生毕业三年内工作过的雇主数频度
（与 2008 届三年内对比）

数据来源：麦可思-中国 2008 届、2009 届大学毕业生三年后职业发展调查。

更换雇主的行为与月收入相关。在 2009 届本科毕业生中，毕业三年内一直为 1 个雇主工作的毕业生月收入最高，为 5567 元。工作过的雇主数越多，其月收入反而越低；为 5 个及以上雇主工作的本科生毕业三年后月收入最低，仅为 4853 元。高职高专毕业生的月收入呈现类似的趋势。雇主数为 1 个的高职高专生毕业三年后月收入最高，为 4599 元；为 5 个及以上雇主工作的高职高专生毕业三年后月收入最低，为 3893 元。

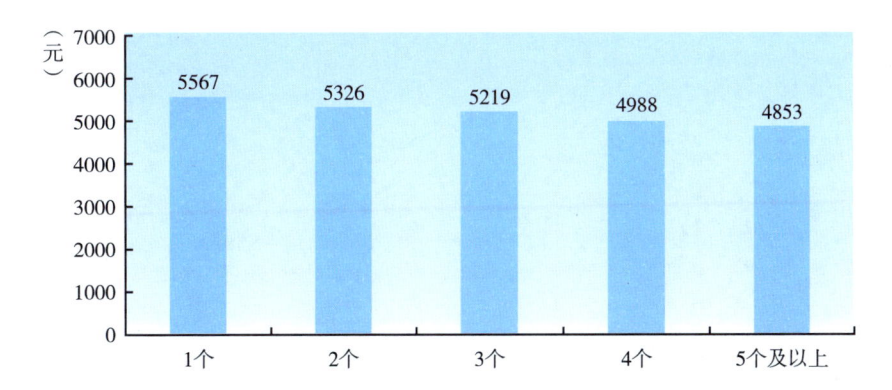

图 2-2-34 2009 届本科生毕业三年内工作过不同雇主数的人群月收入对比

数据来源：麦可思-中国 2009 届大学毕业生三年后职业发展调查。

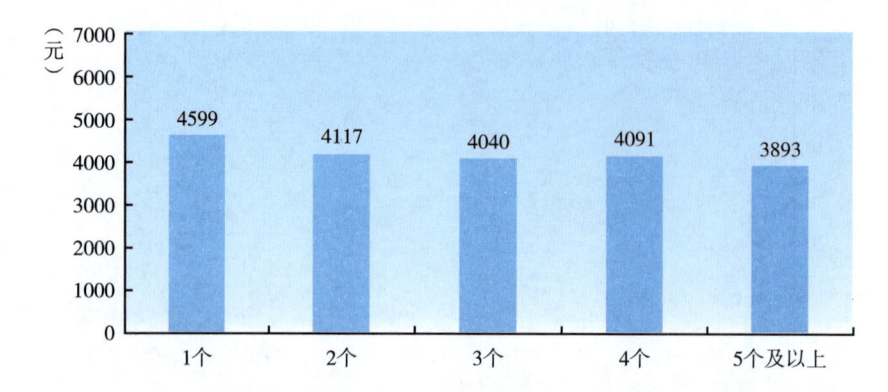

图 2-2-35 2009届高职高专生毕业三年内工作过不同雇主数的人群月收入对比

数据来源：麦可思-中国2009届大学毕业生三年后职业发展调查。

B.15 第三章 三年后基本工作能力

结论摘要

2009届本科生和高职高专生毕业三年后认为重要的工作能力包括有效的口头沟通、积极学习、协调安排、学习方法、理解他人、时间管理、解决复杂的问题等。

一 基本工作能力

2009届本科生和高职高专生毕业三年后认为重要的工作能力包括有效的口头沟通、积极学习、协调安排、学习方法、理解他人、时间管理、解决复杂的问题等。

表2-3-1 2009届本科主要专业类毕业三年后认为最重要的三项工作能力*

本科主要专业类名称	第一重要的能力	第二重要的能力	第三重要的能力
地矿类	积极学习	有效的口头沟通	协调安排
水利类	积极学习	有效的口头沟通	协调安排
临床医学与医学技术类	积极学习	有效的口头沟通	学习方法
能源动力类	积极学习	有效的口头沟通	学习方法
护理学类	有效的口头沟通	积极学习	理解他人
历史学类	有效的口头沟通	积极学习	理解他人
药学类	有效的口头沟通	积极学习	理解他人
中医学类	有效的口头沟通	积极学习	理解他人
经济学类	有效的口头沟通	积极学习	时间管理
统计学类	有效的口头沟通	积极学习	时间管理
心理学类	有效的口头沟通	积极学习	时间管理
地理科学类	有效的口头沟通	积极学习	协调安排
法学类	有效的口头沟通	积极学习	协调安排
工商管理类	有效的口头沟通	积极学习	协调安排

续表

本科主要专业类名称	第一重要的能力	第二重要的能力	第三重要的能力
公共管理类	有效的口头沟通	积极学习	协调安排
环境科学类	有效的口头沟通	积极学习	协调安排
环境与安全类	有效的口头沟通	积极学习	协调安排
交通运输类	有效的口头沟通	积极学习	协调安排
教育学类	有效的口头沟通	积极学习	协调安排
轻工纺织食品类	有效的口头沟通	积极学习	协调安排
社会学类	有效的口头沟通	积极学习	协调安排
体育学类	有效的口头沟通	积极学习	协调安排
土建类	有效的口头沟通	积极学习	协调安排
外国语言文学类	有效的口头沟通	积极学习	协调安排
新闻传播学类	有效的口头沟通	积极学习	协调安排
艺术类	有效的口头沟通	积极学习	协调安排
政治学类	有效的口头沟通	积极学习	协调安排
植物生产类	有效的口头沟通	积极学习	协调安排
中国语言文学类	有效的口头沟通	积极学习	协调安排
材料科学类	有效的口头沟通	积极学习	学习方法
材料类	有效的口头沟通	积极学习	学习方法
测绘类	有效的口头沟通	积极学习	学习方法
电气信息类	有效的口头沟通	积极学习	学习方法
电子信息科学类	有效的口头沟通	积极学习	学习方法
管理科学与工程类	有效的口头沟通	积极学习	学习方法
化工与制药类	有效的口头沟通	积极学习	学习方法
化学类	有效的口头沟通	积极学习	学习方法
机械类	有效的口头沟通	积极学习	学习方法
生物工程类	有效的口头沟通	积极学习	学习方法
生物科学类	有效的口头沟通	积极学习	学习方法
数学类	有效的口头沟通	积极学习	学习方法
物理学类	有效的口头沟通	积极学习	学习方法
仪器仪表类	有效的口头沟通	积极学习	学习方法
环境生态类	有效的口头沟通	协调安排	积极学习

＊个别专业类因为样本不足，没有包括在内。

数据来源：麦可思－中国2009届大学毕业生三年后职业发展调查。

表2-3-2 2009届高职高专主要专业类毕业三年后认为最重要的三项工作能力*

高职高专主要专业类名称	第一重要的能力	第二重要的能力	第三重要的能力
电力技术类	积极学习	有效的口头沟通	学习方法
机电设备类	积极学习	有效的口头沟通	学习方法
护理类	有效的口头沟通	积极学习	服务他人
畜牧兽医类	有效的口头沟通	积极学习	积极聆听
法律实务类	有效的口头沟通	积极学习	解决复杂的问题
广播影视类	有效的口头沟通	积极学习	解决复杂的问题
汽车类	有效的口头沟通	积极学习	解决复杂的问题
临床医学类	有效的口头沟通	积极学习	理解他人
民航运输类	有效的口头沟通	积极学习	理解他人
食品类	有效的口头沟通	积极学习	理解他人
艺术设计类	有效的口头沟通	积极学习	理解他人
财政金融类	有效的口头沟通	积极学习	谈判技能
市场营销类	有效的口头沟通	积极学习	谈判技能
财务会计类	有效的口头沟通	积极学习	协调安排
房地产类	有效的口头沟通	积极学习	协调安排
纺织服装类	有效的口头沟通	积极学习	协调安排
工程管理类	有效的口头沟通	积极学习	协调安排
工商管理类	有效的口头沟通	积极学习	协调安排
公共管理类	有效的口头沟通	积极学习	协调安排
公路运输类	有效的口头沟通	积极学习	协调安排
建筑设备类	有效的口头沟通	积极学习	协调安排
建筑设计类	有效的口头沟通	积极学习	协调安排
教育类	有效的口头沟通	积极学习	协调安排
经济贸易类	有效的口头沟通	积极学习	协调安排
农业技术类	有效的口头沟通	积极学习	协调安排
医学技术类	有效的口头沟通	积极学习	协调安排
语言文化类	有效的口头沟通	积极学习	协调安排
制药技术类	有效的口头沟通	积极学习	协调安排
电子信息类	有效的口头沟通	积极学习	学习方法
化工技术类	有效的口头沟通	积极学习	学习方法
机械设计制造类	有效的口头沟通	积极学习	学习方法
计算机类	有效的口头沟通	积极学习	学习方法
生物技术类	有效的口头沟通	积极学习	学习方法
通信类	有效的口头沟通	积极学习	学习方法
自动化类	有效的口头沟通	积极学习	学习方法
港口运输类	有效的口头沟通	协调安排	积极学习
旅游管理类	有效的口头沟通	协调安排	积极学习
水利工程与管理类	有效的口头沟通	协调安排	积极学习
土建施工类	有效的口头沟通	协调安排	积极学习

*个别专业类因为样本不足，没有包括在内。
数据来源：麦可思-中国2009届大学毕业生三年后职业发展调查。

表2-3-3　2009届本科生毕业三年后从事的主要职业类最重要的三项工作能力*

本科主要职业类名称	第一重要的能力	第二重要的能力	第三重要的能力
计算机与数学	积极学习	有效的口头沟通	学习方法
建筑与工程	积极学习	有效的口头沟通	学习方法
健康/医疗临床和技术	积极学习	有效的口头沟通	学习方法
生命/物理/社会科学	积极学习	有效的口头沟通	学习方法
法律	有效的口头沟通	积极学习	解决复杂的问题
销售及相关	有效的口头沟通	积极学习	谈判技能
公司与政府的办公和行政	有效的口头沟通	积极学习	协调安排
公司与政府管理	有效的口头沟通	积极学习	协调安排
建筑业与油煤气开采	有效的口头沟通	积极学习	协调安排
教育/培训/图书馆	有效的口头沟通	积极学习	协调安排
警察与保安	有效的口头沟通	积极学习	协调安排
商业与金融财务	有效的口头沟通	积极学习	协调安排
社区与社会服务	有效的口头沟通	积极学习	协调安排
艺术/设计/娱乐/体育/媒体	有效的口头沟通	积极学习	协调安排
安装/维护/修理	有效的口头沟通	积极学习	学习方法
生产/加工	有效的口头沟通	积极学习	学习方法
运输和货物搬运	有效的口头沟通	协调安排	积极学习

*个别职业类因为样本不足，没有包括在内。
数据来源：麦可思-中国2009届大学毕业生三年后职业发展调查。

表2-3-4　2009届高职高专生毕业三年后从事的主要职业类最重要的三项工作能力*

高职高专主要职业类名称	第一重要的能力	第二重要的能力	第三重要的能力
计算机与数学	积极学习	有效的口头沟通	学习方法
生命/物理/社会科学	积极学习	有效的口头沟通	学习方法
健康/医疗临床和技术	有效的口头沟通	积极学习	服务他人
空服家政/健身宠物/娱乐美容/旅游等	有效的口头沟通	积极学习	理解他人
艺术/设计/娱乐/体育/媒体	有效的口头沟通	积极学习	理解他人
运输和货物搬运	有效的口头沟通	积极学习	理解他人
公司与政府管理	有效的口头沟通	积极学习	谈判技能
建筑业与油煤气开采	有效的口头沟通	积极学习	协调安排
商业与金融财务	有效的口头沟通	积极学习	协调安排
安装/维护/修理	有效的口头沟通	积极学习	学习方法
建筑与工程	有效的口头沟通	积极学习	学习方法
教育/培训/图书馆	有效的口头沟通	积极学习	学习方法
生产/加工	有效的口头沟通	积极学习	学习方法
销售及相关	有效的口头沟通	谈判技能	积极学习
公司与政府的办公和行政	有效的口头沟通	协调安排	积极学习
警察与保安	有效的口头沟通	协调安排	积极学习

*个别职业类因为样本不足，没有包括在内。
数据来源：麦可思-中国2009届大学毕业生三年后职业发展调查。

表 2-3-5　2009 届本科生毕业三年后就业的主要行业类最重要的三项工作能力*

本科主要行业类名称	第一重要的能力	第二重要的能力	第三重要的能力
金融(银行/保险/证券)业	有效的口头沟通	积极学习	时间管理
零售商业	有效的口头沟通	积极学习	时间管理
批发商业	有效的口头沟通	积极学习	时间管理
食品、烟草、加工业	有效的口头沟通	积极学习	时间管理
玻璃黏土、石灰水泥制品业	有效的口头沟通	积极学习	协调安排
房地产开发销售租赁及其他租赁业	有效的口头沟通	积极学习	协调安排
纺织皮革及成品加工业	有效的口头沟通	积极学习	协调安排
建筑业	有效的口头沟通	积极学习	协调安排
教育业	有效的口头沟通	积极学习	协调安排
矿业	有效的口头沟通	积极学习	协调安排
农业、林业、渔业和畜牧业	有效的口头沟通	积极学习	协调安排
其他服务业(除行政服务)	有效的口头沟通	积极学习	协调安排
行政、商业和环境保护辅助业	有效的口头沟通	积极学习	协调安排
艺术、娱乐和休闲业	有效的口头沟通	积极学习	协调安排
邮递、物流及仓储业	有效的口头沟通	积极学习	协调安排
运输业	有效的口头沟通	积极学习	协调安排
政府及公共管理	有效的口头沟通	积极学习	协调安排
初级金属制造业	有效的口头沟通	积极学习	学习方法
电子电气仪器设备及电脑制造业	有效的口头沟通	积极学习	学习方法
各类专业设计与咨询服务业	有效的口头沟通	积极学习	学习方法
化学品、化工、塑胶业	有效的口头沟通	积极学习	学习方法
机械五金制造业	有效的口头沟通	积极学习	学习方法
家具、医疗设备及其他制成品业	有效的口头沟通	积极学习	学习方法
交通工具制造业	有效的口头沟通	积极学习	学习方法
媒体、信息及通信产业	有效的口头沟通	积极学习	学习方法
水电煤气公用事业	有效的口头沟通	积极学习	学习方法
医疗和社会护理服务业	有效的口头沟通	积极学习	学习方法
住宿和饮食业	有效的口头沟通	协调安排	积极学习

* 个别行业类因为样本不足，没有包括在内。
数据来源：麦可思-中国 2009 届大学毕业生三年后职业发展调查。

表2-3-6 2009届高职高专生毕业三年后就业的主要行业类最重要的三项工作能力*

高职高专主要行业类名称	第一重要的能力	第二重要的能力	第三重要的能力
水电煤气公用事业	积极学习	有效的口头沟通	积极聆听
交通工具制造业	有效的口头沟通	积极学习	积极聆听
化学品、化工、塑胶业	有效的口头沟通	积极学习	理解他人
教育业	有效的口头沟通	积极学习	理解他人
农业、林业、渔业和畜牧业	有效的口头沟通	积极学习	理解他人
其他服务业（除行政服务）	有效的口头沟通	积极学习	理解他人
食品、烟草、加工业	有效的口头沟通	积极学习	理解他人
艺术、娱乐和休闲业	有效的口头沟通	积极学习	理解他人
家具、医疗设备及其他制成品业	有效的口头沟通	积极学习	谈判技能
金融（银行/保险/证券）业	有效的口头沟通	积极学习	谈判技能
零售商业	有效的口头沟通	积极学习	谈判技能
批发商业	有效的口头沟通	积极学习	谈判技能
房地产开发销售租赁及其他租赁业	有效的口头沟通	积极学习	协调安排
纺织皮革及成品加工业	有效的口头沟通	积极学习	协调安排
建筑业	有效的口头沟通	积极学习	协调安排
行政、商业和环境保护辅助业	有效的口头沟通	积极学习	协调安排
运输业	有效的口头沟通	积极学习	协调安排
政府及公共管理	有效的口头沟通	积极学习	协调安排
住宿和饮食业	有效的口头沟通	积极学习	协调安排
初级金属制造业	有效的口头沟通	积极学习	学习方法
电子电气仪器设备及电脑制造业	有效的口头沟通	积极学习	学习方法
各类专业设计与咨询服务业	有效的口头沟通	积极学习	学习方法
机械五金制造业	有效的口头沟通	积极学习	学习方法
矿业	有效的口头沟通	积极学习	学习方法
媒体、信息及通信产业	有效的口头沟通	积极学习	学习方法
医疗和社会护理服务业	有效的口头沟通	积极学习	学习方法
邮递、物流及仓储业	有效的口头沟通	协调安排	积极学习

*个别行业类因为样本不足，没有包括在内。
数据来源：麦可思-中国2009届大学毕业生三年后职业发展调查。

二 优秀人才基本工作能力

优秀人才：毕业三年内晋升次数在三次及以上的大学毕业生。

表2-3-7　2009届主要学科门类本科优秀人才毕业三年后认为最重要的三项工作能力*

本科主要学科门类名称	第一重要的能力	第二重要的能力	第三重要的能力
理学	有效的口头沟通	积极学习	理解他人
管理学	有效的口头沟通	积极学习	协调安排
教育学	有效的口头沟通	积极学习	协调安排
经济学	有效的口头沟通	积极学习	协调安排
文学	有效的口头沟通	积极学习	协调安排
工学	有效的口头沟通	积极学习	学习方法
农学	有效的口头沟通	积极学习	学习方法
法学	有效的口头沟通	理解他人	积极学习

＊个别学科门类因为样本不足，没有包括在内。
数据来源：麦可思-中国2009届大学毕业生三年后职业发展调查。

表2-3-8　2009届主要专业大类高职高专优秀人才毕业三年后认为最重要的三项工作能力*

高职高专主要专业大类名称	第一重要的能力	第二重要的能力	第三重要的能力
生化与药品大类	有效的口头沟通	积极学习	积极聆听
财经大类	有效的口头沟通	积极学习	理解他人
文化教育大类	有效的口头沟通	积极学习	理解他人
艺术设计传媒大类	有效的口头沟通	积极学习	理解他人
土建大类	有效的口头沟通	积极学习	协调安排
电子信息大类	有效的口头沟通	积极学习	学习方法
交通运输大类	有效的口头沟通	积极学习	学习方法

＊个别专业大类因为样本不足，没有包括在内。
数据来源：麦可思-中国2009届大学毕业生三年后职业发展调查。

B.16
第四章
三年后自主创业

结论摘要

一 自主创业人群分布

1. 2009届大学生毕业半年后有1.2%的人自主创业（本科为0.7%，高职高专为1.6%），三年后有3.7%的人自主创业（本科为2.1%，高职高专为5.3%），说明有更多的毕业生在毕业三年内选择了自主创业。

2. 半年后自主创业的2009届本科毕业生中仅有29.6%的人三年后还在继续自主创业，比2008届（33.7%）减少了4.1个百分点；有63.0%的人选择了受雇全职工作，比2008届（64.8%）减少了1.8个百分点。半年后自主创业的2009届高职高专毕业生中仅有30.0%的人三年后还在继续自主创业，比2008届（34.8%）减少了4.8个百分点；有60.0%的人选择了受雇全职工作，与2008届（60.6%）基本持平。

3. 2009届本科生毕业三年后自主创业的人群在毕业半年后有79.3%处于受雇全职/半职工作状态，比2008届（75.8%）增长了3.5个百分点；有5.1%的人在毕业半年后自主创业，比2008届（8.0%）减少了2.9个百分点；有14.6%的人在毕业半年后处于失业状态，与2008届（14.1%）基本持平。2009届高职高专生毕业三年后自主创业的人群在毕业半年后有75.1%处于受雇全职/半职工作状态，比2008届（76.6%）减少了1.5个百分点；有3.7%的人在毕业半年后自主创业，比2008届（7.0%）减少了3.3个百分点；有21.2%的人在毕业半年后处于失业状态，比2008届（16.4%）增长了4.8个百分点。

4. 2009届本科生毕业三年后自主创业人群的月收入为7643元，比2008届该指标（7030元）高9%，比2009届本科生毕业三年后平均月收入（5350

元）高43%。2009届高职高专三年后自主创业人群月收入为5804元，比2008届该指标（5231元）高11%，比2009届高职高专生毕业三年后平均月收入（4160元）高40%。

二 自主创业人群职业、行业分布

1. 2009届大学生毕业三年后自主创业的职业主要集中在总经理和日常主管（本科为10.7%，高职高专为6.9%）、销售经理（本科为4.2%，高职高专为4.1%）。

2. 2009届本科生毕业三年后自主创业的行业主要集中在中小学教育机构（5.1%）、建筑装修业（4.5%）、服装零售业（3.1%）、教育辅助服务业（3.1%）、其他个人服务业（3.1%）。高职高专生毕业三年后自主创业的行业主要集中在其他个人服务业（5.5%）、建筑装修业（4.4%）、服装零售业（3.7%）、电子产品和电器用品零售业（3.4%）、广告及相关服务业（3.4%）。

三 自主创业人群最重要的基本工作能力

2009届本科生毕业三年后自主创业人群认为创业最重要的五项基本工作能力依次是：有效的口头沟通、积极学习、协调安排、学习方法和时间管理；高职高专生毕业三年后自主创业人群认为创业最重要的五项基本工作能力依次是：有效的口头沟通、积极学习、理解他人、谈判技能和协调安排。

一 自主创业人群分布

2009届大学生毕业半年后有1.2%的人自主创业（本科为0.7%，高职高专为1.6%）[①]，三年后有3.7%的人自主创业（本科为2.1%，高职高专为5.3%），说明有更多的毕业生在毕业三年内选择了自主创业。

图2-4-1和图2-4-2分别显示了2009届本科和高职高专半年后自主创业人群在毕业三年后的就业去向（与2008届三年后对比）。可以看出，半

---

① 麦可思研究院编著《2010年中国大学生就业报告》，社会科学文献出版社，2010。

年后自主创业的 2009 届本科毕业生中仅有 29.6% 的人三年后还在继续自主创业，比 2008 届（33.7%）减少了 4.1 个百分点；有 63.0% 的人选择了受雇全职工作，比 2008 届（64.8%）减少了 1.8 个百分点。

半年后自主创业的 2009 届高职高专毕业生中仅有 30.0% 的人三年后还在继续自主创业，比 2008 届（34.8%）减少了 4.8 个百分点；有 60.0% 的人选择了受雇全职工作，与 2008 届（60.6%）基本持平。

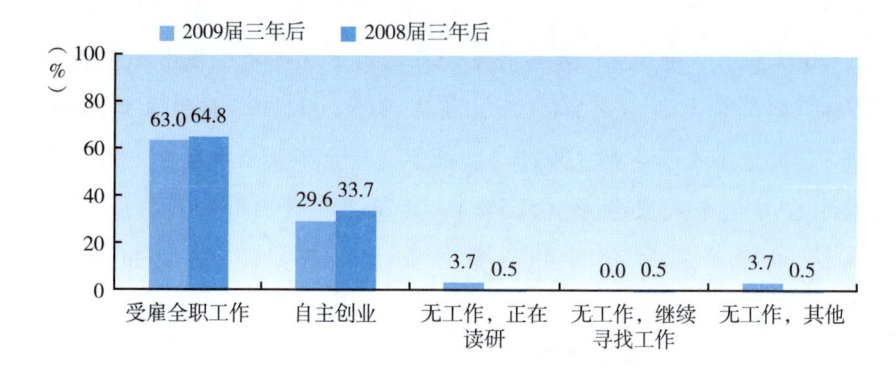

图 2-4-1　2009 届本科半年后自主创业人群三年后的就业去向分布（与 2008 届三年后对比）

数据来源：麦可思-中国 2008 届、2009 届大学毕业生三年后职业发展调查，2008 届、2009 届大学毕业生半年后社会需求与培养质量调查。

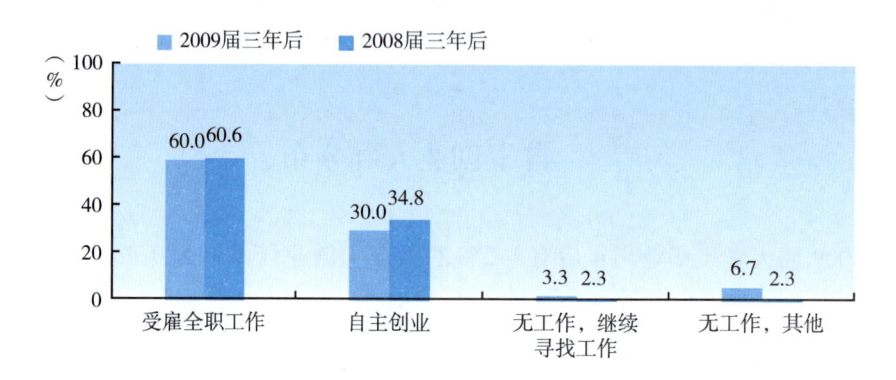

图 2-4-2　2009 届高职高专半年后自主创业人群三年后的就业去向分布（与 2008 届三年后对比）

数据来源：麦可思-中国 2008 届、2009 届大学毕业生三年后职业发展调查，2008 届、2009 届大学毕业生半年后社会需求与培养质量调查。

图 2-4-3 和图 2-4-4 分别显示了 2009 届本科和高职高专三年后自主创业人群在毕业半年后的就业状态（与 2008 届半年后对比）。可以看出，2009 届本科生毕业三年后自主创业的人群在毕业半年后有 79.3% 处于受雇全职/半职工作状态，比 2008 届（75.8%）增长了 3.5 个百分点；有 5.1% 的人在毕业半年后自主创业，比 2008 届（8.0%）减少了 2.9 个百分点；有 14.6% 的人在毕业半年后处于失业状态，与 2008 届（14.1%）基本持平。

2009 届高职高专生毕业三年后自主创业的人群在毕业半年后有 75.1% 处于受雇全职/半职工作状态，比 2008 届（76.6%）减少了 1.5 个百分点；有 3.7% 的人在毕业半年后自主创业，比 2008 届（7.0%）减少了 3.3 个百分点；有 21.2% 的人在毕业半年后处于失业状态，比 2008 届（16.4%）增长了 4.8 个百分点。

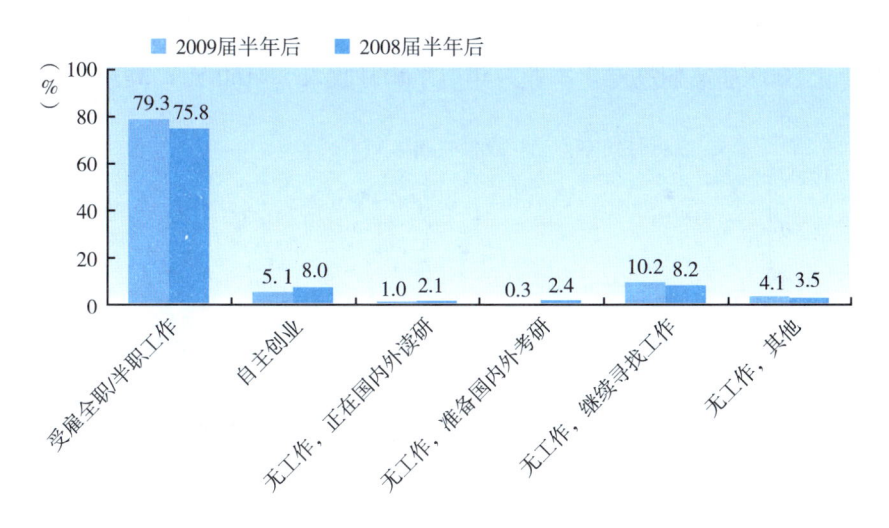

图 2-4-3　2009 届本科三年后自主创业人群在毕业半年后的就业状态（与 2008 届半年后对比）

数据来源：麦可思-中国 2008 届、2009 届大学毕业生三年后职业发展调查，2008 届、2009 届大学毕业生半年后社会需求与培养质量调查。

图 2-4-5 和图 2-4-6 分别显示了 2009 届本科生和高职高专生毕业三年后自主创业人群的月收入（与 2008 届三年后对比）。2009 届本科生毕业三年后自主创业人群的月收入为 7643 元，比 2008 届该指标（7030 元）高 9%，比 2009 届本科生毕业三年后平均月收入（5350 元）高 43%。2009 届高职高

图 2-4-4　2009 届高职高专三年后自主创业人群在毕业半年后的就业状态（与 2008 届半年后对比）

数据来源：麦可思-中国 2008 届、2009 届大学毕业生三年后职业发展调查，2008 届、2009 届大学毕业生半年后社会需求与培养质量调查。

专三年后自主创业人群月收入为 5804 元，比 2008 届该指标（5231 元）高 11%，比 2009 届高职高专生毕业三年后平均月收入（4160 元）高 40%。

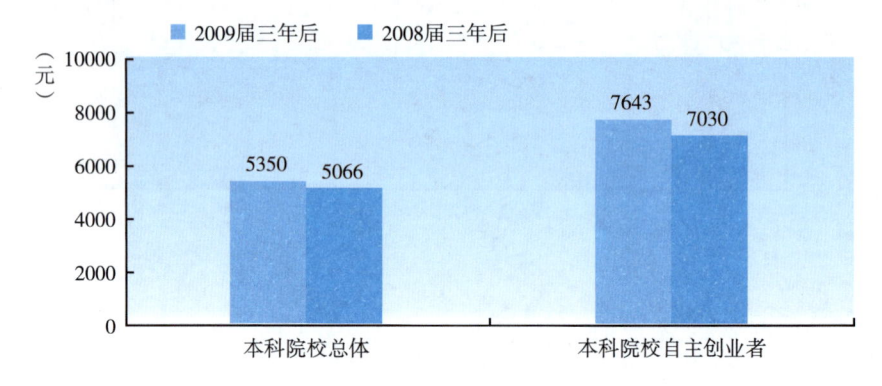

图 2-4-5　2009 届本科生毕业三年后自主创业人群的月收入（与 2008 届三年后对比）

数据来源：麦可思-中国 2008 届、2009 届大学毕业生三年后职业发展调查。

二　自主创业人群职业、行业分布

2009 届大学生毕业三年后自主创业的职业主要集中在总经理和日常主管（本科为 10.7%，高职高专为 6.9%）、销售经理（本科为 4.2%，高职高专为

■ 2009届三年后　■ 2008届三年后

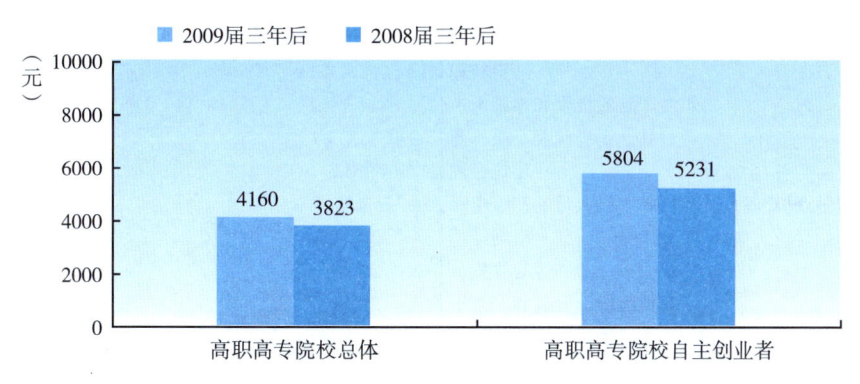

图 2-4-6　2009 届高职高专生毕业三年后自主创业人群的月收入（与 2008 届三年后对比）

数据来源：麦可思-中国 2008 届、2009 届大学毕业生三年后职业发展调查。

4.1%）。2009 届本科生毕业三年后自主创业的行业主要集中在中小学教育机构（5.1%）、建筑装修业（4.5%）、服装零售业（3.1%）、教育辅助服务业（3.1%）、其他个人服务业（3.1%）。高职高专生毕业三年后自主创业的行业主要集中在其他个人服务业（5.5%）、建筑装修业（4.4%）、服装零售业（3.7%）、电子产品和电器用品零售业（3.4%）、广告及相关服务业（3.4%）。

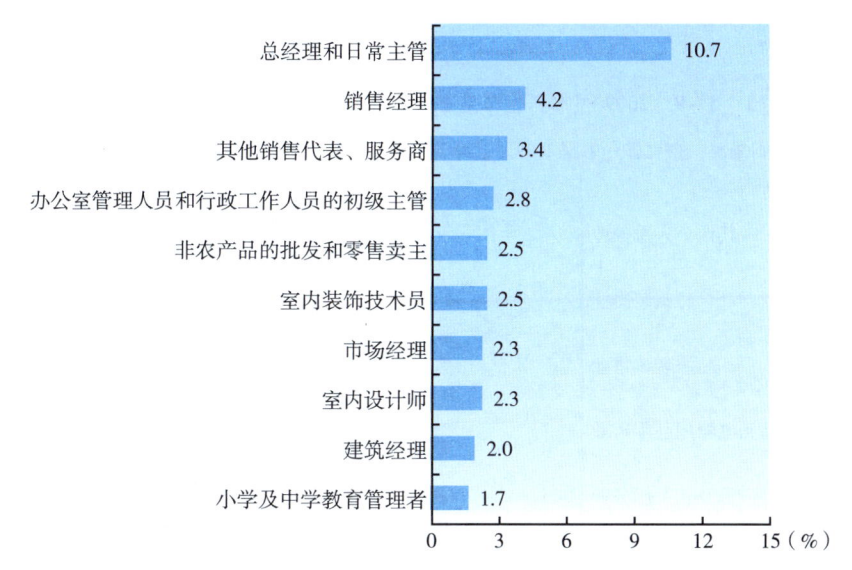

职业	比例(%)
总经理和日常主管	10.7
销售经理	4.2
其他销售代表、服务商	3.4
办公室管理人员和行政工作人员的初级主管	2.8
非农产品的批发和零售卖主	2.5
室内装饰技术员	2.5
市场经理	2.3
室内设计师	2.3
建筑经理	2.0
小学及中学教育管理者	1.7

图 2-4-7　2009 届本科生毕业三年后自主创业人群集中的十个职业

数据来源：麦可思-中国 2009 届大学毕业生三年后职业发展调查。

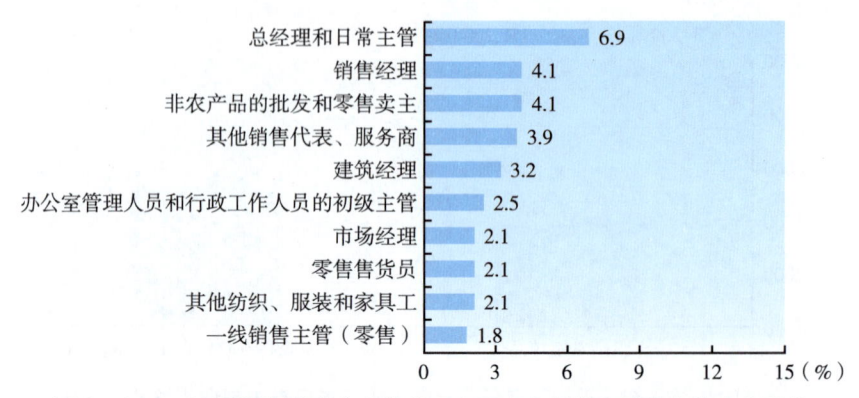

```
总经理和日常主管          6.9
销售经理                  4.1
非农产品的批发和零售卖主    4.1
其他销售代表、服务商        3.9
建筑经理                  3.2
办公室管理人员和行政工作人员的初级主管  2.5
市场经理                  2.1
零售售货员                2.1
其他纺织、服装和家具工      2.1
一线销售主管（零售）       1.8
           0    3    6    9    12   15(%)
```

图2-4-8　2009届高职高专生毕业三年后自主创业人群集中的十个职业

数据来源：麦可思-中国2009届大学毕业生三年后职业发展调查。

```
中小学教育机构     5.1
建筑装修业        4.5
服装零售业        3.1
教育辅助服务业     3.1
其他个人服务业     3.1
       0   3   6   9   12  15(%)
```

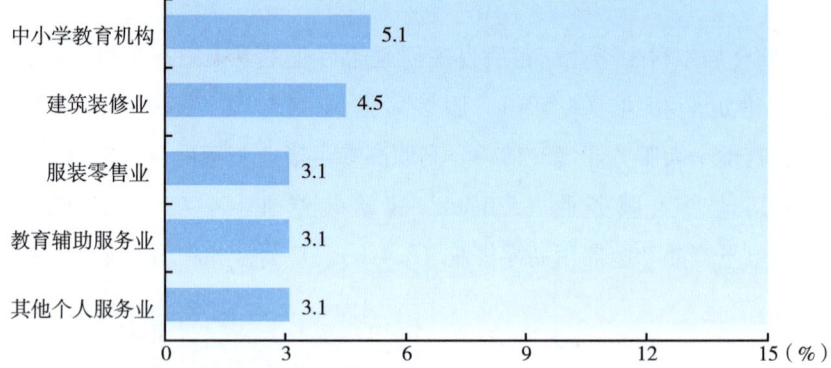

图2-4-9　2009届本科生毕业三年后自主创业人群集中的五个行业

数据来源：麦可思-中国2009届大学毕业生三年后职业发展调查。

```
其他个人服务业         5.5
建筑装修业            4.4
服装零售业            3.7
电子产品和电器用品零售业  3.4
广告及相关服务业       3.4
      0    3    6    9    12   15(%)
```

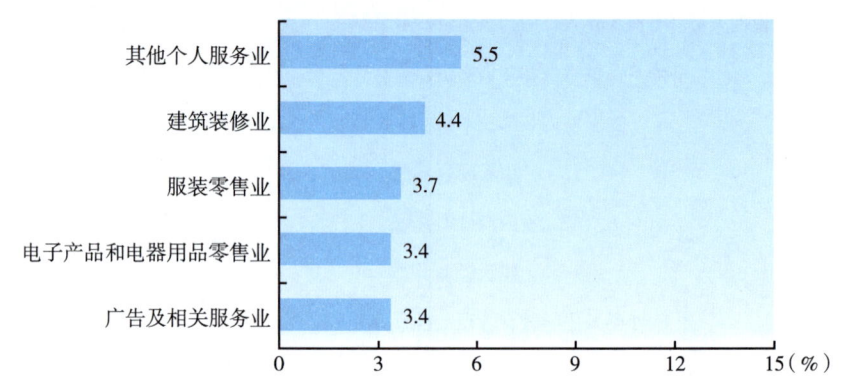

图2-4-10　2009届高职高专生毕业三年后自主创业人群集中的五个行业

数据来源：麦可思-中国2009届大学毕业生三年后职业发展调查。

三 自主创业人群最重要的基本工作能力

如表2-4-1所示，2009届本科生毕业三年后自主创业人群认为创业最重要的五项基本工作能力依次是：有效的口头沟通、积极学习、协调安排、学习方法和时间管理；高职高专生毕业三年后自主创业人群认为创业最重要的五项基本工作能力依次是：有效的口头沟通、积极学习、理解他人、谈判技能和协调安排。

表2-4-1 2009届大学生毕业三年后自主创业人群最重要的五项基本工作能力

本科最重要的基本工作能力	高职高专最重要的基本工作能力
有效的口头沟通	有效的口头沟通
积极学习	积极学习
协调安排	理解他人
学习方法	谈判技能
时间管理	协调安排

数据来源：麦可思-中国2009届大学毕业生三年后职业发展调查。

B.17
第五章
培训

结论摘要

一 接受培训的类型

1. 2009届本科生毕业三年内有58%接受过雇主提供的培训，9%接受过自费培训，13%既接受过自费培训又接受过雇主提供的培训，还有20%的人两类培训都没有接受过。与2008届（依次为59%、9%、13%、19%）基本持平。

2. 2009届高职高专生毕业三年内有48%接受过雇主提供的培训，14%接受过自费培训，12%既接受过自费培训又接受过雇主提供的培训，还有26%的人两类培训都没有接受过。与2008届（依次为50%、14%、10%、26%）基本持平。

二 接受培训的原因

2009届本科生和高职高专生毕业三年内接受自费培训前三位的原因都是为了提升个人综合素质的需要、在现有工作单位做好工作或晋升、为转换职业和行业做准备，与2008届前三位的原因一致。

三 接受培训的内容

1. 2009届本科生和高职高专生毕业三年内接受的最主要的自费培训都是从业资格证书培训（本科为64%，高职高专为71%），本科与2008届（64%）持平，高职高专比2008届（67%）上升了4个百分点。此外，本科毕业生更多接受外语培训（本科为19%，高职高专为10%）和IT技能培训（本科为19%，高职高专为18%），高职高专毕业生更多接受在职学历教育（本科为14%，高职高专为22%）。

2. 2009 届本科生和高职高专生毕业三年内接受的最主要的雇主培训都是岗位技能和知识培训、公司文化和价值观培训,与 2008 届一致。

一 接受培训的类型

培训:已经就业的大学毕业生接受的各项旨在提高工作技能水平、增强工作竞争力的教育活动。分为自费培训和雇主提供的培训。

图 2-5-1 和图 2-5-2 分别显示了 2009 届本科生和高职高专生毕业三年内接受的培训类型分布(与 2008 届三年内对比)。可以看出,2009 届本科生毕业三年内有 58% 接受过雇主提供的培训,9% 接受过自费培训,13% 既接受过自费培训又接受过雇主提供的培训,还有 20% 的人两类培训都没有接受过。与 2008 届(依次为 59%、9%、13%、19%)基本持平。

2009 届高职高专生毕业三年内有 48% 接受过雇主提供的培训,14% 接受过自费培训,12% 既接受过自费培训又接受过雇主提供的培训,还有 26% 的人两类培训都没有接受过。与 2008 届(依次为 50%、14%、10%、26%)基本持平。

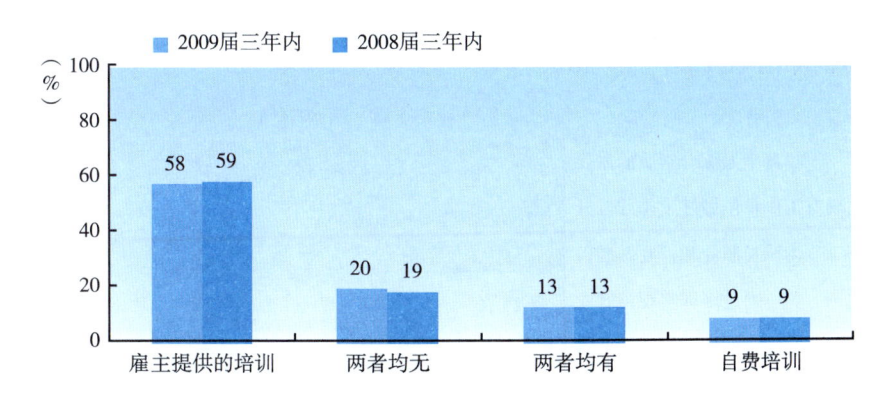

图 2-5-1 2009 届本科生毕业三年内接受培训类型的
分布比例(与 2008 届三年内对比)

数据来源:麦可思-中国 2008 届、2009 届大学毕业生三年后职业发展调查。

■ 2009届三年内　■ 2008届三年内

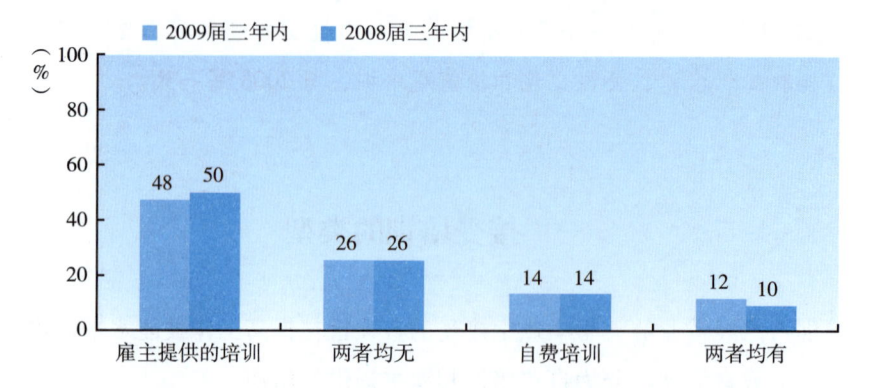

类型	2009届	2008届
雇主提供的培训	48	50
两者均无	26	26
自费培训	14	14
两者均有	12	10

图2-5-2　2009届高职高专生毕业三年内接受培训类型的分布比例（与2008届三年内对比）

数据来源：麦可思-中国2008届、2009届大学毕业生三年后职业发展调查。

二　接受培训的原因

图2-5-3和图2-5-4分别显示了2009届本科生和高职高专生毕业三年内接受自费培训的原因（与2008届三年内对比）。2009届本科生和高职高专生毕业三年内接受自费培训前三位的原因都是为了提升个人综合素质的需要、在现有工作单位做好工作或晋升、为转换职业和行业做准备，与2008届前三位的原因一致。

■ 2009届三年内　■ 2008届三年内

原因	2009届	2008届
提升个人综合素质的需要	74	74
在现有工作单位做好工作或晋升	44	45
为转换职业和行业做准备	35	35
通过培训实现再就业	12	13
为国内外学历深造做准备	6	6
其他	9	6

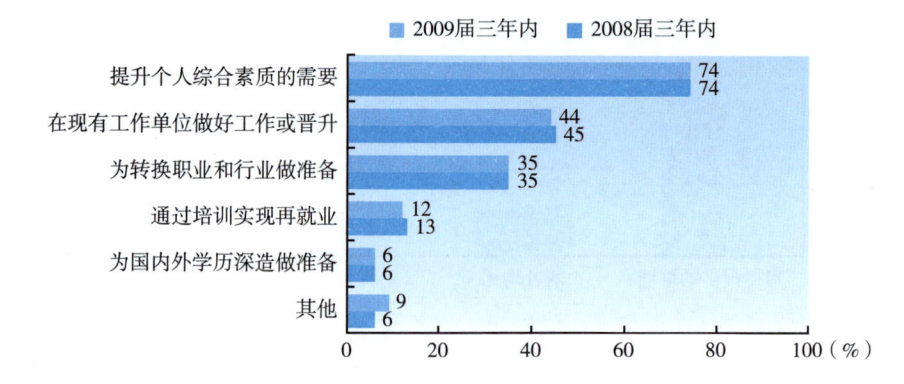

图2-5-3　2009届本科生毕业三年内接受自费培训的原因（多选）（与2008届三年内对比）

数据来源：麦可思-中国2008届、2009届大学毕业生三年后职业发展调查。

图中数据（图2-5-4）：

- 提升个人综合素质的需要：2009届三年内 67，2008届三年内 69
- 在现有工作单位做好工作或晋升：36 / 37
- 为转换职业和行业做准备：34 / 35
- 通过培训实现再就业：16 / 17
- 为国内外学历深造做准备：3 / 4
- 其他：14 / 8

图 2-5-4 2009 届高职高专生毕业三年内接受自费培训的原因（多选）（与 2008 届三年内对比）

数据来源：麦可思-中国2008届、2009届大学毕业生三年后职业发展调查。

三 接受培训的内容

图 2-5-5 和图 2-5-6 分别显示了 2009 届本科生和高职高专生毕业三年内接受自费培训的内容（与 2008 届三年内对比）。可以看出，2009 届本科生和高职高专生毕业三年内接受的最主要的自费培训都是从业资格证书培训（本科为 64%，高职高专为 71%），本科与 2008 届（64%）持平，高职高专比 2008 届

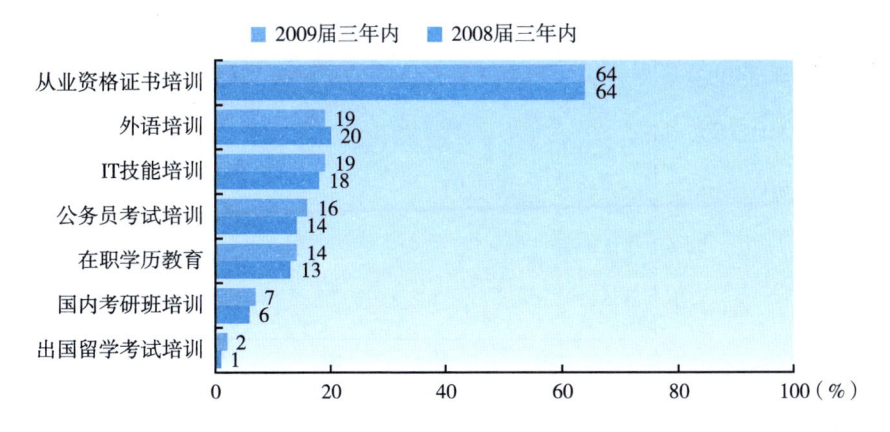

图中数据（图2-5-5）：

- 从业资格证书培训：64 / 64
- 外语培训：19 / 20
- IT技能培训：19 / 18
- 公务员考试培训：16 / 14
- 在职学历教育：14 / 13
- 国内考研班培训：7 / 6
- 出国留学考试培训：2 / 1

图 2-5-5 2009 届本科生毕业三年内接受自费培训的内容（多选）（与 2008 届三年内对比）

数据来源：麦可思-中国2008届、2009届大学毕业生三年后职业发展调查。

(67%）上升了 4 个百分点。此外，本科毕业生更多接受外语培训（本科为19%，高职高专 10%）和 IT 技能培训（本科为 19%，高职高专为 18%），高职高专毕业生更多接受在职学历教育（本科为 14%，高职高专为 22%）。

2009 届本科生和高职高专生毕业三年内接受的最主要的雇主培训都是岗位技能和知识培训、公司文化和价值观培训，与 2008 届一致。

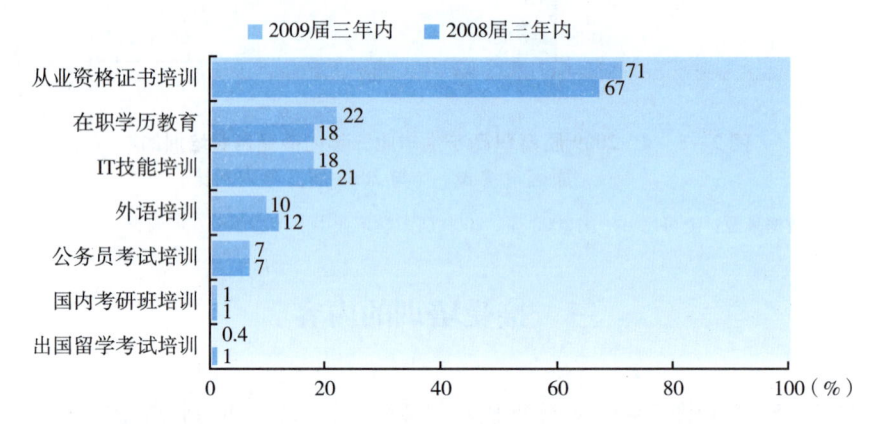

图 2-5-6　2009 届高职高专生毕业三年内接受自费培训的内容（多选）（与 2008 届三年内对比）

数据来源：麦可思-中国 2008 届、2009 届大学毕业生三年后职业发展调查。

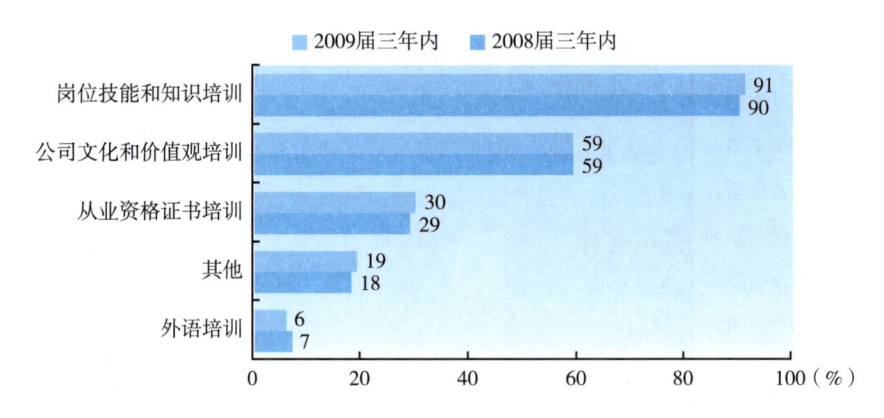

图 2-5-7　2009 届本科生毕业三年内接受雇主培训的内容（多选）（与 2008 届三年内对比）

数据来源：麦可思-中国 2008 届、2009 届大学毕业生三年后职业发展调查。

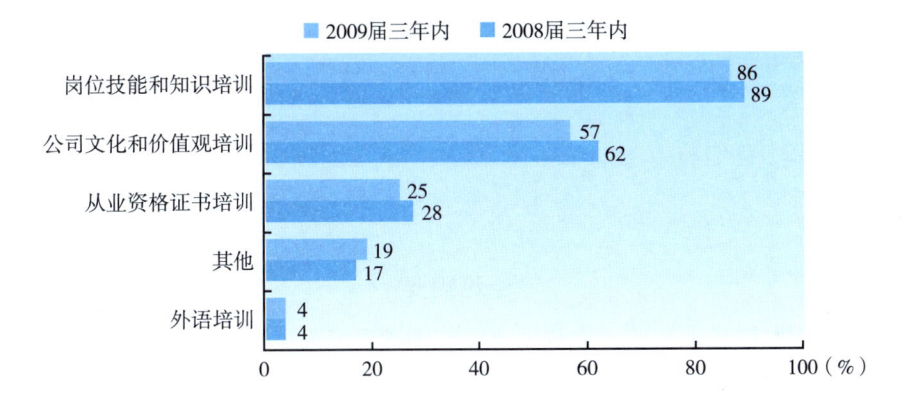

图 2-5-8 2009届高职高专生毕业三年内接受雇主培训的内容（多选）（与2008届三年内对比）

培训内容	2009届三年内	2008届三年内
岗位技能和知识培训	86	89
公司文化和价值观培训	57	62
从业资格证书培训	25	28
其他	19	17
外语培训	4	4

数据来源：麦可思－中国2008届、2009届大学毕业生三年后职业发展调查。

B.18
第六章
校友评价

结论摘要

无论是本科还是高职高专毕业生，在毕业三年后认为母校专业教学中最需要改进的前三位都是实习和实践环节不够、课程内容不实用或陈旧、无法调动学生学习兴趣。

图2-6-1和图2-6-2分别显示了2009届本科生和高职高专生毕业三年后认为母校专业教学中最需要改进的地方。无论是本科还是高职高专毕业生，在毕业三年后认为母校专业教学中最需要改进的前三位都是实习和实践环节不够、课程内容不实用或陈旧、无法调动学生学习兴趣。

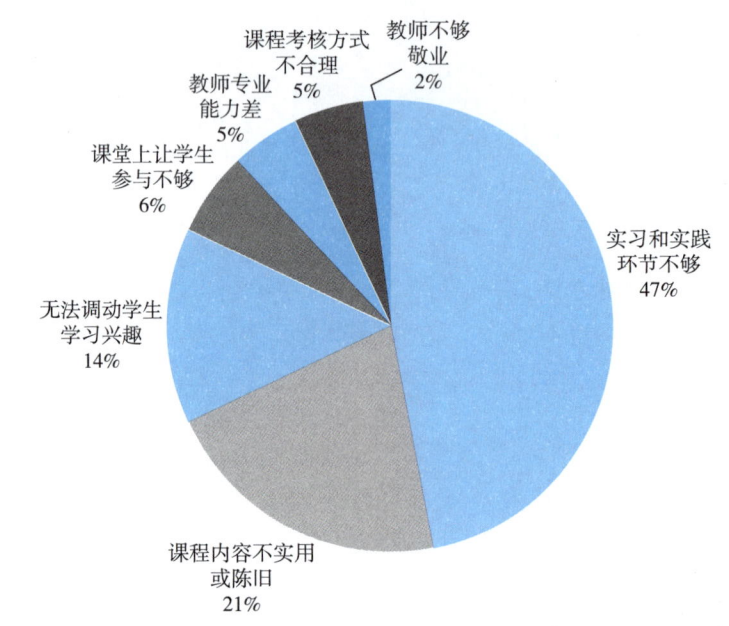

- 实习和实践环节不够 47%
- 课程内容不实用或陈旧 21%
- 无法调动学生学习兴趣 14%
- 课堂上让学生参与不够 6%
- 教师专业能力差 5%
- 课程考核方式不合理 5%
- 教师不够敬业 2%

图2-6-1　2009届本科生毕业三年后认为母校专业教学中最需要改进的地方

数据来源：麦可思－中国2009届大学毕业生三年后职业发展调查。

250

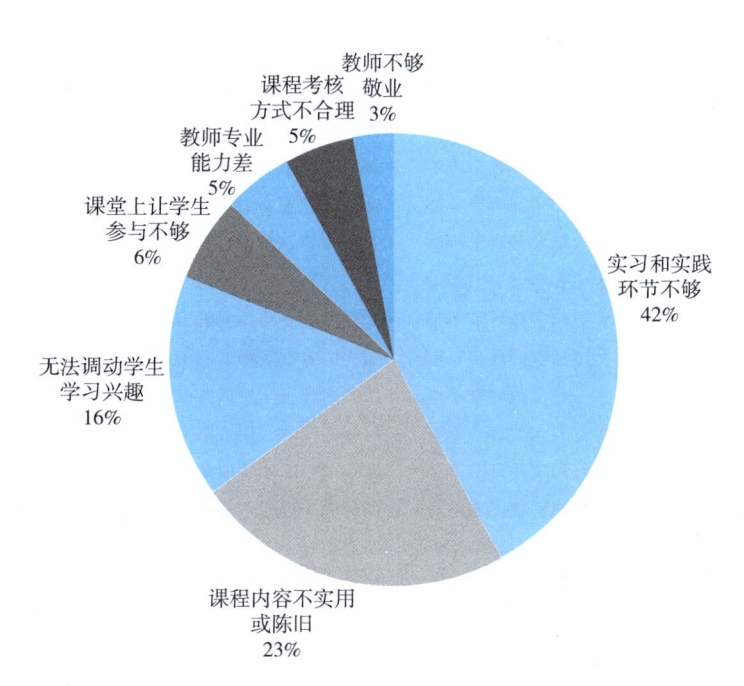

图 2-6-2　2009 届高职高专生毕业三年后认为母校专业教学中最需要改进的地方

数据来源：麦可思-中国2009届大学毕业生三年后职业发展调查。

表 2-6-1　2009 届本科主要专业类毕业三年后认为母校专业教学中最需要改进的地方*

本科主要专业类名称	第一需要改进的地方	第二需要改进的地方	第三需要改进的地方
护理学类	课程内容不实用或陈旧	实习和实践环节不够	无法调动学生学习兴趣
心理学类	实习和实践环节不够	教师专业能力差	课程内容不实用或陈旧
新闻传播学类	实习和实践环节不够	课程内容不实用或陈旧	教师专业能力差
艺术类	实习和实践环节不够	课程内容不实用或陈旧	教师专业能力差
历史学类	实习和实践环节不够	课程内容不实用或陈旧	课程考核方式不合理
体育学类	实习和实践环节不够	课程内容不实用或陈旧	课程考核方式不合理
材料科学类	实习和实践环节不够	课程内容不实用或陈旧	课堂上让学生参与不够
地矿类	实习和实践环节不够	课程内容不实用或陈旧	无法调动学生学习兴趣
地理科学类	实习和实践环节不够	课程内容不实用或陈旧	无法调动学生学习兴趣
电气信息类	实习和实践环节不够	课程内容不实用或陈旧	无法调动学生学习兴趣
电子信息科学类	实习和实践环节不够	课程内容不实用或陈旧	无法调动学生学习兴趣
动物医学类	实习和实践环节不够	课程内容不实用或陈旧	无法调动学生学习兴趣
法学类	实习和实践环节不够	课程内容不实用或陈旧	无法调动学生学习兴趣

续表

本科主要专业类名称	第一需要改进的地方	第二需要改进的地方	第三需要改进的地方
工商管理类	实习和实践环节不够	课程内容不实用或陈旧	无法调动学生学习兴趣
公共管理类	实习和实践环节不够	课程内容不实用或陈旧	无法调动学生学习兴趣
管理科学与工程类	实习和实践环节不够	课程内容不实用或陈旧	无法调动学生学习兴趣
化学类	实习和实践环节不够	课程内容不实用或陈旧	无法调动学生学习兴趣
环境科学类	实习和实践环节不够	课程内容不实用或陈旧	无法调动学生学习兴趣
环境生态类	实习和实践环节不够	课程内容不实用或陈旧	无法调动学生学习兴趣
环境与安全类	实习和实践环节不够	课程内容不实用或陈旧	无法调动学生学习兴趣
交通运输类	实习和实践环节不够	课程内容不实用或陈旧	无法调动学生学习兴趣
教育学类	实习和实践环节不够	课程内容不实用或陈旧	无法调动学生学习兴趣
经济学类	实习和实践环节不够	课程内容不实用或陈旧	无法调动学生学习兴趣
能源动力类	实习和实践环节不够	课程内容不实用或陈旧	无法调动学生学习兴趣
轻工纺织食品类	实习和实践环节不够	课程内容不实用或陈旧	无法调动学生学习兴趣
社会学类	实习和实践环节不够	课程内容不实用或陈旧	无法调动学生学习兴趣
生物科学类	实习和实践环节不够	课程内容不实用或陈旧	无法调动学生学习兴趣
数学类	实习和实践环节不够	课程内容不实用或陈旧	无法调动学生学习兴趣
水利类	实习和实践环节不够	课程内容不实用或陈旧	无法调动学生学习兴趣
统计学类	实习和实践环节不够	课程内容不实用或陈旧	无法调动学生学习兴趣
外国语言文学类	实习和实践环节不够	课程内容不实用或陈旧	无法调动学生学习兴趣
物理学类	实习和实践环节不够	课程内容不实用或陈旧	无法调动学生学习兴趣
药学类	实习和实践环节不够	课程内容不实用或陈旧	无法调动学生学习兴趣
仪器仪表类	实习和实践环节不够	课程内容不实用或陈旧	无法调动学生学习兴趣
政治学类	实习和实践环节不够	课程内容不实用或陈旧	无法调动学生学习兴趣
植物生产类	实习和实践环节不够	课程内容不实用或陈旧	无法调动学生学习兴趣
中国语言文学类	实习和实践环节不够	课程内容不实用或陈旧	无法调动学生学习兴趣
中医学类	实习和实践环节不够	课程内容不实用或陈旧	无法调动学生学习兴趣
材料类	实习和实践环节不够	无法调动学生学习兴趣	课程内容不实用或陈旧
测绘类	实习和实践环节不够	无法调动学生学习兴趣	课程内容不实用或陈旧
化工与制药类	实习和实践环节不够	无法调动学生学习兴趣	课程内容不实用或陈旧
机械类	实习和实践环节不够	无法调动学生学习兴趣	课程内容不实用或陈旧
生物工程类	实习和实践环节不够	无法调动学生学习兴趣	课程内容不实用或陈旧
土建类	实习和实践环节不够	无法调动学生学习兴趣	课程内容不实用或陈旧
临床医学与医学技术类	实习和实践环节不够	无法调动学生学习兴趣	课堂上让学生参与不够

＊个别专业类因为样本不足，没有包括在内。

数据来源：麦可思－中国2009届大学毕业生三年后职业发展调查。

表 2-6-2　2009 届高职高专主要专业类毕业三年后认为母校专业教学中最需要改进的地方*

高职高专主要专业类名称	第一需要改进的地方	第二需要改进的地方	第三需要改进的地方
旅游管理类	课程内容不实用或陈旧	实习和实践环节不够	无法调动学生学习兴趣
民航运输类	课程内容不实用或陈旧	实习和实践环节不够	无法调动学生学习兴趣
通信类	课程内容不实用或陈旧	实习和实践环节不够	无法调动学生学习兴趣
广播影视类	实习和实践环节不够	课程内容不实用或陈旧	教师专业能力差
电力技术类	实习和实践环节不够	课程内容不实用或陈旧	课堂上让学生参与不够
财政金融类	实习和实践环节不够	课程内容不实用或陈旧	无法调动学生学习兴趣
电子信息类	实习和实践环节不够	课程内容不实用或陈旧	无法调动学生学习兴趣
房地产类	实习和实践环节不够	课程内容不实用或陈旧	无法调动学生学习兴趣
纺织服装类	实习和实践环节不够	课程内容不实用或陈旧	无法调动学生学习兴趣
港口运输类	实习和实践环节不够	课程内容不实用或陈旧	无法调动学生学习兴趣
工程管理类	实习和实践环节不够	课程内容不实用或陈旧	无法调动学生学习兴趣
工商管理类	实习和实践环节不够	课程内容不实用或陈旧	无法调动学生学习兴趣
公共管理类	实习和实践环节不够	课程内容不实用或陈旧	无法调动学生学习兴趣
化工技术类	实习和实践环节不够	课程内容不实用或陈旧	无法调动学生学习兴趣
机械设计制造类	实习和实践环节不够	课程内容不实用或陈旧	无法调动学生学习兴趣
计算机类	实习和实践环节不够	课程内容不实用或陈旧	无法调动学生学习兴趣
建筑设备类	实习和实践环节不够	课程内容不实用或陈旧	无法调动学生学习兴趣
建筑设计类	实习和实践环节不够	课程内容不实用或陈旧	无法调动学生学习兴趣
教育类	实习和实践环节不够	课程内容不实用或陈旧	无法调动学生学习兴趣
经济贸易类	实习和实践环节不够	课程内容不实用或陈旧	无法调动学生学习兴趣
农业技术类	实习和实践环节不够	课程内容不实用或陈旧	无法调动学生学习兴趣
汽车类	实习和实践环节不够	课程内容不实用或陈旧	无法调动学生学习兴趣
市场营销类	实习和实践环节不够	课程内容不实用或陈旧	无法调动学生学习兴趣
畜牧兽医类	实习和实践环节不够	课程内容不实用或陈旧	无法调动学生学习兴趣
艺术设计类	实习和实践环节不够	课程内容不实用或陈旧	无法调动学生学习兴趣
语言文化类	实习和实践环节不够	课程内容不实用或陈旧	无法调动学生学习兴趣
自动化类	实习和实践环节不够	课程内容不实用或陈旧	无法调动学生学习兴趣
财务会计类	实习和实践环节不够	无法调动学生学习兴趣	课程内容不实用或陈旧
法律实务类	实习和实践环节不够	无法调动学生学习兴趣	课程内容不实用或陈旧
公路运输类	实习和实践环节不够	无法调动学生学习兴趣	课程内容不实用或陈旧
护理类	实习和实践环节不够	无法调动学生学习兴趣	课程内容不实用或陈旧
临床医学类	实习和实践环节不够	无法调动学生学习兴趣	课程内容不实用或陈旧
生物技术类	实习和实践环节不够	无法调动学生学习兴趣	课程内容不实用或陈旧
水利工程与管理类	实习和实践环节不够	无法调动学生学习兴趣	课程内容不实用或陈旧
土建施工类	实习和实践环节不够	无法调动学生学习兴趣	课程内容不实用或陈旧

*个别专业类因为样本不足，没有包括在内。
数据来源：麦可思-中国 2009 届大学毕业生三年后职业发展调查。

分报告三
专题研究：高等教育培养质量

结论摘要

一 教学培养中存在的主要问题

1. 在2012届本科专业类中，毕业生认为实习和实践环节不够比例最高的为心理学类（59%），比全国本科（46%）高13个百分点；在2012届高职高专专业类中，毕业生认为实习和实践环节不够比例最高的为工程管理类（54%），比全国高职高专（41%）高13个百分点。

2. 在2012届本科专业类中，毕业生认为课程内容不实用或陈旧比例最高的为政治学类（29%），比全国本科（20%）高9个百分点；在2012届高职高专专业类中，毕业生认为课程内容不实用或陈旧比例最高的为纺织服装类（27%），比全国高职高专（18%）高9个百分点。

3. 在2012届本科专业类中，毕业生认为无法调动学生学习兴趣比例最高的为护理学类（30%），比全国本科（16%）高14个百分点；在2012届高职高专专业类中，毕业生认为无法调动学生学习兴趣比例最高的为护理类（34%），比全国高职高专（21%）高13个百分点。

4. 在2012届本科专业类中，毕业生认为所学课程考核方式不合理比例最高的为临床医学与医学技术类（16%），比全国本科（7%）高9个百分点；在2012届高职高专专业类中，毕业生认为所学课程考核方式不合理比例最高的为测绘类（12%），比全国高职高专（7%）高5个百分点。

二 读研毕业生学术准备中存在的主要问题

1. 在2012届读研的本科生中，认为学术批判思维能力最需改进比例最高的专业类是社会学类，为52%，比全国本科（27%）高25个百分点。

2. 在2012届读研的本科生中，认为专业课知识最需改进的比例最高的专业类是艺术类，为27%，比全国本科（21%）高6个百分点。

3. 在2012届读研的本科生中，认为研究方法培养最需改进的比例最高的专业类是生物工程类和生物科学类，均为30%，比全国本科（18%）高12个百分点。

三 毕业生价值观提升不足的方面

1. 在2012届本科专业类中，毕业生认为在校期间积极努力、追求上进提升最少的专业类为护理学类（51%），比全国本科（62%）低11个百分点；在2012届高职高专专业类中，毕业生认为在校期间积极努力、追求上进提升最少的专业类为医学技术类（49%），比全国高职高专（57%）低8个百分点。

2. 在2012届本科专业类中，毕业生认为在校期间人生的乐观态度提升最少的专业类为护理学类（49%），比全国本科（62%）低13个百分点；在2012届高职高专专业类中，毕业生认为在校期间人生的乐观态度提升最少的专业类为民航运输类（50%），比全国高职高专（59%）低9个百分点。

3. 在2012届本科专业类中，毕业生认为在校期间包容精神提升最少的专业类为环境生态类（48%），比全国本科（59%）低11个百分点；在2012届高职高专专业类中，毕业生认为在校期间包容精神提升最少的专业类为石油与天然气类和水上运输类（均为40%），比全国高职高专（47%）低7个百分点。

4. 在2012届本科专业类中，毕业生认为在校期间关注社会提升最少的专业类为护理学类（45%），比全国本科（59%）低14个百分点；在2012届高职高专专业类中，毕业生认为在校期间关注社会提升最少的专业类为护理类（41%），比全国高职高专（49%）低8个百分点。

一 研究概况

教育改变未来。今天坐在教室里的大学生们，明天就是在各行各业为社会服务的医生、护士、教师、工程师、飞机驾驶员或高铁驾驶员等。在大学培养过程中，他们的知识、能力、价值观是否得到了提升？这是反映我国高等教育培养质量的一项重要指标。本研究通过对2012届大学生毕业半年后进行跟踪调查来回答这个问题：由已经就业的毕业生来评价母校的教学培养各环节，读研的毕业生来评价母校提供的学术准备，以及全体毕业生来评价母校在价值观各方面的提升作用。研究结果表明在这三个维度都存在专业差异。下面将具体展示在每个维度问题较为突出的专业类，希望高等教育管理者、研究者、用人单位等给予关注。

二 教学培养中存在的主要问题

图3-1和图3-2分别显示了2012届本科和高职高专毕业生认为实习和实践环节不够比例较高的主要专业类[①]。从图中可见，在2012届本科专业类中，毕业生认为实习和实践环节不够比例最高的为心理学类（59%），比全国本科（46%）高13个百分点；在2012届高职高专专业类中，毕业生认为实习和实践环节不够比例最高的为工程管理类（54%），比全国高职高专（41%）高13个百分点。

图3-3和图3-4分别显示了2012届本科和高职高专毕业生认为课程内容不实用或陈旧比例较高的主要专业类。从图中可见，在2012届本科专业类中，毕业生认为课程内容不实用或陈旧比例最高的为政治学类（29%），比全国本科（20%）高9个百分点；在2012届高职高专专业类中，毕业生认为课程内容不实用或陈旧比例最高的为纺织服装类（27%），比全国高职高专（18%）高9个百分点。

---

① 主要专业类选取标准是与全国水平差距最大的不超过10个的专业类。

分报告三 专题研究：高等教育培养质量

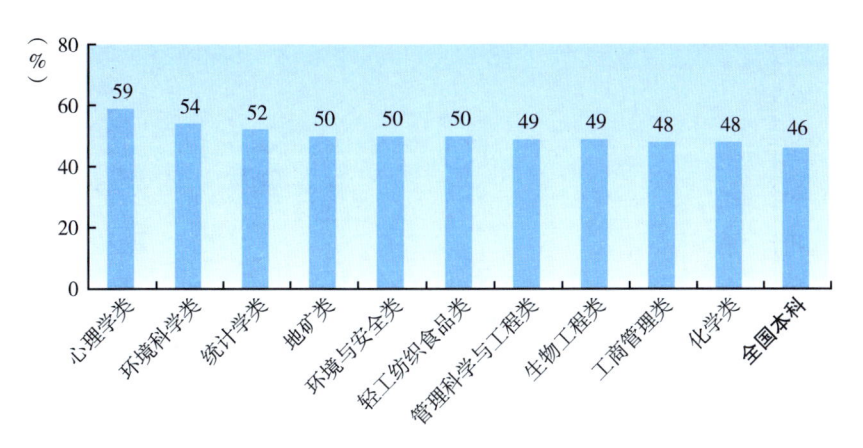

图 3 - 1 2012 届本科毕业生认为实习和实践环节不够比例较高的主要专业类*

（柱状图数据：心理学类 59，环境科学类 54，统计学类 52，地矿类 50，环境与安全类 50，轻工纺织食品类 50，管理科学与工程类 49，生物工程类 49，工商管理类 48，化学类 48，全国本科 46）

* 个别专业类因为样本不足，没有包括在内。
数据来源：麦可思 - 中国 2012 届大学毕业生社会需求与培养质量调查。

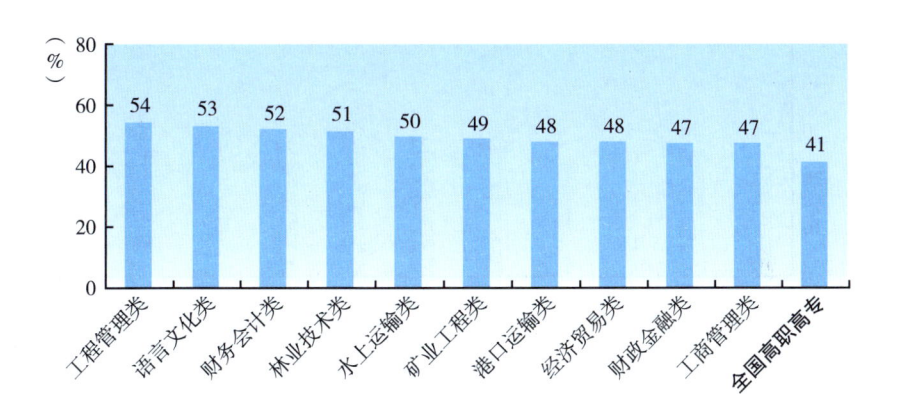

图 3 - 2 2012 届高职高专毕业生认为实习和实践环节不够比例较高的主要专业类*

（柱状图数据：工程管理类 54，语言文化类 53，财务会计类 52，林业技术类 51，水上运输类 50，矿业工程类 49，港口运输类 48，经济贸易类 48，财政金融类 47，工商管理类 47，全国高职高专 41）

* 个别专业类因为样本不足，没有包括在内。
数据来源：麦可思 - 中国 2012 届大学毕业生社会需求与培养质量调查。

图 3 - 5 和图 3 - 6 分别显示了 2012 届本科和高职高专毕业生认为无法调动学生学习兴趣比例较高的主要专业类。从图中可见，在 2012 届本科专业类中，毕业生认为无法调动学生学习兴趣比例最高的为护理学类（30%），比全国本科（16%）高 14 个百分点；在 2012 届高职高专专业类中，毕业生认为无法调动学生学习兴趣比例最高的为护理类（34%），比全国高职高专（21%）高 13 个百分点。

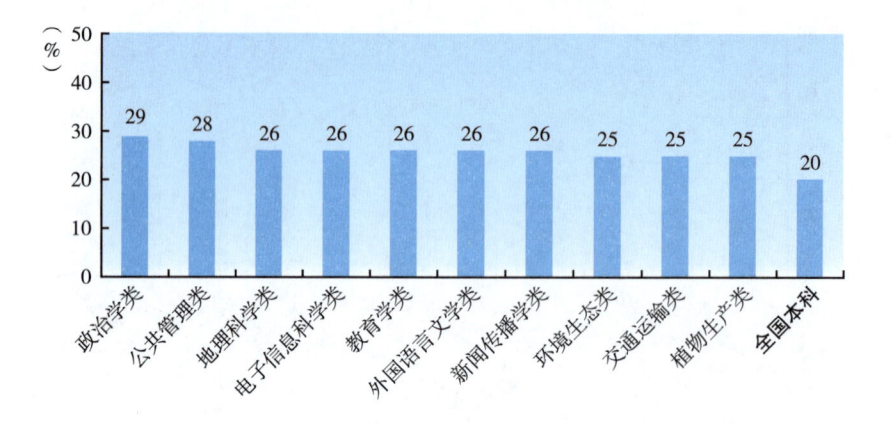

图 3-3　2012 届本科毕业生认为课程内容不实用或陈旧比例较高的主要专业类*

* 个别专业类因为样本不足，没有包括在内。
数据来源：麦可思 – 中国 2012 届大学毕业生社会需求与培养质量调查。

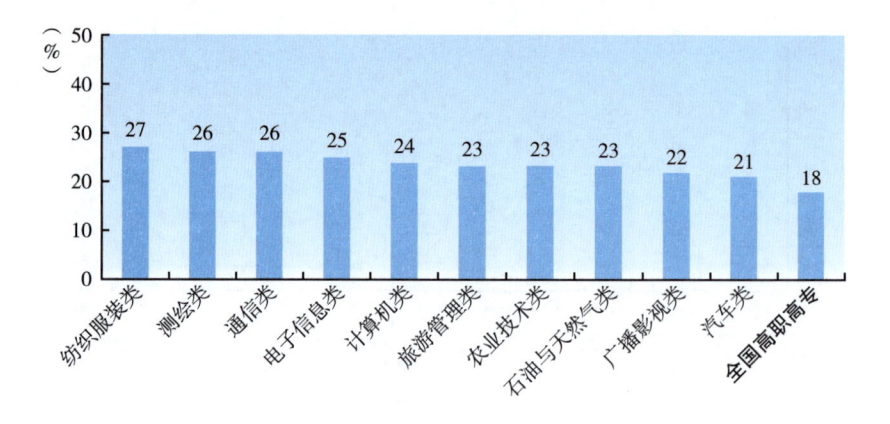

图 3-4　2012 届高职高专毕业生认为课程内容不实用或陈旧比例较高的主要专业类*

* 个别专业类因为样本不足，没有包括在内。
数据来源：麦可思 – 中国 2012 届大学毕业生社会需求与培养质量调查。

图 3-7 和图 3-8 分别显示了 2012 届本科和高职高专毕业生认为所学课程考核方式不合理比例较高的主要专业类。从图中可见，在 2012 届本科专业类中，毕业生认为所学课程考核方式不合理比例最高的为临床医学与医学技术类（16%），比全国本科（7%）高 9 个百分点；在 2012 届高职高专专业类中，毕业生认为所学课程考核方式不合理比例最高的为测绘类（12%），比全国高职高专（7%）高 5 个百分点。

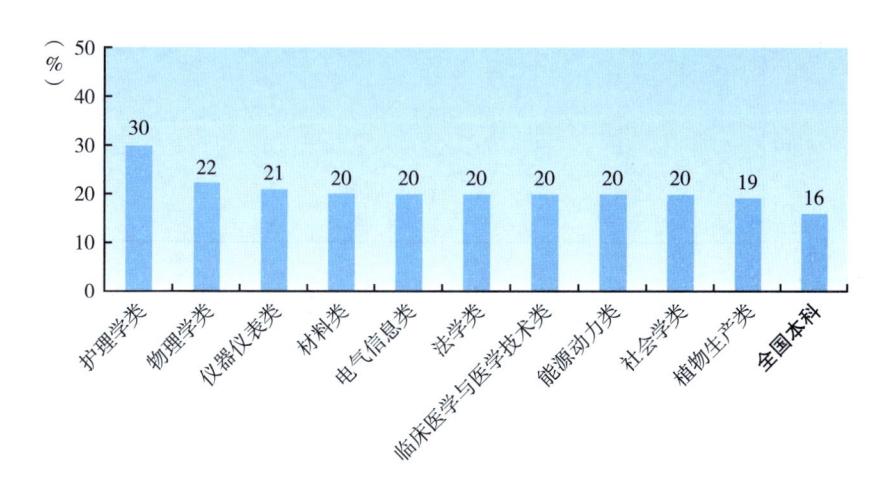

分报告三 专题研究：高等教育培养质量

图 3-5 2012 届本科毕业生认为无法调动学生学习兴趣比例较高的主要专业类*

护理学类 30，物理学类 22，仪器仪表类 21，材料类 20，电气信息类 20，法学类 20，临床医学与医学技术类 20，能源动力类 20，社会学类 20，植物生产类 19，全国本科 16

*个别专业类因为样本不足，没有包括在内。
数据来源：麦可思-中国 2012 届大学毕业生社会需求与培养质量调查。

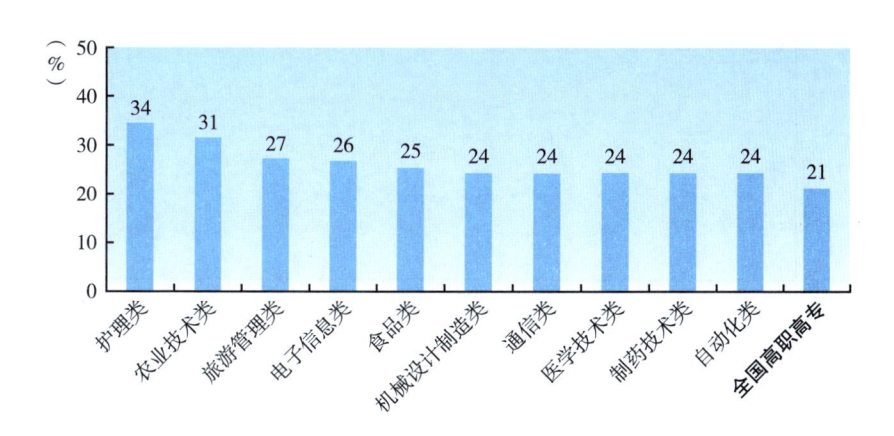

图 3-6 2012 届高职高专毕业生认为无法调动学生学习兴趣比例较高的主要专业类*

护理类 34，农业技术类 31，旅游管理类 27，电子信息类 26，食品类 25，机械设计制造类 24，通信类 24，医学技术类 24，制药技术类 24，自动化类 24，全国高职高专 21

*个别专业类因为样本不足，没有包括在内。
数据来源：麦可思-中国 2012 届大学毕业生社会需求与培养质量调查。

三 读研毕业生学术准备中存在的主要问题

图 3-9 显示了 2012 届本科读研毕业生认为学术批判思维能力最需改进比

259

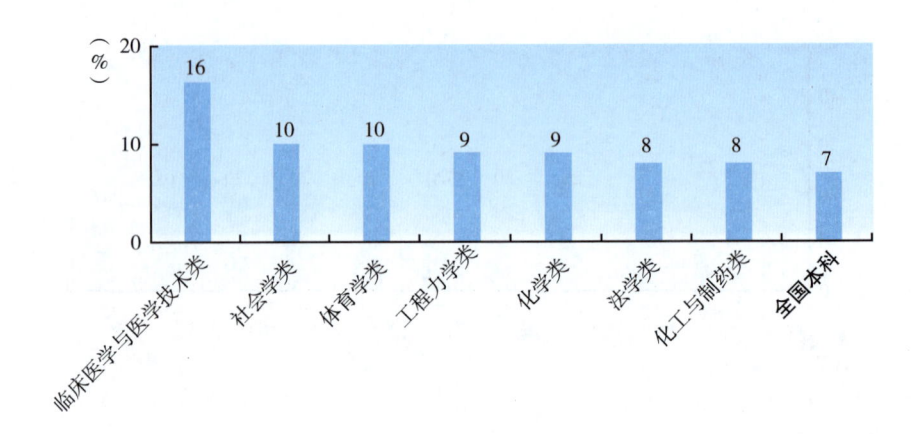

图 3-7　2012 届本科毕业生认为所学课程考核方式不合理比例较高的主要专业类*

临床医学与医学技术类 16，社会学类 10，体育学类 10，工程力学类 9，化学类 9，法学类 8，化工与制药类 8，全国本科 7。

＊个别专业类因为样本不足，没有包括在内。
数据来源：麦可思－中国 2012 届大学毕业生社会需求与培养质量调查。

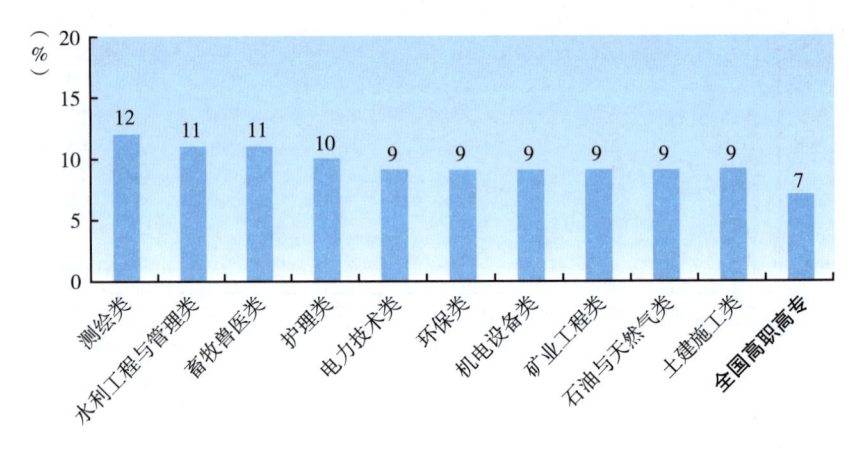

图 3-8　2012 届高职高专毕业生认为所学课程考核方式不合理比例较高的主要专业类*

测绘类 12，水利工程与管理类 11，畜牧兽医类 11，护理类 10，电力技术类 9，环保类 9，机电设备类 9，矿业工程类 9，石油与天然气类 9，土建施工类 9，全国高职高专 7。

＊个别专业类因为样本不足，没有包括在内。
数据来源：麦可思－中国 2012 届大学毕业生社会需求与培养质量调查。

例较高的主要专业类。从图中可见，在 2012 届读研的本科生中，认为学术批判思维能力最需改进比例最高的专业类是社会学类，为 52%，比全国本科（27%）高 25 个百分点。

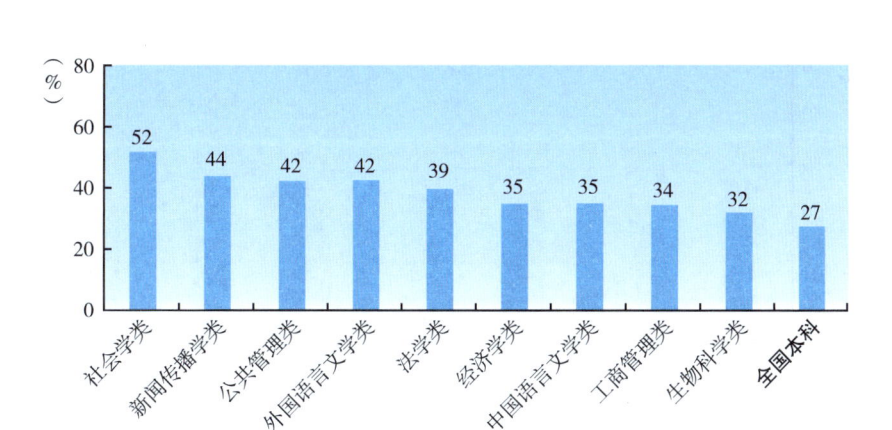

```
(%)
80
60   52
       44  42  42
40              39  35  35  34
                              32  27
20
 0
   社  新  公  外  法  经  中  工  生  全
   会  闻  共  国  学  济  国  商  物  国
   学  传  管  语  类  学  语  管  科  本
   类  播  理  言  　  类  言  理  学  科
       类  类  文      文  类  类
               学      学
               类      类
```

**图 3-9　2012 届本科读研毕业生认为学术批判思维能力
最需改进比例较高的主要专业类***

*个别专业类因为样本不足，没有包括在内。
数据来源：麦可思－中国 2012 届大学毕业生社会需求与培养质量调查。

图 3-10 显示了 2012 届本科读研毕业生认为专业课知识最需改进比例较高的主要专业类。从图中可见，在 2012 届读研的本科生中，认为专业课知识最需改进的比例最高的专业类是艺术类，为 27%，比全国本科（21%）高 6 个百分点。

图 3-11 显示了 2012 届本科读研毕业生认为研究方法培养最需改进比例较高的主要专业类。从图中可见，在 2012 届读研的本科生中，认为研究方法培养最需改进的比例最高的专业类是生物工程类和生物科学类，均为 30%，比全国本科（18%）高 12 个百分点。

四　毕业生价值观提升不足的方面

图 3-12 和图 3-13 分别显示了 2012 届本科和高职高专毕业生认为在校期间积极努力、追求上进提升较少的主要专业类。从图中可见，在 2012 届本科专业类中，毕业生认为在校期间积极努力、追求上进提升最少的专业类为护理学类（51%），比全国本科（62%）低 11 个百分点；在 2012 届高职高专专业类中，毕业生认为在校期间积极努力、追求上进

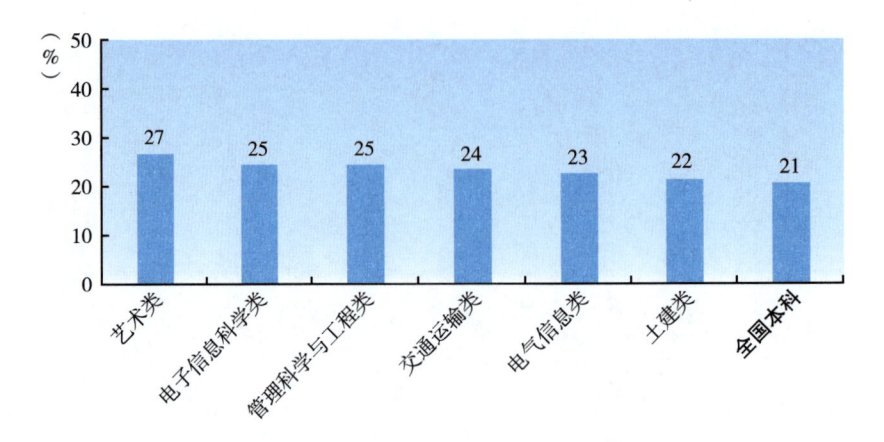

**图 3-10　2012 届本科读研毕业生认为专业课知识最需
改进比例较高的主要专业类***

艺术类 27，电子信息科学类 25，管理科学与工程类 25，交通运输类 24，电气信息类 23，土建类 22，全国本科 21

*个别专业类因为样本不足，没有包括在内。
数据来源：麦可思－中国 2012 届大学毕业生社会需求与培养质量调查。

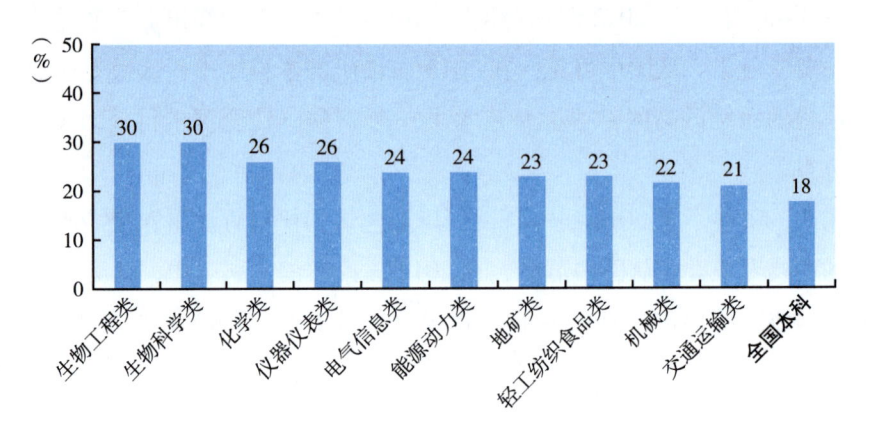

**图 3-11　2012 届本科读研毕业生认为研究方法培养
最需改进比例较高的主要专业类***

生物工程类 30，生物科学类 30，化学类 26，仪器仪表类 26，电气信息类 24，能源动力类 24，地矿类 23，轻工纺织食品类 23，机械类 22，交通运输类 21，全国本科 18

*个别专业类因为样本不足，没有包括在内。
数据来源：麦可思－中国 2012 届大学毕业生社会需求与培养质量调查。

提升最少的专业类为医学技术类（49%），比全国高职高专（57%）低 8 个百分点。

图 3-14 和图 3-15 分别显示了 2012 届本科和高职高专毕业生认为在校

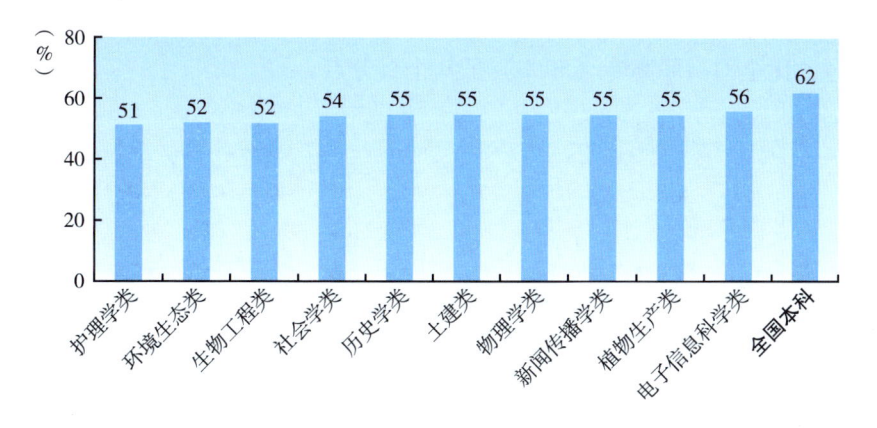

图3-12 2012届本科毕业生认为在校期间积极努力、追求上进提升较少的主要专业类*

护理学类 51、环境生态类 52、生物工程类 52、社会学类 54、历史学类 55、土建类 55、物理学类 55、新闻传播学类 55、植物生产类 55、电子信息科学类 56、全国本科 62

*个别专业类因为样本不足,没有包括在内。
数据来源:麦可思-中国2012届大学毕业生社会需求与培养质量调查。

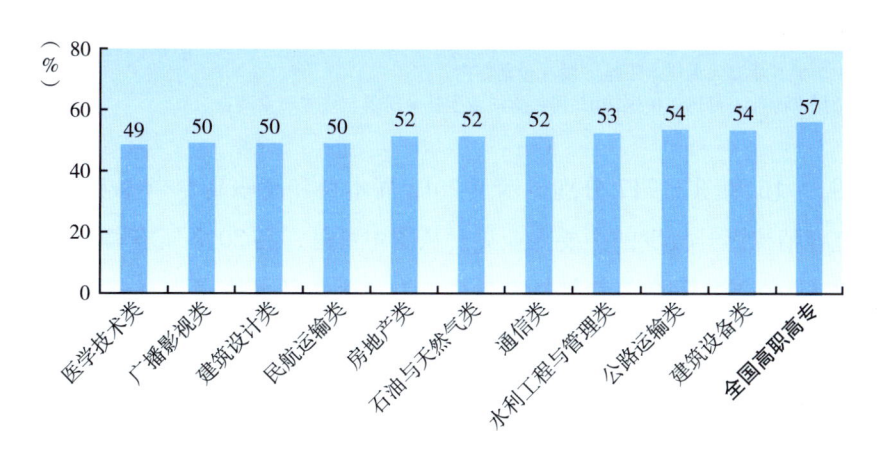

图3-13 2012届高职高专毕业生认为在校期间积极努力、追求上进提升较少的主要专业类*

医学技术类 49、广播影视类 50、建筑设计类 50、民航运输类 50、房地产类 52、石油与天然气类 52、通信类 52、水利工程与管理类 53、公路运输类 54、建筑设备类 54、全国高职高专 57

*个别专业类因为样本不足,没有包括在内。
数据来源:麦可思-中国2012届大学毕业生社会需求与培养质量调查。

期间人生的乐观态度提升较少的主要专业类。从图中可见,在2012届本科专业类中,毕业生认为在校期间人生的乐观态度提升最少的专业类为护理学类(49%),比全国本科(62%)低13个百分点;在2012届高职高专专业类中,

毕业生认为在校期间人生的乐观态度提升最少的专业类为民航运输类（50%），比全国高职高专（59%）低9个百分点。

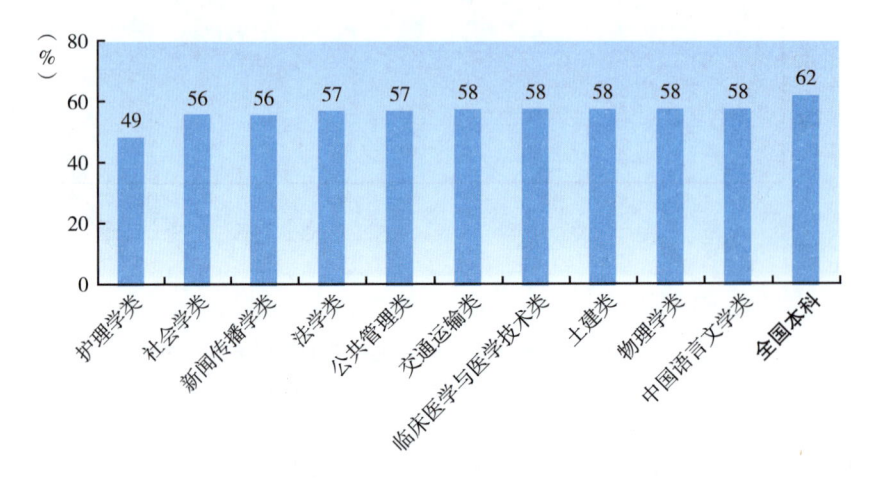

图3-14　2012届本科毕业生认为在校期间人生的乐观态度提升较少的主要专业类*

护理学类 49；社会学类 56；新闻传播学类 56；法学类 57；公共管理学类 57；交通运输类 58；临床医学与医学技术类 58；土建类 58；物理学类 58；中国语言文学类 58；全国本科 62

*个别专业类因为样本不足，没有包括在内。
数据来源：麦可思-中国2012届大学毕业生社会需求与培养质量调查。

图3-16和图3-17分别显示了2012届本科和高职高专毕业生认为在校期间包容精神提升较少的主要专业类。从图中可见，在2012届本科专业类中，毕业生认为在校期间包容精神提升最少的专业类为环境生态类（48%），比全国本科（59%）低11个百分点；在2012届高职高专专业类中，毕业生认为在校期间包容精神提升最少的专业类为石油与天然气类和水上运输类（均为40%），比全国高职高专（47%）低7个百分点。

图3-18和图3-19分别显示了2012届本科和高职高专毕业生认为在校期间关注社会提升较少的主要专业类。从图中可见，在2012届本科专业类中，毕业生认为在校期间关注社会提升最少的专业类为护理学类（45%），比全国本科（59%）低14个百分点；在2012届高职高专专业类中，毕业生认为在校期间关注社会提升最少的专业类为护理类（41%），比全国高职高专（49%）低8个百分点。通过上述分析可以发现，本科的护理学类、高职高专的护理类专业类在这些价值观的提升比例较低，这些专

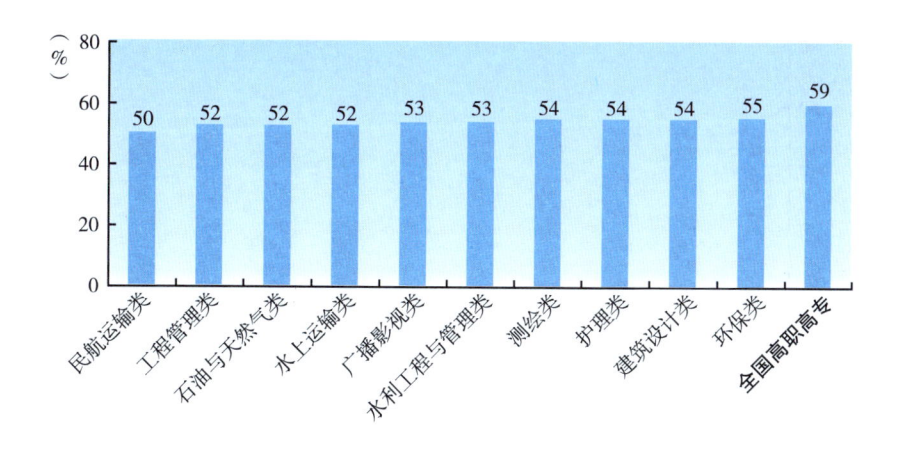

分报告三 专题研究：高等教育培养质量

图3-15 2012届高职高专毕业生认为在校期间人生的乐观态度提升较少的主要专业类*

民航运输类 50
工程管理类 52
石油与天然气类 52
水上运输类 52
广播影视类 53
水利工程与管理类 53
测绘类 54
护理类 54
建筑设计类 54
环保类 55
全国高职高专 59

*个别专业类因为样本不足，没有包括在内。
数据来源：麦可思-中国2012届大学毕业生社会需求与培养质量调查。

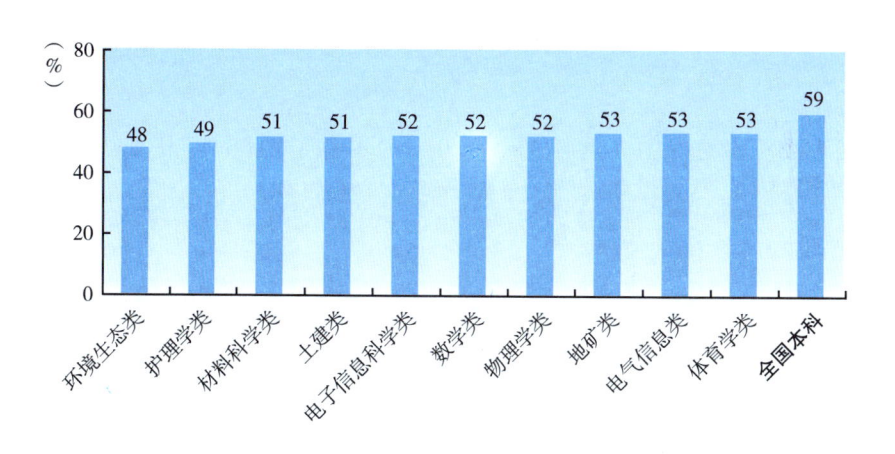

图3-16 2012届本科毕业生认为在校期间包容精神提升较少的主要专业类*

环境生态类 48
护理学类 49
材料科学类 51
土建类 51
电子信息科学类 52
数学类 52
物理学类 52
地矿类 53
电气信息类 53
体育学类 53
全国本科 59

*个别专业类因为样本不足，没有包括在内。
数据来源：麦可思-中国2012届大学毕业生社会需求与培养质量调查。

业培养的毕业生多数从事医护职业，而医护类的职业往往需要类似包容精神、关注社会这类的价值观。可见，对护理相关专业毕业生的培养过程中，

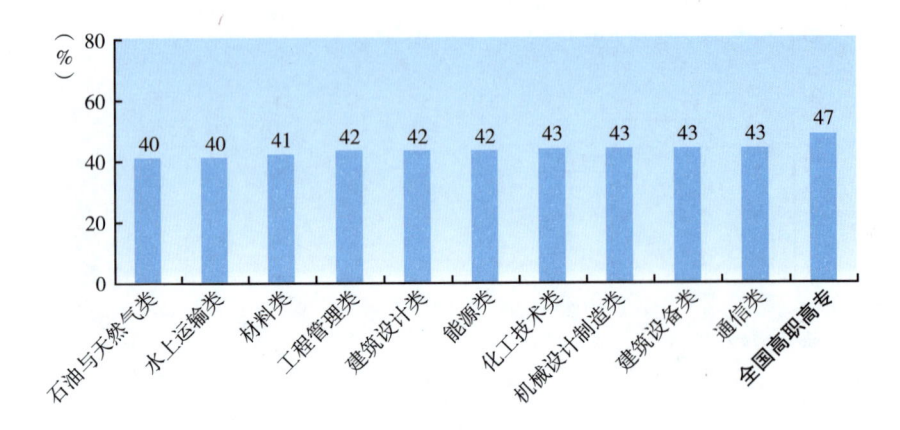

图 3-17　2012 届高职高专毕业生认为在校期间
包容精神提升较少的主要专业类*

（石油与天然气类 40，水上运输类 40，材料类 41，工程管理类 42，建筑设计类 42，能源类 42，化工技术类 43，机械设计制造类 43，建筑设备类 43，通信类 43，全国高职高专 47）

*个别专业类因为样本不足，没有包括在内。
数据来源：麦可思－中国 2012 届大学毕业生社会需求与培养质量调查。

除了注重本专业的能力和知识的培养，还需要加强对毕业生相应价值观的培养。

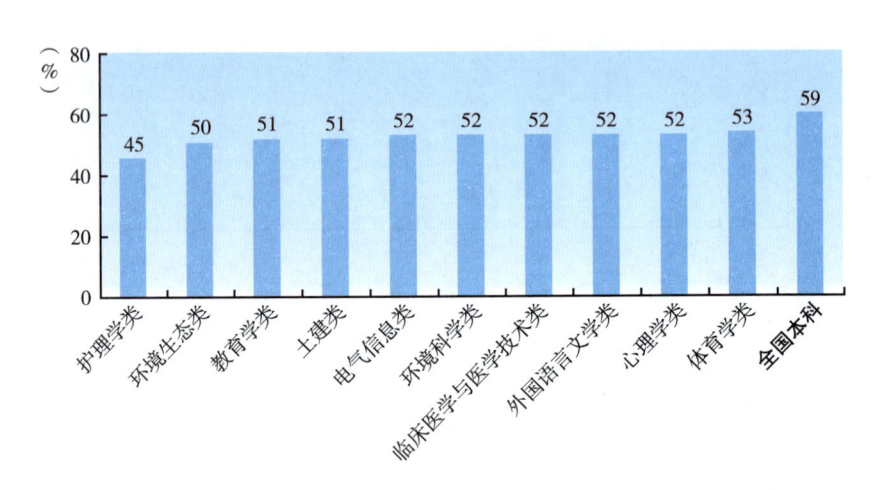

（护理学类 45，环境生态类 50，教育学类 51，土建类 51，电气信息类 52，环境科学类 52，临床医学与医学技术类 52，外国语言文学类 52，心理学类 52，体育学类 53，全国本科 59）

图 3-18　2012 届本科毕业生认为在校期间关注社会
提升较少的主要专业类*

*个别专业类因为样本不足，没有包括在内。
数据来源：麦可思－中国 2012 届大学毕业生社会需求与培养质量调查。

图 3-19　2012 届高职高专毕业生认为在校期间关注
社会提升较少的主要专业类*

各专业类数据（%）：护理类 41；医学技术类 43；广播影视类 44；建筑设计类 44；工程管理类 45；民航运输类 45；纺织服装类 46；建筑设备类 46；土建施工类 46；电力技术类 47；全国高职高专 49。

*个别专业类因为样本不足，没有包括在内。
数据来源：麦可思－中国 2012 届大学毕业生社会需求与培养质量调查。

B.19
附录
名词解释

以下名词按照首字拼音字母的顺序排列。

0～9

"211"院校：1993年2月13日中共中央、国务院印发的《中国教育改革和发展纲要》及国务院《关于〈中国教育改革和发展纲要〉的实施意见》中确定，国家要面向21世纪，重点建设100所左右的高等学校和一批重点学科点。截至2013年3月底，全国共批准"211"院校112所。

B

本科各专业毕业生读研比例 = 各专业毕业生的读研人数/该专业毕业生总人数。

本科各专业毕业生读研转换专业的比例 = 各专业读研的毕业生转换专业的人数/该专业读研毕业生总人数。专业转换可以发生在同一个学科门类中。

毕业半年后：即毕业第二年的2月。麦可思在此时展开调查，收集数据。此时毕业生的就业状况趋于稳定，工作了几个月也能够评估自己的工作能力。

毕业半年后的平均月收入：指大学生毕业半年后实际每月工作收入的平均值。

毕业去向分布：麦可思将中国本科毕业生的毕业状况分为九类：受雇全职工作；受雇半职工作；自主创业；无工作，正在国内读研；无工作，正在港澳台地区及国外读研；无工作，准备国内读研；无工作，准备到港澳台地区及国外读研；无工作，继续寻找工作；无工作，其他。同理将中国高职高专毕业生的毕业状况分为六类：受雇全职工作；受雇半职工作；自主创业；无工作，毕业后读本科；无工作，继续寻找工作；无工作，其他。这共计十类毕业状况叫做大学毕业生的去向分布。其中，受雇全职工作指平均每周工作32小时或以上。受雇半职工作指平均每周工作20小时到31小时。

毕业三年后：麦可思于2012年对2009届大学毕业生进行了三年后调查跟踪（曾于2009年对这批大学毕业生进行过半年后调查），本报告涉及的三年内的变化分析即使用两次对同一批大学生的跟踪调查数据。

毕业时掌握的核心知识水平：用于定义正在工作的大学毕业生所理解的对各项知识在刚毕业时实际掌握的级别，从低到高分为一级到七级。一级代表该知识的最低水平，取值1/7；七级代表该知识的最高水平，取值1。为了帮助答题人自评级别，问卷在一级到七级中分别举了三个例子，以帮助答题人理解知识水平差别。

毕业时掌握的基本工作能力水平：用于定义正在工作的大学毕业生所理解的对35项基本工作能力在刚毕业时实际掌握的级别，从低到高分为一级到七级。一级代表该能力的最低水平，取值1/7；七级代表该能力的最高水平，取值1，最高水平是初级和中级职业人员达不到的。为了帮助答题人自评级别，问卷在一级到七级中分别举了三个例子，以帮助答题人理解能力差别。

C

城市类型：本研究按行政级别把中国内地城市分为以下三种类型。

a. 直辖市：包括北京、上海、天津、重庆。

b. 副省级城市：包括哈尔滨、长春、沈阳、大连、济南、青岛、南京、杭州、宁波、厦门、广州、深圳、武汉、成都、西安15个城市。部分省会城市不属于副省级城市。

c. 地级城市及以下：如绵阳、保定、苏州等，也包括省会城市如福州、银川等以及地级市下属的县、乡等。

创新能力：除了上述五大类别的能力，我们将35项基本工作能力中与创新能力相关的几项进行了归类分析，其中创新能力包括科学分析、批判性思维、积极学习、新产品构思四种能力。

D

大学毕业生：本科院校、高职高专院校的毕业生。
待定族：指调查时处于失业状态且不打算求职和求学的大学毕业生。

F

非"211"本科院校：中国除"211"院校以外的所有本科院校。
非失业率：非失业率是以全体大学毕业生为计算基数，把就业和正在国内外读研的人群都算为非失业，主要用来评估"211"院校的毕业生状况。就业率的计算对"211"院校不科学，因为计算就业率时分子分母同时剔除读研人数，造成读研的毕业生越多，就业率就越低。所以非失业率才是评估"211"院校的科学指标。非失业率 =（已就业毕业生数 + 正在读研与留学毕业生数）/毕业生总数。

G

高考时选择就读大学的首要理由：指毕业生高考时除考虑录取分数以外选择就读大学的最主要理由。
工作岗位要求的工作能力水平：用于定义正在工作的大学毕业生所理解的工作对35项基本工作能力的要求级别，从低到高分为一级到七级。一级代表该能力的最低水平，取值1/7；七级代表该能力的最高水平，取值1，最高水平是初级和中级职业人员达不到的。为了帮助答题人自评级别，问卷在一到七级中分别举了三个例子，以帮助答题人理解能力差别。
工作能力：从事某项职业工作必须具备的能力，分为职业工作能力和基本工作能力。职业工作能力是从事某一职业特殊需要的能力，基本工作能力是所有工作都必须具备的能力，基本工作能力分为 35 项。根据麦可思的工作能力分类，中国大学生可以从事的职业共 693 个，对应的职业能力近万条。

工作要求的核心知识水平：用于定义正在工作的大学毕业生所理解的工作对各项知识的要求级别，从低到高分为一级到七级。一级代表该知识的最低水平，取值 1/7；七级代表该知识的最高水平，取值 1。为了帮助答题人自评级别，问卷在一到七级中分别举了三个例子，以帮助答题人理解知识水平差别。

工作与专业相关度 = 受雇全职工作并且与专业相关的毕业生人数/受雇全职工作的毕业生人数。

雇主数：指毕业生从第一份工作到三年后的调查时点，一共为多少个雇主工作过。雇主数越多，则工作转换得越频繁；雇主数可以代表毕业生工作稳定的程度。

H

行业：根据《麦可思中国行业分类词典（2013 版）》，本次调查覆盖了本科毕业生所能从事的行业 321 个、高职高专毕业生所能从事的行业 321 个，二者合计 324 个行业。

行业转换率：行业转换是指毕业生在毕业半年后就业于某行业（小类），而毕业三年后进入不同的行业就业。行业转换率是指有多大比例的毕业生在毕业三年内转换了行业。其计算方法为：分母是毕业半年后有工作的毕业生数，分子是毕业三年后所在行业与半年后所在行业不同的毕业生数。

核心知识：指大学毕业生在校期间所掌握的 28 项知识。

核心知识满足度：毕业时掌握的核心知识水平满足社会初始岗位的工作要求水平的百分比，100% 为完全满足。满足度计算公式的分子是毕业时掌握的核心知识水平，分母是工作要求的核心知识水平。

核心知识重要度：用于定义正在工作的大学毕业生所理解的各项知识在其岗位工作中的重要程度，分为"不重要"、"有些重要"、"重要"、"非常重要"和"极其重要"五个层次，数据处理时把重要性处理为百分比，0 代表"不重要"，25% 代表"有些重要"，50% 代表"重要"，75% 代表"非常重要"，100%代表"极其重要"。

红牌专业：失业量较大，就业率较低，月收入较低且就业满意度较低的专业，为高失业风险型专业。

黄牌专业：除红牌专业外，失业量较大，就业率较低，月收入较低且就业满意度较低的专业。

J

基本工作能力的能力满足度：毕业时掌握的基本工作能力水平满足社会初始岗位的工作要求水平的百分比，100%为完全满足。满足度计算公式的分子是毕业时掌握的基本工作能力水平，分母是工作要求的水平。

基本工作能力重要度：用于定义正在工作的大学毕业生所理解的35项基本工作能力在其岗位工作中的重要程度，分为"无法评估"、"不重要"、"有些重要"、"重要"、"非常重要"和"极其重要"六个层次，数据处理时把重要性处理为百分比，0代表"不重要"，25%代表"有些重要"，50%代表"重要"，75%代表"非常重要"，100%代表"极其重要"。

价值观提升：由被调查的毕业生选择大学对哪些方面价值观的提升有帮助。毕业生可选择多项，也可选择大学对价值观提升"没有任何帮助"。

经济区域：本研究把中国内地31个省、直辖市和自治区分为八个经济体系区域。

a. 东北区域经济体：包括黑龙江、吉林、辽宁；
b. 泛渤海湾区域经济体：包括北京、天津、山东、河北、内蒙古、山西；
c. 陕甘宁青区域经济体：包括陕西、甘肃、宁夏、青海；
d. 中原区域经济体：包括河南、湖北、湖南；
e. 泛长江三角洲区域经济体：包括上海、江苏、浙江、江西、安徽；
f. 泛珠江三角洲区域经济体：包括广东、广西、福建、海南；
g. 西南区域经济体：包括重庆、四川、贵州、云南；
h. 西部生态经济区：包括西藏、新疆。

就业地：指大学毕业生在接受调查时的就业所在地区。

就业经济区域自主创业比例 = 在本经济区域自主创业的 2012 届大学毕业生人数/在本经济区域就业的 2012 届大学毕业生人数。

就业率：本科毕业生的就业率 = 已就业本科毕业生数/需就业的总本科毕业生数；需要注意的是，按劳动经济学的就业率定义，已就业人数不包括国内外读研人数，需就业的总毕业生数也不包括国内外读研的人数；政府教育机构统计的就业率通常包括国内外读研人数，也就是本报告中的非失业率。高职高专毕业生的就业率 = 已就业高职高专毕业生数/需就业的总高职高专毕业生数；其中，已就业人数不包括专升本人数，需就业的总毕业生数也不包括专升本人数。

就业满意度：在被调查的毕业生中，由就业人群对自己目前的就业现状进行主观判断，选项有"非常满意"、"很满意"、"满意"、"不满意"、"很不满意"、"无法评估"共六项。其中，选择"满意"、"很满意"或"非常满意"的人属于对就业现状满意，选择"不满意"或"很不满意"的人属于对就业现状不满意；就业人群包括："受雇全职工作"、"受雇半职工作"、"自主创业"。

L

离职类型：分为主动离职（辞职）、被雇主解职、两者均有（离职两次以上可能会出现）三类情形。

离职率：有过工作经历的 2012 届毕业生（从毕业时到 2012 年 12 月 31 日）有多大百分比发生过离职。离职率 = 曾经发生离职行为的毕业生人数/现在工作或曾经工作过的毕业生人数。

绿牌专业：月收入、就业率持续走高，失业量较低且就业满意度较高的专业，为需求增长型专业。

P

培训：已经就业的大学毕业生接受的各项旨在提高工作技能水平、增强工作竞争力的教育活动。分为自费培训和雇主提供的培训。

S

三年后就业满意度：在被调查的毕业生中，由就业人群对自己目前的就业现状进行主观判断，选项有"非常满意"、"很满意"、"满意"、"不满意"、"很不满意"、"无法评估"共六项。其中选择"满意"、"很满意"或"非常满意"的人属于对就业现状满意，选择"不满意"或"很不满意"的人属于对就业现状不满意，就业人群包括："受雇全职工作"、"自主创业"。

社团活动：指被调查的毕业生在大学期间参加过的社团活动。社团活动包括："学术科技类"（如统计协会、哲学社等）、"社会实践及公益类"（如大学生创业协会、志愿者协会等）、"社交联谊类"（如国际交流协会、同乡会等）、"文化艺术类"（如文学社、书画协会等）、"表演艺术类"（如演讲与口才、歌舞戏剧、声乐器乐等方面的社团组织）、"体育户外类"（如登山协会等），一个毕业生可以选择参加多类社团活动，也可以选择"没参加任何社团活动"。

社团活动满意度：毕业生选择了参加某类社团活动后，会被要求评价对该类社团活动是否满意。社团活动满意度＝参加过该类社团活动并表示满意的人数/参加过该类社团活动的人数。

W

未就业：本研究将应届大学毕业生在毕业半年后调查时没有全职或者半职雇用工作的状态，视为未就业。这包括准备考研、准备出国读研、还在找工作和"待定族"四种情况。

五大类基本工作能力：麦可思参考美国SCANS标准，把35项基本工作能力划归为五大类型，分别是理解与交流能力、科学思维能力、管理能力、应用分析能力和动手能力。

附录　名词解释

X

校友满意度：由被调查的2012届大学毕业生回答对母校的总体满意度，选项有"非常满意"、"很满意"、"满意"、"不满意"、"很不满意"、"无法评估"共六项。其中，"满意"、"很满意"、"非常满意"属于满意的范围，"不满意"、"很不满意"属于不满意的范围，选择"无法评估"的人群比例相对较小，所以不在分析范围之内。

校友推荐度：在同等分数、同类型学校条件下，2012届大学毕业生是否愿意推荐母校给亲朋好友去就读的比例。推荐度计算公式的分子是回答"愿意推荐"的人数，分母是回答"愿意推荐"、"不愿意推荐"、"不确定"的总人数。

学科门类/专业大类：按照教育部的专业目录以及学校新增的专业，本次调查覆盖了本科院校所开设的学科门类11个，高职高专院校所开设的专业大类19个。

Y

已就业人群：包括"受雇全职工作"、"受雇半职工作"、"自主创业"三类人群。

优秀人才：毕业三年内晋升次数在三次及以上的大学毕业生。

月收入：指工资、奖金、业绩提成、现金福利补贴等所有的月度现金收入。

月收入的"增长率" =（2012届毕业生的平均月收入 – 2011届毕业生的平均月收入）/2011届毕业生的平均月收入。

月收入涨幅：月收入涨幅 = 毕业三年后的月收入 – 毕业半年后的月收入。

月收入涨幅比例：月收入涨幅比例 = 月收入涨幅/毕业半年后的月收入。

Z

职位晋升：由已经工作的毕业生回答是否获得职位晋升以及获得晋升的次数。职位晋升是指享有比前一个职位更多的职权并承担更多的责任，由毕业生主观判断。这既包括不换雇主的内部提升，也包括通过更换雇主实现的晋升。

职位晋升次数：由毕业生自己回答获得职位晋升的次数，计算公式的分子是所有大学毕业生获得职位晋升次数之和，没有获得职位晋升的人记为 0 次，分母是三年内就业和就业过的大学毕业生数。

职业：根据《麦可思中国职业分类词典（2013 版）》，本次调查覆盖了本科毕业生能够从事的职业 584 个，高职高专毕业生能够从事的职业 542 个，二者合计 662 个职业。

职业期待吻合度：毕业生被调查时的工作与职业期待吻合的人数百分比。

职业转换：职业转换是指毕业生在毕业半年后从事某种职业，毕业三年后由原职业转换到不同的职业。转换职业通常在工作单位内部完成的并不代表离职；反过来讲，更换雇主可能也不代表转换职业。

职业转换率：职业转换率是指有多大比例的毕业生在毕业三年内转换了职业。其计算方法为：分母是毕业半年后有工作的毕业生数，分子是毕业三年后从事的职业与半年后从事的职业不同的毕业生数。

主动离职的原因：针对主动离职的人群分析其离职的原因，分为"薪资福利偏低"、"工作要求和压力太大"、"对企业管理制度和文化不适应"、"个人发展空间不够"、"就业没有安全感"、"准备求学深造"、"想改变职业或行业"以及"其他原因"。

专升本：指高职高专生毕业后继续就读本科。有专插本、专接本、专转本多种形式，本报告中统一称为"专升本"。

专业：按照教育部的专业目录以及学校新增的专业，本次调查覆盖了本科院校所开设的专业 458 个，高职高专院校所开设的专业 514 个。

专业类：按照教育部的专业目录以及学校新增的专业，本次调查覆盖了本科院校所开设的专业类 73 个，高职高专院校所开设的专业类 74 个。

自主创业集中的行业的比例：2012届同学历层次自主创业人群中有多大比例毕业生在该行业就业，分子是2012届自主创业人群中在该行业就业的毕业生人数，分母是2012届同学历层次毕业生自主创业的总人数。

自主创业集中的职业的比例：2012届同学历层次自主创业人群中有多大比例的毕业生从事该职业。分子是2012届自主创业人群中从事该职业的毕业生人数，分母是2012届同学历层次毕业生自主创业的总人数。

B.20 主要参考文献

[1] E. Grady Bogue, Kimberely Bingham Hall, *Quality and Accountability in Higher Education* (California: Greenwood Publishing Group, Inc., 2003).

[2] James D. Fearon, "Selection Effects and Deterrence," *International Interaction* 28 (2002).

[3] 麦可思研究院编著《2009年中国大学生就业报告》,社会科学文献出版社,2009。

[4] 麦可思研究院编著《2010年中国大学生就业报告》,社会科学文献出版社,2010。

[5] 麦可思研究院编著《2011年中国大学生就业报告》,社会科学文献出版社,2011。

[6] 麦可思研究院编著《2012年中国大学生就业报告》,社会科学文献出版社,2012。

[7] 《国家中长期教育改革和发展规划纲要(2010~2020年)》,中央政府门户网站,2010。

[8] 《关于做好2012年全国普通高等学校毕业生就业工作的通知》,中华人民共和国教育部,教学〔2011〕12号。

[9] 《关于做好2013年全国普通高等学校毕业生就业工作的通知》,中华人民共和国教育部,教学〔2012〕11号。

[10] 《坚定不移沿着中国特色社会主义道路前进 为全面建成小康社会而奋斗》,中国共产党第十八次全国代表大会,2012。

[11] 《中华人民共和国职业分类大典》,中国劳动社会保障出版社,1999。

[12] 《中华人民共和国职业分类大典》(2005增补本),中国劳动社会保障出版社,2005。

中国皮书网

发布皮书研创资讯，传播皮书精彩内容
引领皮书出版潮流，打造皮书服务平台

栏目设置：

- ☐ 资讯：皮书动态、皮书观点、皮书数据、皮书报道、皮书新书发布会、电子期刊
- ☐ 标准：皮书评价、皮书研究、皮书规范、皮书专家、编撰团队
- ☐ 服务：最新皮书、皮书书目、重点推荐、在线购书
- ☐ 链接：皮书数据库、皮书博客、皮书微博、出版社首页、在线书城
- ☐ 搜索：资讯、图书、研究动态
- ☐ 互动：皮书论坛

www.pishu.cn

中国皮书网依托皮书系列"权威、前沿、原创"的优质内容资源，通过文字、图片、音频、视频等多种元素，在皮书研创者、使用者之间搭建了一个成果展示、资源共享的互动平台。

自2005年12月正式上线以来，中国皮书网的IP访问量、PV浏览量与日俱增，受到海内外研究者、公务人员、商务人士以及专业读者的广泛关注。

2008年10月，中国皮书网获得"最具商业价值网站"称号。

2011年全国新闻出版网站年会上，中国皮书网被授予"2011最具商业价值网站"荣誉称号。

权威报告 热点资讯 海量资源
当代中国与世界发展的高端智库平台
皮书数据库 www.pishu.com.cn

皮书数据库是专业的人文社会科学综合学术资源总库，以大型连续性图书——皮书系列为基础，整合国内外相关资讯构建而成。包含七大子库，涵盖两百多个主题，囊括了近十几年间中国与世界经济社会发展报告，覆盖经济、社会、政治、文化、教育、国际问题等多个领域。

皮书数据库以篇章为基本单位，方便用户对皮书内容的阅读需求。用户可进行全文检索，也可对文献题目、内容提要、作者名称、作者单位、关键字等基本信息进行检索，还可对检索到的篇章再作二次筛选，进行在线阅读或下载阅读。智能多维度导航，可使用户根据自己熟知的分类标准进行分类导航筛选，使查找和检索更高效、便捷。

权威的研究报告，独特的调研数据，前沿的热点资讯，皮书数据库已发展成为国内最具影响力的关于中国与世界现实问题研究的成果库和资讯库。

皮书俱乐部会员服务指南

1. 谁能成为皮书俱乐部会员？
- 皮书作者自动成为皮书俱乐部会员；
- 购买皮书产品（纸质图书、电子书、皮书数据库充值卡）的个人用户。

2. 会员可享受的增值服务：
- 免费获赠该纸质图书的电子书；
- 免费获赠皮书数据库100元充值卡；
- 免费定期获赠皮书电子期刊；
- 优先参与各类皮书学术活动；
- 优先享受皮书产品的最新优惠。

卡号： 9280326487495856
密码：
（本卡为图书内容的一部分，不购书刮卡，视为盗书）

3. 如何享受皮书俱乐部会员服务？
（1）如何免费获得整本电子书？

购买纸质图书后，将购书信息特别是书后附赠的卡号和密码通过邮件形式发送到pishu@188.com，我们将验证您的信息，通过验证并成功注册后即可获得该本皮书的电子书。

（2）如何获赠皮书数据库100元充值卡？

第1步：刮开附赠卡的密码涂层（左下）；

第2步：登录皮书数据库网站（www.pishu.com.cn），注册成为皮书数据库用户，注册时请提供您的真实信息，以便您获得皮书俱乐部会员服务；

第3步：注册成功后登录，点击进入"会员中心"；

第4步：点击"在线充值"，输入正确的卡号和密码即可使用。

皮书俱乐部会员可享受社会科学文献出版社其他相关免费增值服务
您有任何疑问，均可拨打服务电话：010-59367227 QQ:1924151860
欢迎登录社会科学文献出版社官网（www.ssap.com.cn）和中国皮书网（www.pishu.cn）了解更多信息

社会科学文献出版社

皮书系列

"皮书"起源于十七、十八世纪的英国,主要指官方或社会组织正式发表的重要文件或报告,多以"白皮书"命名。在中国,"皮书"这一概念被社会广泛接受,并被成功运作、发展成为一种全新的出版形态,则源于中国社会科学院社会科学文献出版社。

皮书是对中国与世界发展状况和热点问题进行年度监测,以专家和学术的视角,针对某一领域或区域现状与发展态势展开分析和预测,具备权威性、前沿性、原创性、实证性、时效性等特点的连续性公开出版物,由一系列权威研究报告组成。皮书系列是社会科学文献出版社编辑出版的蓝皮书、绿皮书、黄皮书等的统称。

皮书系列的作者以中国社会科学院、著名高校、地方社会科学院的研究人员为主,多为国内一流研究机构的权威专家学者,他们的看法和观点代表了学界对中国与世界的现实和未来最高水平的解读与分析。

自20世纪90年代末推出以经济蓝皮书为开端的皮书系列以来,至今已出版皮书近800部,内容涵盖经济、社会、政法、文化传媒、行业、地方发展、国际形势等领域。皮书系列已成为社会科学文献出版社的著名图书品牌和中国社会科学院的知名学术品牌。

皮书系列在数字出版和国际出版方面成就斐然。皮书数据库被评为"2008~2009年度数字出版知名品牌";经济蓝皮书、社会蓝皮书等十几种皮书每年还由国外知名学术出版机构出版英文版、俄文版、韩文版和日文版,面向全球发行。

2011年,皮书系列正式列入"十二五"国家重点出版规划项目;2012年,部分重点皮书列入中国社会科学院承担的国家哲学社会科学创新工程项目;一年一度的皮书年会升格由中国社会科学院主办。